U0899642

人民日报出版社

图书在版编目（CIP）数据

梦圆大瑶山 / 陈茂智，田人著. — 北京 : 人民日报出版社, 2018.7
ISBN 978-7-5115-5591-5

Ⅰ. ①梦… Ⅱ. ①陈… ②田… Ⅲ. ①报告文学—中国—当代 Ⅳ. ①I25

中国版本图书馆CIP数据核字（2018）第165393号

书　　名：梦圆大瑶山
作　　者：陈茂智　田人

出 版 人：董　伟
责任编辑：袁兆英
封面设计：中尚图

出版发行：人民日报出版社
社　　址：北京金台西路2号
邮政编码：100733
发行热线：（010）65369527　65369512　65369509　65369510
邮购热线：（010）65369530
编辑热线：（010）65363105
网　　址：www.peopledailypress.com
经　　销：新华书店
印　　刷：北京盛彩捷印刷有限公司

开　　本：710mm × 1000mm　1/16
字　　数：208千字
印　　张：14.5
印　　次：2018年10月第1版　2018年10月第1次印刷

书　　号：ISBN 978-7-5115-5591-5
定　　价：45.00元

谨以此书献给

为湖南涔天河水库扩建工程作出巨大贡献的

各级领导、广大移民、移民工作者

和全体工程建设者！

编 委 会

2011 年 11 月 15 日，涔天河水库扩建工程奠基典礼在江华隆重举行。水利部副部长李国英以及湖南省人大常委会副主任蔡力峰、副省长徐明华、省军区副政委魏永景，永州市委书记张硕辅、市长龚武生等领导出席典礼并为工程奠基。（刘兴枝 摄）

2012 年 8 月 5 日，涔天河水库扩建工程开工典礼在江华举行，水利部部长陈雷、湖南省委书记周强、省长徐守盛等领导出席开工典礼。（刘兴枝 摄）

2015 年 10 月 29 日，涔天河灌区工程开工仪式在江华举行。副省长戴道晋、水利部建设与管理司司长孙继昌、湖南省人民政府副秘书长曹英华、省水利厅长詹晓安、省移民局长颜向阳，永州市委书记陈文浩、市长易佳良等领导出席开工仪式。（刘兴枝 摄）

2016 年 12 月 30 日，涔天河水库扩建工程下闸蓄水仪式在江华举行。副省长戴道晋、水利部长江水利委员会建管局局长徐勤勤、湖南省政府副秘书长曹英华、省水利厅厅长詹晓安，永州市委书记李晖、市长易佳良出席下闸蓄水仪式。（谭虹 摄）

2009 年 2 月 8 日，湖南省委书记张春贤在永州市委书记黄天锡、江华县委书记周小驹陪同下视察涔天河水库。（李光平 摄）

2008 年 5 月 26 日，湖南省委副书记、省长周强在永州市委书记黄天锡、市长龚武生的陪同下，就涔天河水库扩建工程项目来涔天河水库现场调研。

（佚名 摄）

2012 年 7 月 9 日，湖南省委副书记、省长徐守盛调研涔天河水库扩建。
（张华兵 摄）

2017 年 5 月 3 日，湖南省委书记、省人大常委会主任杜家毫在永州市委书记、市人大常委会主任李晖，市委常委、江华县委书记罗建华，湖南涔天河投资建设有限公司董事长李祥红陪同下，深入涔天河水库扩建工程调研。（罗新国 摄）

2017 年 9 月 9 日，湖南省委副书记、省长许达哲到涔天河水库扩建工程调研指导工作。副省长隋忠诚，省政府秘书长王群，永州市委书记、市人大常委会主任李晖，市委副书记、市长易佳良参加调研。（谭虹 摄）

2016 年 7 月 21 日，湖南省政协主席李微微在永州市委书记陈文浩陪同下到涔天河水库扩建工程指导工作。（谭虹 摄）

扩建后的涔天河水库大坝雄姿。（谭虹 摄）

原涔天河水库大坝。（蒋南平 摄）

2017 年 3 月 15 日，涔天河水库扩建工程电站首台机组转子一次性吊装成功。（谭虹 摄）

涔天河水库扩建工程水口新镇移民安置点。（刘兴枝 摄）

涔天河水库扩建工程县城沱江四联移民安置点。（刘兴枝 摄）

涔天河水库扩建工程东田移民安置点。（刘兴枝 摄）

前　言

水是生命之源、生产之要、生态之基。兴水利、除水害，事关人类生存、社会进步，历来是治国安邦的大事。“水利是农业的命脉”，新中国建立之初，毛泽东主席就发出了兴修水利的号召，带领全国人民大兴水利建设。党的十八大以来，习近平总书记站在全面建成小康社会和实现中华民族伟大复兴“中国梦”的战略高度，把以治山治水为主要内容的生态文明建设列入“五位一体”总体布局，提出了“节水优先、空间平衡、系统治理、两手发力”的治水新思路、新思想。通过系统治理，统筹自然生态多种要素，把治水与治山、治林、治田等有机结合起来，协调解决水资源问题。

涔天河水库扩建工程是湖南“十二五”水利“一号工程”，被国务院列为全国172个重大节水工程之一，它的建成意义重大，效益显著。一是灌溉效益。设计灌溉面积111.46万亩，可改善区域内16.73万人的生活用水条件，可新增旱涝保收灌溉面积50.66万亩，不仅为建设高产优质的商品粮基地创造条件，还可用于省内重点项目建设用地占补平衡；二是防洪效益。水库防洪库容由过去的0.3亿立方米提高到2亿立方米，下游潇水沿河两岸城镇特别是江华、道县县城防洪标准由10年一遇提高为50年一遇；三是下游补水效益。枯水季节可为湘江下游补水2.6亿立方米，改善整个湘江的生态环境；四是发电效益。每年新增3.5亿度优质电能，提高湘南电网运行的可靠性和稳定性；五是旅游开发效益。高坝形成的70公里长、面积40多平方公里的广阔水域和数百座岛屿，将成为湘粤桂交界之地的生态休闲旅游核心景区，形成新的经济增长极。这一重大水利工程的建设，正是习近平总书记治水兴水新思想在湖南永州的生动实践。

涔天河水库扩建是在原涔天河水库的基础上进行的一项浩大工程，总投资130亿元，工程从1980年动议申报到2010年开始实施，直至2016年大坝下闸蓄水，经历了曲折、漫长的过程，可以说寄托了永州人民一个世纪的梦想，也倾注了共和国总理、国家部委领导和省委、省政府领导对永州发展的关爱和支持。在工程实施建设中，历届市委、市政府领导带领全市各级各部门，以敢于担当的勇气、创新发展的理念和超常规的工作举措，举全市之力，全力支持这一工程。特别是工程所在地的江华瑶族自治县，作为水库移民安置的实施主体，担负着近3万移民搬迁安置的光荣使命，全县上下在县委、县政府的坚强领导下，攻坚克难，经受了移民搬迁安置、移民应急度汛、库区抗洪抢险、安置点建设等一系列危、难、险、重任务的考验，圆满地完成了库区移民安置这一“天下第一难事”。江华瑶山广大移民群众深明大义，带着对国家行动理解和支持的朴素情感，胸怀对未来美好生活的期盼，舍小家、为国家，经受了离别故土的阵痛，积极支持水库扩建这一国家重点工程。在此，对所有关心、支持涔天河水库扩建工程的领导，工程建设者，移民群众和移民工作者表示深深的敬意和衷心的感谢！

《梦圆大瑶山》这本书，就是对这一工程的回顾和总结。其策划者、编著者站在对历史负责的高度，用真实的故事，感人的事迹，生动的笔触，记录下了这一跨世纪水利工程建设的壮举，堪称潇湘大地水利建设的一曲壮歌。

“人民对美好生活的向往，就是我们的奋斗目标。”新的时代，给永州带来了前所未有的发展机遇，全市上下要继续发扬“敢打硬战、能打硬战”的涔天河建设精神，牢固树立以人民为中心的发展理念，把中央的大政方针、省委的决策部署与永州实际相结合，推动“六大战役”“四个提升”在更高层次上取得更大成效，为建设更加富饶美丽幸福的新永州而努力奋斗！

二〇一八年三月二十八日

目　　录

序　　幕

这是一个让三湘大地起舞欢歌的喜庆日子！

这是一个让631万永州人翘首期盼的盛大节日！

这是一个让“神州瑶都”江华53万瑶汉人民深深铭记的难忘时刻！

让我们记住这一天！——2016年12月30日！

这一天，我们把关注的目光聚焦在湖南，永州，江华！

在这个被誉为“神州瑶都”的中国最大的瑶族自治县，在一个名叫涔天河镇涔天河村的偏僻瑶寨，在一个从潇水流域的平地丘陵步入河流源头千里大瑶山的首个关山要隘——黄泥渡，一座巍然雄伟的水库大坝矗立在我们面前。

这就是被誉为“十二五”湖南水利“一号工程”、被国务院列为全国172个重大节水工程之一的湖南涔天河水库扩建工程！

这一天，涔天河水库扩建工程下闸蓄水庆典仪式在这里隆重举行！

上午10时30分，下闸蓄水庆典仪式正式开始。永州市委副书记、市长易佳良主持庆典仪式。

一路风尘仆仆从武汉赶来的水利部长江水利委员会建管局局长徐勤勤宣读了《长江水利委员会关于导流洞下闸蓄水阶段验收鉴定书》。受湖南省委、省政府委派，湖南省人民政府副省长戴道晋在庆典仪式上宣布涔天河水库扩建工程下闸蓄水。

出席庆典仪式的省、市领导与当地移民代表共同启动水库闸门控制器。随着导流洞封堵闸门缓缓放下，涔天河水库扩建工程下闸蓄水成功！

湖南省水利厅长詹晓安对涔天河水库扩建工程下闸蓄水表示祝贺。他说，涔天河水库是湘江正源潇水流域的龙头水库，对保障湘江流域粮食安全、防汛安全、饮水安全，推动湖南经济社会发展具有重要的战略意义。涔天河水库扩建工程是湖南“水利梦”的缩影，自2012年启动实施以来，历经4年多的艰苦努力，终于迎来下闸蓄水的关键节点，收获了阶段性的胜利成果。

永州市委书记、市人大常委会主任李晖在致辞中表示，涔天河水库扩建工程成功下闸蓄水，标志着涔天河水库扩建主体工程建设基本完成。后续工程和灌区配套建设任务仍然艰巨，工期仍然紧迫。希望参建各方再创佳绩、再立新功，按时保质完成工程各项建设任务，早日造福永州人民，为永州经济社会快速发展，为全面建成小康社会作出更大贡献。

省人民政府副秘书长曹英华，湖南省涔天河水库扩建工程协调小组成员单位省发改委、省财政厅、省国土厅、省水利厅、省环保厅、省林业厅、省移民局、省人力资源和社会保障厅、省民委、省重点办、省电力公司的领导；市人大常委会党组书记、副主任高建华，市政协主席唐定，市委常委、副市长蒋善生，市委常委、市委秘书长唐能武，市委常委、江华县委书记罗建华，市人大常委会副主任李俊湘以及工程业主湖南涔天河投资建设有限公司董事长李祥红，与来自江华水口、涔天河、码市等主要移民乡镇的移民代表和水库承建方代表共800多人共同见证了水库下闸蓄水这一激动人心的时刻。

4年的建设大功告成！

40年的梦想终于成真！

潇水，湘江上游这条“没有航标的河流”上，又一次树立了光照日月、彪炳史册的时代航标！

高高的水库大坝，傲然屹立在瑶山之巅，俨如一座高接云天的丰碑，凝聚了所有工程建设者的艰辛付出，镌刻着瑶山大地近3万移民群众的丰功伟绩！

第一章　涔天河水库的前世今生

1、潇水：一条美丽神奇的河

江华，以雄踞苍梧的千里大瑶山闻名遐迩！

江华，以千年瑶族的聚居地让世界瞩目！

这里，是南岭的中心，潇水的源头。

出县城东南20公里，是一片层层叠叠绵延起伏的群山，这就是五岭之一的萌渚岭山脉。

萌渚岭是一座雄性的山！群峰耸立，天地辽远。东北方，有万山来朝、白云翻飞的九嶷山；东南方，是林木葱茏、长锁深闺的大龙山；而横亘南北的勾挂岭更把县境自然分为东西两半，形成一县两胜景、风光各不同的自然奇观。

有好山必有好水。从萌渚岭千沟万壑流淌而出的清亮山泉，汇聚成两条美丽、多情的河流。东来的一支冯河，穿越茫茫林海，染万山翠绿；西流的一支沱水，淌过沃野田畴，融十里稻香。冯河与沱水像两条飘飞的玉带，交汇于县城沱江，成为潇水。沱江——这座美丽的瑶城，就像一颗璀璨的明珠镶嵌在这两条玉带之上。

潇水河，一条从历史中走来的河。

先秦古籍《山海经》卷13之《海内东经》记载："湘水出舜葬东南陬，西环之。"

在西汉《长沙国南部驻军图》上，它标注为"大深水"。

北魏郦道元著《水经注》记载："潇者，水清深也。"

它发源于湖南省蓝山县紫良瑶族乡野狗岭南麓，今蓝山国家森林公园内。它穿越莽莽萌渚岭，带着瑶山的原始野性与淳朴灵性，沿途流经蓝山县、江华瑶族自治县、江永县、道县、双牌县，于永州蘋岛汇入湘江，全长346公里，是永州境内最长的河流。流域面积12094平方公里，覆盖了大半个永州地域，可谓永州人的母亲河。

潇水在历史上很长一段时间里被视为湘江主要一级支流。2011年，受水利部水文局委托，南京水利科研院利用数字线划图、卫星遥感影像等技术手段，对湘江干支流有关数据进行计算、复核。结果表明：无论河长、流域面积还是径流量、比降、河流交汇处河势，潇水均比发源于广西兴安县的湘水（历史上的湘江源头）更有资格称为正源。2013年，国务院水利普查办和水利部认定，蓝山县至永州蘋岛河段（潇水）为湘江干流，湘江源头在蓝山县；广西兴安县至永州蘋岛河段（原湘江上游）为湘江支流。

在江华境内，潇水河河道行经峡谷间，河流坡陡流急，流域境内群山交错，地形复杂，溪河纵横密布，较大支流有9条，如中河、大龙江、犁江、凌江、麻江、贝江、崇江、花江、雾江等，人称“九江十八河五十一源”，滋润着千里瑶山。

潇水河，一条生生不息的河。

1972年的夏天，作家叶蔚林随一只木排在潇水、湘水漂流了24天。8年后，他以此为背景，写出了小说成名作《在没有航标的河流上》。他在文章中充满感情地描绘着这条美丽的河流：

潇水是一条没有任何航标的河流。正因为没有任何航标，使它显示着一种单纯的、质朴的、天然的美，恰如山区那些不事装饰的女子。在它的上游，大部分河道都被夹在两岸的青山之中，好像一条走不完的长廊。它的流水清得出奇，树影映在水面上，连枝杈间的鸟巢都可以看清楚。只要你在潇水上游航行过，一定会产生这种奇异的感觉：天地之间的界限似乎完全不存在了；鸟儿在水底飞翔，鱼儿游上山冈；人呢，根本搞不清自己到底是在水中，还是在天上。周围的一切都是绿的，绿得叫人心醉。唯独在河道的远方，蒙蒙的雾气，荡漾着一抹幽蓝，这蓝色时时召唤你，引诱你，逗起你无尽的遐想。可是你往前走，那幽蓝又变成绿的了；你永远别想到达那个境界。

有时候河流出了峡谷，失去了山的约束，就变得比较宽阔，水也变浅了，在石滩上发出欢畅的喧哗。但转一个弯，山又将它紧锁起来，使它恢复了平静。有多少个河弯，就有多少个筒车。巨大的筒车，缓慢地旋转，日夜不停地将河水提上来，泼泼洒洒地倾倒在凌空架起的木槽里。这些筒车已经旋转了多少年？不知道。它还得继续旋转到何时？看它们那固执的劲儿，似乎要永远旋转下去……

关于这条河，当地流传着许多鲜为人知的故事、传说——

远古时代，舜帝南巡，驾崩九嶷，他的两个妃子娥皇、女英千里寻夫，从洞庭到湘江，溯潇水而上，一路往南，在江华宁远交界的茫茫群山中泣血呼唤。她们的泪珠抹在竹枝上，成了斑竹；她们的泪滴在地上，长出了香草……

1883 年，中法战争爆发，江华籍湘军将领王德榜受左宗棠保举回乡募勇，在江华及周边瑶区招募以猎户为主的 8 营新兵，加以训练，称为“定边军”。次年 3 月开赴广西前线，与冯子材率军抗击法军，取得震惊中外的“镇南关大捷”。回乡后，他感念家乡子弟兵付出的巨大牺牲，痛惜河谷中的激流险滩给瑶山人民带来的灾难，出资修浚了家乡江华码市到雾江的河道，使来往的船只和木排免遭货沉人亡的惨剧。

1931 年 1 月，邓小平率领的红七军从道县进入江华县城，休整两天后转道瑶山入广东，踏上北上井冈的茫茫征程……

1934 年 9 月至 12 月，红军长征经过江华瑶山，先后有红六军团、红九军团和红五军团在此转战。毛泽东、周恩来、朱德等率中央红军多次穿越潇水河，与围追堵截的敌军展开惊心动魄的周旋。其中，尤以在“湘江之战”中担任后卫的红五军团 34 师在江华的遭遇最为惨烈。在当地瑶胞的帮助下，完成掩护中央红军渡河任务之后的红 34 师师长陈树湘率余部乘船过潇水古芝江渡口时，被江华铲共团袭击，陈树湘师长腹部中弹受重伤，后在道县驷马桥被俘。在送往道县县城的途中，陈树湘师长从伤口处扯出肠子绞断，壮烈牺牲，实现了他“为苏维埃流尽最后一滴血”的誓言。2014 年，习近平总书记在古田召开全军政治工作会议时，用陈树湘“断肠明志”的故事，论述了军队绝对忠诚于党的革命信仰和无坚不摧的铁流精神。

1949 年 11 月 5 日，江华和平解放，党和政府对少数民族给予了极大地尊重和关爱。1955 年 8 月 5 日，批准成立江华瑶族自治县，实行民族区域自治，迁县治于水口镇。同年 11 月 25 日，在瑶山腹地的水口镇举行江华瑶族自治县成立大会，赵自现担任瑶族第一任县长。自治县成立，县城搬迁到瑶山，瑶族人民选举自己的县长……这足以说明，党和政府对江华瑶族人民的关心、关怀和重视。

这条河，记录了千年瑶族太多的心酸和苦难，也承载着瑶族儿女对命运不屈抗争的历史和对未来美好生活的期盼与梦想！

潇水河，永州人的母亲河，永州人的生命之河。

2、1965 年，国务院副总理陶铸拍板：“涔天河水库工程在今冬上马修建。”

“守条河，
守条大河空落落，
晴日三天火烧岭，
落雨三天浪打禾。”
——江华民谣

这是流传在潇水流域瑶族村寨中的一段民谣，它真实而生动地反映出这条河带给百姓的苦难。关于潇水河名称的由来，有种说法：潇水河是因为河水易涨易消而得名。事实上，河的上游是“湖南省三大暴雨中心”之一，下游是“衡邵干旱走廊”中部，历年旱涝无常。潇水河就像一条狂野不羁的苍龙，雨季来临时，经常爆发山洪水灾，肆虐的洪水吞噬了沿河两岸的稻田、村庄；而当雨季过后，严重的旱情又给沿河两岸带来灭顶之灾。沿河的村庄多用筒车引水，但也难以抵挡严重的旱情。据《江华县志》记载，从清顺治四年（1647 年）到辛亥革命爆发的 1911 年，境内有记录的大洪灾、大旱灾就达 11 次之多。河上游的江华、道县两座县城，生息 16 万居民，沿河街几乎每年面临水患。沿河两岸农田洪灾损失也十分严重。据 1950 ~ 2008 年近六十年的统计，平均每年受灾面积超过 10 万亩。

变水害为水利，让潇水为沿河两岸人民造福！新生的人民共和国让饱受苦难的瑶山人民看到了希望。为根治水患，解决湘南地区旱情严重的问题，国家启动了潇水流域全面治理的浩大工程。

大兴农田水利基本建设，彻底解决一穷二白的贫困面貌，成为新中国的一项重要战略决策，也是国家强农富民的一项重要基础工程。从 1953 年到 1966 年长达 13 年的时间里，地处湘南的潇水河上先后上马了双牌和涔天河水库两大水利工程。提到这两大水利工程，不能不提到时任中共中央中南局第一书记，老一辈无产阶级革命家陶铸同志。

1953 年至 1955 年，湖南省水利水电勘测设计院全面勘测潇水流域的水资源，作出流域开发总体规划。1958 年，《潇水流域规划》顺利完成。《规划》中计有双牌（第一期）、莲花、涔天河、码市四个梯级水库。1958 年 7 月，在中共湖南省委召开的全省大、中型水电工程施工准备会议上，双牌水库被列为全省重点建设工程之一。1958 年 11 月 5 日破土动工，调集零陵、东安、祁阳等县 11000 劳力上马修建，到 1963 年枢纽工程全部完成。双牌水库的成功修建，为列入潇水流域第二期开发建设的涔天河水库建设提供了经验。

1963 年，永州南部春夏秋三季连旱，江华旱情最为严重，全县 4.2 万亩水田插不上秧，插上秧的 9.4 万亩稻田受旱，3.75 万亩稻田失收，减产 1177 万公斤。严重的旱情牵动着党中央、国务院的心。11 月 19 日至 20 日，中共中央中南局第一书记陶铸、书记陈郁与国家计委副主任程子华，在湖南省委第一书记张平化、书记王延春、副省长章伯森和省水利厅副厅长史杰的陪同下视察江华、江永、道县、宁远旱情，之后在江华召开会议，史称“江华会议”。会上，听取了省水电勘测设计院总工程师龙五道关于《潇水流域规划》及其第二期开发涔天河水库工程情况的汇报，详细论述了技术上的可行性、经济上的合理性以及促进地方工农业发展解决水利问题的迫切性。江华瑶族自治县的领导在汇报中主要讲了两个方面的问题，一方面强调涔天河以下至道县河段，主要靠筒车灌溉，沿线长达85公里的河道，筑有筒车坝63座，筒车390架，筒车提水灌溉农田2.63万亩，木材流放和灌溉用水的矛盾十分突出，需要解决；另一方面，对涔天河高坝开发方案持不同意见，认为若采用高坝方案，淹没耕地7800亩，林地2万亩，迁移人口17500余人，同时江华县城水口镇要搬迁，损失较大，高坝方案难以接受。在实地走访考察，多方听取各方意见后，陶铸明确表示：“涔天河修坝，开渠引水灌溉下游农田，代替原有筒车坝灌区，取消筒车坝，彻底解决木材流放与农田灌溉用水之间的矛盾。”龙五道总工程师问到水库正常蓄水位如何确定时，陶铸说：“正常蓄水位以不增加对江华县城的回水淹没影响为前提，具体方案由省水电设计院研究比较确定，按设计程序上报审批。”

如今年届八旬、曾多年担任永州市涔天河水利水电管理局党委书记、局长的老水利专家郭懋德，1961年从武汉水利学院毕业后，被分配到省水电设计院从事水文水利设计工作。1963年来到江华参与涔天河水库工程的建设，之后，便一直深深扎根瑶乡。郭老回忆说：“江华会议后，省水利厅落实陶铸同志的讲话精神，决定由水电设计院成立涔天河水库工程设计组，要求吃透江华会议精神，统一思想，精心设计。当时，人们的思想确实难以统一，从科学、长远的观点看，涔天河水库确实应该采用高坝方案，但按照江华会议精神，更多考虑现实的必要性，暂时不建高坝。”

尽管如此，设计组为着未来的考虑，拿出了两套方案，即正常蓄水位315米的高坝方案和正常蓄水位254．26米的低坝方案。在做低坝方案的时候尽可能为后来建高坝预留了有利空间。1963年12月至1964年4月，设计组仅用了4个月时间，在江华现场完成了《涔天河木材过坝水利工程初步设计》，确定涔天河水库正常蓄水位252米，总库容1.05亿立方米，下游建饮水坝，左岸开渠水6个流量，自流灌，九处电灌提水站，分散灌溉3.4万亩。两岸灌区形成后，拆除全部筒车坝，解决木材流放与灌溉用水之间的矛盾，年木材流放量由16.4万立方米，增加到35万立方米。

后来的事实证明，他们的预见是科学的。2012年8月，涔天河水库扩建工程历经周折最终开工，新坝坝址选择在原设计的最佳位置。原来上移的老坝作为围堰，对新坝建造的顺利推进发挥了最后的作用，既降低了工程成本，又缩短了建设工期。

1965年3月，时任国务院副总理的陶铸在衡阳召开“三线”建设工作会议上，明确“涔天河水库工程在今冬上马修建，建设投资，除森工部门负责本身木材过坝所需的投资外，其余投资由国家计委安排。”同年7月，成立了湖南省涔天河水库工程指挥部，时任零陵地委副书记郭自安任书记，时任零陵地区水电局局长潘永树任指挥长，筹备水库工程开工事宜，组织改建沱江至县城水口镇的公路施工。

1966年7月1日，涔天河水库建设工程正式动工。为避免淹没原江华县城水口镇，当时采用了低坝方案。毋庸置疑，这次舍水能利用最优和效益最佳的高坝方案而采用保守的低坝方案，更多的是尊重瑶族人民的意愿，避免江华原县城水口镇被淹。这是时代的局限，但更多体现了中国共产党以人民的利益为根本利益的执政准则。

1970年3月，历时3年零8个月后，涔天河水库大坝建成。9月，大坝落闸蓄水。一座以灌溉为主，集防洪、发电、过木、航运等综合利用为一体的大型水利枢纽工程胜利完成。

1971年1月20日，涔天河水库左干渠完成第一次通水试验；4月20日正式通水。

“高峡出平湖，明珠亮瑶山。”雄伟的大坝耸立在大瑶山峡谷入口，把从瑶山深处千沟万壑中汇聚而成的奔流河水截断，形成宽阔无边的高山湖泊。冯河，潇水，从此改变了千万年自然流淌的方式，盈盈清波变成电流，朵朵浪花铺展成金黄的稻浪，成为文人墨客笔下一条“流蜜的河”。

1969年11月30日，倍受人民爱戴、时刻关心着家乡水库大坝建设的永州赤子陶铸，在一场堪称“浩劫”的政治劫难中含冤离世，最终没有见到水库建成的那一刻。

涔天河水库、双牌水库见证了新中国水利事业走过的风雨历程，看到这两座大坝，人们仍念念不忘老一辈无产阶级革命家陶铸同志为永州建设付出的心血，对家乡人民倾注的热爱。巍然挺立的大坝，就像一座丰碑，永远刻在永州人民心中！

3、“红色工程师”史杰：“一定要把涔天河水库工程做得更好，尽量少一些遗憾！”

涔天河水库具备优良水库的所有条件，但由于历史的原因，最终选择了低坝方案，这不能不说是一个遗憾，而这种遗憾一直伴随着当时的省水利厅副厅长史杰。但从那时开始，史杰也一直在极力促成涔天河水库的扩建，一直到他去世。

史杰（1918 ~ 1991），水利专家，原名孙宝玉，陕西省韩城西庄镇柳枝村人。1934年加入中国共产党，化名史杰。1950年春任湖南湘阴县长，1951年任长江水利委员会洞庭湖工程处长，1954年升任湖南省水利厅副厅长。1971年任凤滩水电站工程副指挥，1972年任湖南省农办副主任、主任，1983年任省顾委常委。史杰在湖南治水40年，领导和指挥了全省水利、电力工程，深受水乡群众爱戴和怀念，被誉为“红色工程师”“太史故里的大禹传人”。

在涔天河水库建设上，史杰是一直坚持走高坝方案的。即便后来开工建成后，他仍十分惋惜。他对设计组的郭懋德说：“现在搞成这个效益不显著、浪费资源的工程，我们是有错误的。到时候我还是要向上面争取搞高坝扩建。”在他的呼吁和奔走下，促成1971年省、地第二次潇水流域规划和1972年省水电设计院对涔天河水库进行高坝方案的复勘和论证工作，为后来的水库扩建再一次夯实了基础。

尽管当时涔天河水库未能按照高坝方案建设，但在具体实施建设中，史杰还是顶着压力，在大坝的设计、施工中，对基础处理、灌区规划的改变、水库正常蓄水位的确定以及对发电机组存在的“四大问题”的处理，作出了关键和正确的决策。

1966年2月，湖南省水利厅、设计院筹备水库枢纽工程开工，确定施工队伍，组织技术设计班子下工地进行现场设计。史杰指出：“在不增加对江华县城的淹没影响的前提下，水库正常蓄水位尽可能提高；设计、施工一定要确保大坝安全，其他都是次要的；水筏道不要求那么高，木排上可不设站人操作；灌区规划、设计、施工由零陵行署负责；工程造价，关键是在于方案的选择；要提高工作效率，施工期要短，一个半枯水季，也就是说1967年建成大坝。”他的这些意见，成为当时涔天河水库工程设计、施工的目标。

工程开工后，有几个具体问题影响了工程的设计和施工。史杰大胆建言，果断决策，在解决这些问题上发挥了积极作用。比如水库正常蓄水位的确定问题。水库回水末端在县城（水口镇）附近河段，县城的主要街道高程在261.5至263米之间，“五一”桥下河道正常水位为256米。史杰提出：“在不增加对江华县城的淹没影响的前提下，水库正常蓄水位尽可能提高。”这样，可以满足下游灌溉与木材流放，提高下游的防洪能力。经省、地多方研究，最终在252米至258米之间，确定正常蓄水位为256米。

究竟以水筏道木材过坝还是修船闸通行，设计部门与森工部门针对水速、排速一直有争论。水库上下游落差达34米，水筏道如何保证木排通行让木材过坝，其规模大、要求高，当时在全国没有先例。1966年10月，史杰来到工地，对设计人员说：“不要怕，不要碰到困难就退回来搞船闸，筏道不要弄得太复杂，水速、排速这些数据是可以通过试验确定的。”遵照他的意见，省设计院实验室搞了多轮水工模型试验。于1967年5月初步完成了试验，7月修改设计，确定高为2米、宽6.5米变坡段矩形糟身，内设齿坎加糙工艺，总长585米的大型水筏道。

关于坝址F27大断层斜切大坝4号、5号支墩，地质结构复杂的处理问题，设计人员要求处理到第四夹泥层，而施工单位认为困难太大，处理方案定不下来。1969 年 10 月 27 日，史杰在会上说：“大坝坝基存在断层、夹泥层是要处理的，4 号、5 号墩要处理到第三夹泥层，2 号、3 号墩及坝下冲刷坑位置不处理，大坝向下游滑不了。大坝向下游右岸凸出的岩石山坡，不要人工去炸掉它，不要花那个钱，将来泄洪时，冲就让它冲掉。”工程项目设计总负责人林沛元说：“4 号、5 号墩 F27 断层打混凝土塞子到第三夹泥层，基础面用钢筋混凝土拱跨断层支承大坝。”最后，以史杰和林沛元的意见统一了施工方案。

在灌区规划设计上，省、地也有引用流量之争。史杰和时任省革委会主任的黎源明确：“以灌溉为主，左岸库内取水 8 个流量，引水高程为 248 米，自流灌溉，下游不再修引水坝。”1971 年 4 月，水库灌溉渠通水，江华、江永、道县三县为直接受益地区，灌溉面积为 10.53 万亩。

郭懋德老人回忆涔天河水库工程的建设和发展时，深情地说：“我们不能忘记史杰同志对涔天河水库建设所付出的心血和贡献，他经常对我们说，无论是水库的项目建设，还是经营管理，都应该始终坚持尊重科学、尊重知识，把安全工作放在第一位，向安全和科学要效益。”

50 年后，涔天河水库扩建工程终于正式上马实施。郭懋德老人禁不住老泪纵横，他激动地说：“这一天终于盼来了，史杰老厅长可以瞑目了！”

4、四十年风雨兼程，涔天河水库的峥嵘岁月

河流，是人类的母亲。

水利，是农业的命脉。

“潇水第一坝”涔天河水库，四十年风雨兼程，为改变江华、江永和道县的农业灌溉面貌，推动永州水利建设发挥了重要作用。涔天河电站源源不断的电力资源为瑶族同胞点亮希望之灯，催生文明和进步，促进经济社会向前发展。放眼涔天河灌区广袤的大地，稻浪翻滚，绿荫欲

滴，那蜿蜒曲折的主干渠，纵横交错的支斗渠，像流动的叶脉，把甘甜的乳汁输入江华、江永和道县十多万亩农田，滋润灌区那张硕大无比的绿叶。

1971 年 4 月，控制流域面积 2423 平方公里的涔天河水库落闸蓄水。

1971 年春，涔天河水库灌区工程全面建成，江华、江永、道县三县 10 多个乡（镇）10 几万亩农田的灌溉和农业发展条件得到根本改善。

1973 年 12 月，涔天河电站 1 号发电机组正式投产发电。1974 年 1 月，1 号发电机组并入湘南电网运行。1978 年 5 月，涔天河电站三台发电机组全部投产运行。

从此，这个 46 米高的大坝，矗立在湘南大地上，书写着光辉岁月——

渠水滋润万顷田

涔天河水库 1971 年 4 月落闸蓄水后，涔天河灌溉工程当年就实现了渠道通水灌溉，灌区部分区社农田受益。虽然，1971 年和 1972 年，是涔天河灌溉渠通水试运行阶段，灌溉渠垮堤频发，险情不断，灌溉时有中断，属于不正常灌溉。但是，这条被灌区群众称为“幸福渠”的灌溉长堤，在永州市涔天河水利水电管理局和江华、江永、道县三县受益区社千方百计的维护下，战胜自然灾害，阻止人为因素的破坏，经过清淤扫障和维修加固，涔天河灌溉渠的灌溉效益正逐步地凸现出来。

1971 年 4 月 20 日，随着渠首启闭闸门的开启，4 个流量的渠水顺势而下，滋润万顷良田。与渠水同行的涔天河水利水电管理局渠道管理所的干部职工和附近村庄闻讯赶来观看的村民，沿渠而下，目送渠水前行。多少年梦寐以求的愿望，在他们的眼前变成了现实，一种无以言表的欣喜之情油然而生。渠水初灌，4 个流量的渠水虽然没有流到渠尾，但是，灌溉渠上游 3.4 万亩农田第一次自流灌到了清澈的渠水。江华瑶族自治县鲤鱼井公社五七大队喜鹊塘生产队的农民自编了一首歌来表达他们灌溉受益的喜悦心情。“好个洗脚塘，砌屋朝南方。几天不下雨，塘坝水挑干；现在喜鹊塘，天旱不愁难，幸福渠道长流水，自流灌溉夺高产。”饱受干旱之苦的灌区群众，从此苦尽甘来，惬意地收获着耕耘的果实。过去那种“山下河水白白流，山上用水贵如油。十天半月不下雨，禾苗枯死人发愁”的情况已成为历史。当时祥林铺公社党委曾跟群众算了两笔账：1963 年干旱，所有抗旱工具全都用上了，人也累得不亦乐乎，可是，7000 多亩水稻仍有 4000 多亩程度不一的减了产。1971 年灌溉受益后，全公社粮食生产年年丰收。每年向国家交售粮食由 98 万斤增加到 160 多万斤，集体储备粮由 70 多万斤增加到 230 万斤，社员口粮由人平 300 多斤增加到 600 斤。

之后，国家对涔天河灌区不断加大投入，为灌区的发展注入了活力，推动了灌区农业的快速发展。昔日杂草丛生的荒地，逐渐开垦成高产稳产的良田；以前只能种植单季稻的水田变成了可播种双季稻的丰产田；过去靠天吃饭的低产田改造成旱涝保收的高产田。在涔天河管理局的精心管理、续建配套、加固改造、全面维护下，涔天河灌区的面积不断扩大，从瑶山引出的甘泉滋润着更广袤的湘南大地。

1972 年，涔天河灌溉渠经受着第一次大旱的考验。这年 7 月后，烈日暴晒，久晴无雨，灌区旱情出现，并且迅速蔓延。第一次面对旱情，涔天河水利水电管理局紧急组织抗旱保灌夺丰收，先后 6 次迅速抢修，排除渠道险情，确保了灌溉渠的安全运行。这一年，涔天河水库的水灌到了道县 4000 多亩不易灌溉到的地方。农民们异口同声地说：“毛主席革命路线引来了江华东河的幸福水，大旱不知旱，灾年夺丰收。”这些发自他们内心深处的肺腑之言，生动地表达出灌区农民灌溉受益后的喜悦心情和感激之意。从 1971 年的灌溉面积 3.4 万亩到 1972 年的 5.1 万亩，大旱之年保灌溉，扩面积，使农业获得大丰收，涔天河灌溉渠的灌溉效益在迅速提高。

1973 年，渠道放水 6 个流量，涔天河灌区灌溉面积扩大到 7 万亩，比 1972 年增加 1.9 万亩，灌溉效益进一步地在放大。当年，涔天河灌区各区、社，开荒造田、改土为田的面积达到 480 亩，全年向国家多交售爱国粮 5.34 万斤。

1973 年渠道停水后，长长的灌溉渠到处是淤泥堆积，渠道很多地方被水冲刷得破烂不堪。百家尾渠段淤泥堆积达到20多厘米厚，个别地段甚至达到40—50厘米。渠底三合土被掏空，渠堤侧面三合土开裂离壳，整个渠堤伤痕累累、险象环生。如果让这样的渠道继续运行下去，那么，不仅渠水损失严重，渠道管水职工提心吊胆，担心有溃堤之虞，而且，渠道的放水流量要想达到设计的8个，几乎难以实现，灌溉面积无法达到预期。渠道工程质量严峻的现实，迫使涔天河水利水电管理局毫不犹豫地做出选择：全面加固改造渠堤，提升渠道整体质量。

1977—1978年，涔天河灌溉渠总干渠26.665公里的渠段实施了"三面不见土"的高标准改造。1977年，涔天河灌溉渠按设计流量放水运行，8个流量的清泉畅通无阻，直达渠尾。当年灌溉面积达到6.079万亩。1978年，灌溉面积再上一个新台阶，达到8.2万亩，灌溉效益又一次得到大提高，做到应灌尽灌，灌区全面受益。

蜿蜒72公里，惠及江华、江永、道县三县18个乡（镇）99个自然村的涔天河灌溉渠，自1971年实现灌溉以来，灌溉面积逐年扩大，灌区农业迅速发展。到1979年，涔天河灌区灌溉体系初步形成，总、支、斗、毛渠连成一体，塘、坝、库、堰形成渠网，一个"长藤结瓜，渠系成网"的灌溉格局已经建成。1987年普查数据显示，涔天河灌溉渠灌溉总面积为10.503万亩。涔天河灌溉渠巨大的灌溉效益和社会效益正逐渐地凸现出来，为三县的农业发展和社会进步发挥着巨大的作用。

抗旱防洪，筑起我们新的长城

涔天河下游是"衡邵干旱走廊"中部，库区是湖南省三大暴雨区之一，干旱与洪水是涔天河水库的两大对手，轮流来袭。

1989年，零陵地区南六县遭受了百年不遇的严重干旱，全年降雨量1052.9 mm，比流域多年平均降雨量1574 mm减少521.1 mm，减少33.1%，涔天河水库入库径流总量17.93亿立方米，比多年平均入库径流量26.9亿立方米减少33.7%。6月29日至12月31日，半年降雨量不及正常年份一个月的降雨量。严重的干旱造成人畜饮水告急，农田灌溉告急。旱情牵动着各级领导的心，省地县领导多次深入到旱情严重的灾区视察，指导抗旱救灾。省委书记熊清泉亲临涔天河水库，了解水库水位，作出了抗大旱，夺丰收的重要指示。

作为担负灌溉江华、道县、江永八万多亩农田灌溉任务的涔天河水利水电管理局更是责无旁贷，全局干部职工满腔热情地奔赴抗旱保丰收的最前线。时至9月，旱情持续发展，水库水位持续下降，灌溉用水和发电用水矛盾更显突出。在灌溉用水的紧急关头，为夺取抗旱的最后胜利，涔天河水利水电管理局牺牲本局的经济利益，服从抗旱大局，少发电700万千瓦时，让水保农田灌溉。

1990—1992年，严重的干旱再次袭击零陵地区南六县。1990年7月6日至10月20日，江华瑶族自治县境内累计降雨量仅有49.9 mm，导致涔天河水库蓄水严重不足，涔天河灌区出现了极其严重的夏秋连旱。1991年，因雨量时空分布不均匀，涔天河灌区再次出现了不同程度的旱情。1992年7月12日至9月5日，涔天河水库流域平均降雨量仅有20.2 mm，蒸发量却高达542.4 mm，受其影响，涔天河灌区旱情极为严重。

1989年的干旱是灾难性的，当年电站仅完成发电量6044.82万千瓦时，保证了84500亩的农田灌溉任务的完成，超过了1987年《专员现场办公会议纪要》规定的枯水年完成85%灌溉任务的指标，达到正常年份灌溉任务的97%。1990年，涔天河灌溉渠完成灌溉面积84800亩，为计划的98%。1991年和1992年灌溉面积都达到86000亩，超额完成灌溉任务。据统计，大旱之年涔天河灌区江华、道县两县八个乡（镇）粮食增产150万公斤。

1998年涔天河水库流域出现了自1989年以来的夏、秋、冬三季连旱。7月23日—12月底，流域平均降雨量较历年同期偏少近六成。7月28日至8月27日，降水量仅有5.5 mm，9月15日至10月4日，降雨量为0，11月2日至29日，降雨量为7.3 mm，12月8日至26日，流域内没有降水。8月份，正值灌溉用水的高峰季节，而水库的入库流量却不到30 m^3/s，发电和灌溉矛盾加剧，水库水位急剧下降，灌区用水十分紧张，农民翘首盼甘霖。为保证灌区二季稻的灌溉用水，涔天河水利水电管理局又一次牺牲自己的经济利益，停机蓄水保灌溉，对近区 27 处电排站，局从大电网购进高价电实行“倒送电”，让村民抽水保灌溉。

涔天河水库建库以来共遭遇 50 余场较大洪水。2003 年以来涔天河水库先后遭受了“5.15”（2003 年）、“7.15”（2006 年）、“6.13”（2008 年）等三次大的洪涝灾害。每场洪灾，涔天河水利水电管理局都加强防范，精心调度，将损失降到最低程度。历次洪灾中，以 2008 年“6.13”特大洪灾最为严重，抗洪抢险过程也最为惊心动魄。

2008 年 6 月 8 日至 14 日，涔天河水库流域连日普降暴雨到大暴雨，局部特大暴雨，造成山洪暴发、洪水猛涨，江华 22 个乡（镇）有 8 个乡（镇）政府所在地被水淹。13 日 16 时 35 分，水库出现建库以来最大洪峰，入库流量达 3900 m^3/s，接近水库百年一遇设计标准（4160 m^3/s），给上下游人民群众生命财产安全带来极大威胁。在这场特大洪灾中，涔天河水库大坝 #3、#4 泄洪弧形门受损变形，电站 #2 主变套管毁坏；右岸电站水轮机层进水近 3 米深，大量设备受损；涔天河灌溉渠部分渠段出现坍塌、管涌险情；晏家田发电厂房进水 1.2 米，电气设备全部浸泡在水中；道县灌区服务中心被淹三天，水淹最深处接近 3 米；涔天河近区因树木倒伏、房屋倒塌导致线路短路造成“两乡一镇”全面停电。全局因灾损失数百万元。

面对来势凶猛的洪魔，涔天河水库在暴雨之前提前将水位降至 252.31 米，腾出防洪库容近 1000 万立方米。12 日 18 时 20 分，水库出现第一次洪峰，洪峰流量为 1980 m^3/s。在此前后，西河大路铺出现两次洪峰，为避免东、西两河洪峰在江华县城沱江相遇，涔天河水库采取滞洪错峰措施，以 100—370 m^3/s 为单位启闭泄洪闸门 33 次，逐步加大或减少下泄流量，错峰 3 小时，减轻了下游防洪压力，降低了县城洪涝损失。13 日 16 时 35 分，处于高水位运行的涔天河水库出现最大洪峰，在入库流量 3900 m^3/s 的情况下，涔天河水利水电管理局顶住压力，将水库水位调蓄至 255.98 米，比水库安全保证水位 256 米仅差 0.02 米，最大下泄流量调控到 3500 m³/s，在保证枢纽工程安全的前提下，削峰 400 m³/s，降低沱江及下游乡镇洪水位 1.12 米，成为建库以来在水库高水位运行情况下，出库流量小于入库流量洪水调度的成功范例，最大限度减少了下游损失。

电力运行增效益

巨浪腾空，气势恢宏的涔天河水库开闸泄洪的壮观奇景，飞流直下，排山倒海般的筏道过木景观，华灯初上，明珠璀璨的夜景，是涔天河水库令来往行人驻足流连的奇丽景观。灌溉、发电、过木、防洪，涔天河枢纽工程日益凸现的经济效益和社会效益，让涔天河人倍感骄傲和自豪。

涔天河电站是涔天河水利水电管理局的经济支柱。1973 年安装水轮发电机组 3 台，总容量 2.25 万千瓦，设计年发电量 1.09 亿千瓦时。1996 年将 2 号机组进行扩容改造，2001 年分离 3 号机组并入江华岭东电网，2003 年对 3 号机组进行扩容改造，总容量达到 25500 千瓦，并通过 110 千伏线路并入华中电网运行。

过去由于管理体制上等多方面原因，年发电量难以突破 1 亿千瓦时。1993 年该局实行“一改一抓一带头”，使地区供电产生了显著效益。“一改”：即在改革中打破旧的生产格局，将原有各自为政、相互扯皮的三个生产车间（运行、检修、水工）合并为一个发电管理站，实行目标管理责任制。“一抓”：即在发电主业中，牢牢抓住安全这根弦不放松，定期大修小修，并对三台机组进水口闸门拦污栅进行全面更新。“一带头”：即领导和党员带头，充分发挥战斗堡垒和核心作用。同时针对发电机运行年久、绝缘整体老化的现象，1996 年对 2 号机组进行了扩容改造，2001 年对近区供电秩序进行了全面整治，规范了用电的管理与电费的收缴，并投入 70 万元用于部分线路的农网改造，2003 年对 3 号机组进行扩容改造，使单机容量均从 7500 千瓦增加到 9500 千瓦，既消除了安全隐患，又提高了生产能力。

自第一台机组投产发电以来，即 1974—2003 年 30 年间，共发电

27.8 亿千瓦时。其中 1974—1992 年近 20 年间，共发电 15.2 亿千瓦时，仅有 1 年发电量突破了 1 亿千瓦时。“一改一抓一带头”后，1993—2003 年 11 年间，共发电 12.56 亿千瓦时，有 10 个年份发电量突破 1 亿千瓦时超过了年设计发电量。2002 年更是实现了发电量和上网电量的“双突破”，分别达到了 1.38 亿千瓦时和 1.30 亿千瓦时，创下了历史最好成绩。2003 年涔天河水利水电管理局近区电费收入达到 100 万元。投产发电 30 年来，累计创产值 2 亿多元，上缴税费将近 0.7 亿元。

岭东供电，支持“开发水电兴江华”

涔天河水库所在的江华瑶族自治县，是全国瑶族人口最多、面积最大的瑶族自治县，横亘南北的勾挂岭把县境自然分成东、西两部分。东部统称岭东，即林区，占全县 2/3 面积，11 个乡镇，16 万人口，是江华瑶族同胞的主要居住地和贫困人口聚集区。解放半个世纪以来，岭东林区既无骨干电源又无输配电网络，仅靠几座径流式小电站维持供电，装机容量小，供电不稳定，枯水季节连照明用电都难以保证。有的乡镇从广东购买高价电，平均到户电价为 2.5 元 / 千瓦时，最高电价达 5.6 元 / 千瓦时，以致一些瑶民不敢用电。不少瑶村山寨没有通电，仍然沿用煤油、松脂照明。

为解决江华岭东 16 万瑶族人民长期严重缺电的问题，促进当地经济发展和人民群众脱贫致富，1997 年江华县委、县政府提出了“开发水电兴江华”的战略思想，在全县掀起了水电开发热潮，在江华岭东实施电网建设工程。考虑到电网需要有调节能力的骨干电源点支撑，而岭东开发的电站装机容量小，无骨干电源点支撑，丰枯、峰谷电量调节性能差，江华县委、县政府和市水利局提出以涔天河电站为依托向岭东供电。江华用 3 年时间完成了涔（天河）码（市）110KV 线路、码市 110KV 变电站及其他工程的施工，在岭东初步形成较完整的输配电网络。建设期间江华人大常委会行文，迫切要求涔天河水利水电管理局作为江华地方电网的骨干电源点尽到“依托”的责任。时间到了 2000 年，面对已建好的涔码 110KV 线路和码市变电站，面对有关部门以及江华越来越高涨的呼声，面对岭东林区 16 万瑶族同胞长期缺电的压力，涔天河水利水电管理局面临一个新的抉择。

往岭东林区供电，涔天河水利水电管理局面临很大压力。从情理上说，岭东是涔天河水库库区，岭东人民为水库建设做出了积极贡献和巨大牺牲，但水库建成几十年了他们的用电问题还没有得到解决，涔天河水利水电管理局深感责任重大，也十分理解他们等电、盼电的迫切心情，况且涔天河水库建站初期就预留了一回线路向岭东供电，只是因为没有架设输电线路而无法实施，这是其一。其二，涔天河水利水电管理局驻在江华，与江华瑶族自治县关系融洽。江华作为老、少、边、穷地区，为发展经济实施水电开发战略，涔天河水利水电管理局应该尽力支持。其三，开发岭东电网是永州市水利局作出的一项重要发展措施，涔天河水利水电管理局应该尊重和支持。同时往岭东网供电价格较高，对涔天河水利水电管理局也有实实在在的好处。

但是，因为岭东电网不属于湖南省电网，往岭东供电意味着与省电网解网，转向与岭东电网甚至广东电网联网。涔天河电站自 1973 年投产发电以来，一直并入湖南省电网运行。从涔天河电站分离一台机组向岭东电网供电，将直接触及省电网的利益，电业部门肯定不会答应。如果强行实施，一是打破了“一站一网”的电业行规，二是违反了《电网调度管理条例》中并网电站服从统一调度的规定，三是一旦与电业局关系闹僵，要求涔天河电站三台机组全部解网，全局将陷入极度被动。如此大的法律、政治和经济风险谁能够承担呢？

难题如何破解？

1997 年，在市电业局明确反对下，涔天河管理局两次研究否决了向岭东供电。但是，当时电业部门实行计划管理、垄断经营，虽然全局年发电能力 1 亿千瓦时左右，但每年争取到的上网电量指标仅 8000—9000 万千瓦时，电业部门按季度或月下达上网计划，开机停机、负荷多少、运行状态都由调度下达指令，电站没有自主权，经常是枯水季节无水发电、丰水季节不准多发。为减少弃水，局被迫超计划发电上网，在超计划电量中，每年均有一部分被视为不计费电量而不予结算。1995

年以前是超发多少就倒扣多少，所以不敢超发，有时白白弃水，造成了水资源的浪费；之后是超发 3 千瓦时算 1 千瓦时。再后来是每年以补充协议确定不计费电量比例，其结果都等于是变相减少了电量。往岭东供电犹如一个新的突破口，让局领导班子看到了希望的曙光：一是可挣脱计划经济的束缚，分离一台机组往岭东供电，留两台机组供大网，既可完成大网计划，又实现了满发多供。二是可消除电量结算的尴尬，余电送往岭东，不存在不计费的电量。最为有利的是往岭东供电电价较高，每千瓦时均价比大电网高出近 0.1 元，按一台机组年发电 3000 万千瓦时计算，每年可增加收入近 300 万元，这就是摆在涔天河水利水电管理局面前的破解增收难题的钥匙。因此，从 2000 年起，涔天河水利水电管理局开始考虑部分调整供电方式，向岭东林区供电的构想。

2001 年 2 月 11 日，江华县委召开专题会议，要求涔天河电站往岭东供电。2 月 21 日，江华县人民政府向涔天河水利水电管理局发出《关于从涔天河电站分离一台机组向岭东林区供电的函》。2 月 25 日，涔天河水利水电管理局向江华县政府回复：涔天河水利水电管理局地处江华，在支持岭东小水电开发，振兴江华经济，帮助少数民族地区人民尽快脱贫致富方面理应有着义不容辞的责任。为此，同意从涔天河电站分离 #3 发电机组经 #2 主变上涔码线向岭东林区供电以支撑岭东电网，涔天河电站实行一站二网运行。3 月 31 日和 4 月 15 日，市委、市政府两次召开了江华岭东供电协调会议，商议涔天河电站分离一台机组向江华岭东供电的方案。5 月 28 日，局组织工程技术人员和电站职工完成涔天河电站向岭东林区供电出线间隔的安装与线路的搭接。6 月 14 日，江华县副县长黎世民、涔天河水利水电管理局局长王瑶东、潇水公司总经理金颖春举行三方会议，确定涔天河电站分离 #3 发电机组、#2 主变于 6 月 16 日上午 8 时与大电网分离。

2001 年 6 月 19 日，涔天河电站 #3 发电机组正式并入江华岭东林区电网，这标志着涔天河水利水电管理局供电方式进行了战略性调整，形成了“一站二网”（涔天河电站，华中电网，岭东林区电网）的供电新格局。

从此，涔天河电站发出的强大电流通过岭东林区 110KV 线路进入码市变电站，给千家万户瑶族同胞送去了光明。涔天河电站向岭东林区供电后，不仅解决了岭东林区用电的问题，同时也极大地推动了江华岭东林区小水电的兴建开发，为振兴江华瑶族自治县的民族经济，建立民族强县注入了强大动力。

涔天河水利水电管理局 2001 年做出“向岭东供电”的重大决策，实际上是在向电力体制和垄断行为挑战，在当时是“冒天下之大不韪”。事后省经贸委向省人民政府写出报告，称涔天河电站“一站并两网”，在全国无此先例，严重违反了电力法规，要求恢复以前的并网运行方式，并对有关责任人员给予行政处分。省政府联合调查组、省水利厅向省人民政府写出了专题报告，阐述岭东供电的积极作用。2001 年 9 月，省委书记杨正午率省直有关部门负责人来到江华调研。在江华汇报会上，杨正午书记一锤定音：支持“开发水电兴江华”战略！直到 2002 年，国务院发布《电力体制改革方案》（5 号文），确定了“厂网分离，竞价上网”的改革思路，打破 30 多年来大电网对地方小水电所实施的“限制出力，倒扣无功，拖欠电费”的电力垄断格局。

抗击冰灾，为“电力孤岛”输送光明和温暖

2008 年初，湘南遭受到百年一遇的冰冻灾害天气。1 月 28 日，通往永州市南部的输电线路被冻断，永州电网崩溃，南部六县成了电力“孤岛”。

主网垮后，完全脱网的涔天河电站成了南六县唯一具有调节性能的电站，整个永州南部只能依靠涔天河电站独网运行，满足基本的用电负荷。2 月 2 日、3 日，已到农历腊月二十六、二十七，市委书记曾庆炎、市长龚武生连续致电涔天河水利水电管理局领导黎世民、刘亮凯，要求必须保证 5 台机组（涔天河电站 3 台，涔天河右岸电站 2 台）4 万 KW 负荷向南六县供电，确保南六县人民过一个明亮的春节。与此同时，局近区“两乡一镇”电力设施受灾严重，高压电杆倒杆 40 余根、低压杆倒杆 300 余根、断线多处，致使全线停电，直接经济损失达 500 万元。

面对百年一遇的冰冻灾害，涔天河水利水电管理局临危不乱，将抗冰保电作为当前工作的中心任务，成立抗冰救灾工作指挥部，党委书记黎世民任总指挥，1 月 28 日在供电公司召开现场办公会，紧急部署抢修电力设施工作。2 月 3 日晚，党委书记黎世民在电站值班室主持召开抗冰保电紧急调度会，就如何保证发电机组安全稳定运行和 3 号机组应急改网等工作进行了认真地研究，制定了切实可行的方案。冰天雪地之中，全局干部职工以电站和近区为主战场，党政领导坚守一线，靠前指挥，抢修人员不怕辛苦，排除万难，打响了一场极为艰巨的抗冰保电大会战！

此时，涔天河电站投产已经 35 年，部分设备设施已严重老化，超负荷运行和支持电网短路融冰引发机组出问题的风险明显增大。由于小电网运行很容易造成机组失压，从 1 月 28 日上午至 2 月 4 日 18 时止，8 天时间里，电站失压高达 7 次。为保送电，每次失压后都需要很多的紧急操作，值班人员克服室外结冰、路面湿滑等困难一丝不苟地完成各项操作任务。在调度多次要求涔天河电站黑启动的情况下，值班人员想尽一切办法稳定电网，做好调频调压工作。在人手相当紧缺的情况下，涔天河水利水电管理局克服困难，合理调配，支持大电网做好融冰和故障判断工作。据统计，从 1 月 26 日到 2 月 8 日，涔天河电站成功独网运行 10 天，为电网黑启动 11 次，保电成功 9 次，保厂用电成功 11 次，为线路成功融冰 1 次，为系统判断故障 2 次，倒闸操作达 7500 次。

另一个战场，是涔天河近区供电。要保供电，首先要恢复主线。1 月 31 日，农历小年，结冰的林区路面崎岖光滑，员工们将稻草绑在鞋上增大摩擦系数才得以行走。他们肩扛手提抢修工具，艰难地爬山越岭，来到故障点开展杆上作业，一天下来手、脚、耳朵全长满了冻疮。第二天，天又下起了小雨，给线路施工带来更大困难，员工们虽然穿着雨衣雨裤，但在雨中工作浑身仍然被淋湿。刺骨的寒风中，他们爬上高高的铁塔和线杆，用早已冻得麻木的双手清除线路上厚厚的冰凌。由于时间紧，任务重，他们往往一干就是五六个小时。抓住稍稍的一点空隙爬下杆来背着风胡乱吃上几口饭就又投入到抢险的战斗之中。经过两大苦战，通往林区的主干线故障得以排除。由于农区受损的主线杆在陡峭的冰山之上，靠人力无法实施抢修，他们想方设法对线路进行技术性改造，采取临时架线方案，在 2 月 3 日完成了农区主干送电，为近区全线送电打下了坚实基础。

由于众志成城、措施得力，冰灾期间，涔天河水利水电管理局将 500 多万千瓦时的宝贵电能源源不断地输往南六县灾区，让“电力孤岛”中的人们感受到了光明和温暖，过上了一个明亮的春节。涔天河近区“两乡一镇”腊月二十八日在全县率先基本恢复用电，近区人民送来写有“为民解难，抗冰护电”的锦旗表示感谢。在 2008 特大冰灾这场严峻的考验中，涔天河人不负重托、不辱使命，实践了“光明使者”的庄严承诺。

作为一个拥有近 40 年光荣历史的涔天河水库，如何顺应时代发展的浪潮，如何续写新的光荣与辉煌？——扩建，扩建，还是扩建！

第二章　扩建！一项跨世纪的水利战略

涔天河水库选择低坝方案建设，是时代留下的一个遗憾。

高坝与低坝，社会经济效益对比，优劣显而易见：

低坝：砼双支墩大头坝，最大坝高 46 m，水库正常蓄水位 254.26 m，总库容 1.05 亿 m^3，电站总装机容量 41.5 MW，年发电量 1.46 亿 kW·h。灌溉江华、道县两县，设计灌溉面积 12.3 万亩，实际灌溉面积 8.5 万亩。

高坝：钢筋混凝土面板堆石坝，最大坝高 114 m，水库正常蓄水位 313.0 m，总库容 15.1 亿 m^3，调节库容 9.92 亿 m^3，电站总装机容量 200 MW，年平均发电 4.576 亿 kW·h。灌区江华、道县、江永、宁远四县增加和改善灌溉面积 111.46 万亩（其中新开垦荒地 23.91 万亩）。

涔天河水库最终选择低坝方案，是当时当地的特殊原因造成的，有时代的局限性，更多的是尊重瑶族人民的意愿，避免江华原县城水口镇被淹。

但是涔天河高坝方案，一直是湖南水利人心中的一个梦想。

永州市是国务院批准的湖南农业综合开发区中发展潜力较大的地区。肥沃的土地、丰沛的雨量，温和的气候，充分的日照给农作物的生长提供了十分优越的自然条件。但因干旱缺水严重影响了该地区农业的发展。仅 1950 年至 2006 年的 57 年统计，历年全流域受灾面积 582 余万亩，粮食减产 30.56 万吨；由于缺水，使大片可开垦的荒地不能开发利用，农业生产发展缓慢，农民生活水平急盼提高。

同时随着改革开放的不断深入，促使该地区经济发展较快，电力负荷增长迅速，电力供需矛盾日益突出。据预测，永州市电网到 2020 年需电量 105 亿 kW.h，最大负荷 2362 MW，电力缺口很大。

缺水！缺电！已成为制约永州国民经济发展的主要因素。

1、江华县城搬迁，使涔天河水库扩建成为可能

涔天河水库扩建工程得以提到议事日程，并最终付诸实施，最基础、最根本的条件是县城实现搬迁。1985 年，江华县城从涔天河水库上游、地处瑶山腹地的水口镇，搬迁到涔天河水库下游、自唐代以来就是江华县治所在地的古城沱江。说起县城的搬迁，人们至今没有忘记从江华瑶山走出去的老一辈无产阶级革命家，原中顾委常委、最高人民法院院长江华。

江华（1907—1999），原名虞上聪，江华瑶族自治县大石桥乡鹧鸪塘村人。1926 年 12 月加入中国共产党，曾任湘南特委和湖南省委的政治交通员、茶陵县委书记。1928 年 5 月到井冈山，跟随毛泽东开始了他的戎马生涯。先后担任红四军前委秘书、红四军政治部秘书长，参加了井冈山三次反“围剿”斗争、大柏地战斗、三下龙岩城等著名战斗和中央苏区五次反“围剿”斗争。1934 年 10 月，随红军三军团长征。红军长征到陕北后，任中央军委警卫团政治委员、陕甘军区关中军分区司令员、红二十八军政治部主任。“西安事变”后，奉命率部接防延安，任延安城防司令部政委。1938 年 8 月改名江华，赴山东敌后抗日，历任八路军山东纵队政治部主任、八路军苏皖纵队政委兼司令员、山东纵队二旅政治委员兼滨海军政委员会书记、山东军区政治部主任等职务，为开辟山东抗日根据地作出了重要贡献。1945 年夏参加中共第七次全国代表大会，任山东代表团副团长。抗日战争胜利后赴东北，历任中共安东省工委副书记、安东省委书记兼安东军区政委。他正确贯彻执行党中央和毛泽东同志关于“建立巩固的东北根据地”的战略方针，在东北局的领导下，放手发动群众，开展土地改革运动，为开辟和建立辽东根据地，为支援辽沈战役、解放东北全境，作出了贡献。新中国成立后，历任杭州市市长、市委书记，中共浙江省委书

记、第一书记、浙江省政协主席兼浙江省军区政委。1975 年 1 月，任最高人民法院院长。1980 年，全国人民代表大会常务委员会任命江华为最高人民法院特别法庭庭长，主持对江青、林彪两个反革命集团的审判。

作为瑶山人民的儿子，江华对家乡的一山一水、一草一木都有深厚的感情。无论走到哪里，他心中都有一份对家乡难舍的牵挂。在漫长的革命生涯中，为了革命需要，江华曾数次易名，但是 1938 年 8 月他赴山东抗日前线的时候，毛泽东帮他改的“江华”这个名字，一直延续到其去世。对于这次改名，他曾说：“改名叫江华，其中寄托了自己对故乡深深的怀念。这个名字表示，不管走到哪里，自己都是江华人。”

1965 年 7 月 10 日，江华第一次回到阔别 40 年的家乡，在参观完县城后，凭着解放初期在杭州当过市委书记、市长，有丰富城市管理经验的特点，站在战略家角度，他对陪同的领导说：“走路要抬头往前看，不能埋头看脚趾。一个县城放在大山里，没有发展前途。”明确提出县城应该搬迁。当有人提出“我们是瑶族自治县”时，他反问道：“县城搬了就不是瑶族自治县吗？硬要在水口这大山沟里才是瑶族自治县？搬与不搬，哪头有利？”他的提议引起了有关方面的关注。

1982 年 3 月 3 日，他第二次回家乡时，看到县城还没有搬迁，又对陪同人员强调说：“水口这地方像一条狗舌子。县城建在水口非常偏僻，而且封闭，不利于县城的工业发展和城市建设，还是应该搬迁。”还开玩笑说：“县城不搬迁，我就不回来了。”

3 月 5 日，江华对陪同他到江华的湖南省委书记毛致用、零陵地委书记邓有志等人说：“要把县城搬迁到沱江去。”在讨论经费问题时，毛致用说：“我们湖南有 100 多个县，一个县挤出 10 多万，就有 1000 万元，这样，江华县城就可以搬迁了。”邓有志说：“从 1983 年开始，零陵一万元以上的城建工程全放到沱江施工。明年由地委、行署联合向省委、省政府写报告。”江华听后满意地笑了。随后县委、县政府根据他的意见进行了专题研究，并将县城搬迁的文件上报省委、省政府。

1985 年，经国务院批准，江华县城由水口搬迁至沱江镇。

是年 11 月 25 日，江华在县城新址沱江镇举行了有 5 万人参加的江华瑶族自治县成立 30 周年庆祝大会。江华怀着对家乡的深厚感情，率夫人和儿子专程从北京赶回家乡参加庆祝大会。

从现在的结果看，县城的搬迁，为江华的发展提供了广阔的空间，体现了高远的政治智慧和立足未来发展的前瞻意识，而更重要的一点是，这为后来的涔天河水库扩建提供了先决条件，使水库扩建的梦想成为现实的可能。

2、旱情告急！《一份早应呈送的报告》

1989 年入夏以来，地处“衡邵干旱走廊”中部的永州江华、江永、道县、宁远四县，持续 200 多天遭遇高温不雨，使 65．34 万人及 49 万头牲畜饮水发生困难，农业减收一亿多元。湖南省委书记熊清泉抱病视察永州旱情，心情异常沉重，毅然向党中央、国务院秉笔直书——在《一份早应呈送的报告》中，首次正式提出了扩建涔天河水库的议题。

这份早应呈送的报告，陈述了 30 多年来，因为低坝建设，涔天河水库在防洪、灌溉和调节水资源等几个方面都没有发挥应有的作用，长期处于“大材小用”的尴尬境地，不能适应经济社会发展的需要。水库上游的码市是湖南省三大暴雨区之一，年降雨量达到 2300 毫米。水库大坝控制流域面积 2466 平方公里，多年平均年径流量 26 亿立方米，但水库的防洪库容仅有 0．41 亿立方米。这样一来，一有大的降雨，大量的水资源就会白白流失，长年累月下来，年弃水多达 20 亿立方米以上。原来设计 17 万亩的灌溉面积，实际上也仅能达到 8．5 万亩。

报告迅速送到了中央领导手上，并引起高度重视。1990 年 4 月 10 日，国务院办公厅下达了《关于湖南省涔天河水库扩建工程的复函》，复函说：“涔天河水库扩建工程属大型水利建设项目，请湖南省认真做好项目前期工作。在此基础上落实建设资金，按基本建设程序，报水利部提出初审意见，由国家计委审批。”根据这一指示精神，省、地有关部门做了大量的前期工作，分阶段完成了第三次《潇水流域规划》、涔天河水库扩建工程《项目建议书》《可行性报告》《初步设计书》等。

1993年湘南再次遭遇大旱，省委书记熊清泉在零陵地区视察旱情，直书中央领导，提出扩建涔天河水库的建议。时任国务院副总理的朱镕基在熊清泉书记的报告上作出“抓紧前期工作，争取尽快上马”的批示。

为争取国家立项，省、地（市）、县历届政府也做了大量的工作，直到2012年6月27日，国家发改委正式下发《关于湖南省潇水涔天河水库扩建工程可行性研究报告的批复》。

从1990年4月，省委书记熊清泉向党中央、国务院呈送的报告得到国务院的复函，到2012年6月项目正式得到国家立项审批，时间已是22年。把这一水利工程称为“跨世纪的工程”恰如其分，而这其中的波澜曲折该又是怎样的牵动人心啊！

3、永不放弃：20年的精心筹备

1990年，涔天河水库扩建工程被列入湖南省“八五”计划。省政府向国务院报送《关于上报涔天河水库扩建工程项目建议书的报告》。

这一年，对于湘南地区来说，又是一个大旱之年！10月20日至26日，湖南省人民政府省长陈邦柱在零陵地委书记秦光荣，地委副书记、行署专员吴海森，地委委员、地委秘书长刘桂阳和省政协常委唐盛世等陪同下，对零陵地区进行了为期7天的灾情视察和抗灾救灾指导工作。陈邦柱省长日夜兼程，行程1000多公里，足迹遍及全区的11个县市。

陈邦柱省长沿途听取了地、县市领导的工作汇报，深入到田间地头、水库工地和比较困难的农户家中，询问生产生活情况。当他看到旱灾给群众造成的巨大困难，特别是一些瑶族贫困乡村还处于非常艰苦的生活水平时，他的心情十分沉重。他对随行的同志说：一定要安排好群众生活，把有限的钱粮真正用在困难户上。省里也一定尽最大努力来帮助灾民渡过难关，要把党和政府的温暖送到灾民中去。江永县松柏瑶族乡堂景村村主任何春安退伍前曾在省政府站过岗，见到陈省长特地来村里慰问，他十分激动地向省长保证，一定要把生产自救搞好，决不辜负省长的期望。

陈邦柱省长看到沿途许多地方都在大规模地开展生产自救，掀起“三冬”生产热潮，他十分高兴地说：大灾教育了人们，要充分发动群众大修水利，要多栽树，深挖塘，广蓄水，山塘小库也可以解决大问题。在东安县端桥铺镇的卫星水库工地上，陈省长看到近千名干部群众正在肩挑、人扛修水库，干得热火朝天。他对干部群众说：“你们这个战天斗地的精神好，向你们学习；但要加快进度，提高效率。”陈省长转身对随行的省水电厅副厅长刘红运说：“老刘啊，补助他们5万元修水库如何？鼓鼓劲嘛！”

陈邦柱省长对涔天河水利工程的开发十分关注，10月22日，他带领省有关单位负责人在零陵地委书记秦光荣的陪同下，乘船视察库区上游部分淹没地带，并听取省水电勘测设计院技术负责人关于扩建工程的情况汇报。他说，涔天河水库是解决零陵地区干旱的最根本、最主要的途径。“我来看后，涔天河水库扩建立项上马的决心就更加坚定了。”他希望零陵地区，特别是江华县要全力以赴，下定决心干上去。省、地都要集中资金、集中力量把涔天河水库扩建工程项目拿下来。

当月，零陵地区成立涔天河水库扩建工程筹备领导小组。当年，零陵地委提出了“南水（扩建涔天河水库）北城（零冷联城）”战略。

1991年2月28日，省、地在江华召开涔天河水库扩建工程移民安置工作研讨会，出席会议的有省水电厅、省水电勘测设计院、零陵地区涔天河扩建筹备组及水口镇、务江乡、花江乡、贝江乡等重点移民乡镇的负责人。

1992年，《涔天河水库扩建工程项目建议书》由国家计委批准。2月17日，省水电勘测设计院在长沙召开《涔天河水库扩建工程可行性研究报告》审议会。3 月 4 日，省水电勘测设计院总工带领 15 位工程技术人员就审议会提出的务江滑坡对扩建影响问题，到涔天河水库进行实地考察，通过踏勘和试验论证，认为滑坡对扩建工程影响不大。11 月 29 日，水利部部长杨振怀、长江水利委员会主任魏廷峥在湖南省副省长王克英、水利厅副厅长刘红运、零陵行署专员颜永盛等陪同下，就涔天河水库扩建工作进行了调研，并听取了扩建工程的情况汇报、察看了地形条件，对涔天河水库扩建工程提出了设想和建议。

1993 年 9 月，湖南省水利设计院研究完成了《涔天河水库扩建工程可行性研究报告》编制。

与此同时，零陵地区行署对涔天河水库扩建移民工作进行了安排，专门拨付经费给江华进行开发性移民试点工作。此项工作一直延续到 1997 年。

1994 年 3 月 23 日至 26 日，《涔天河水库扩建工程可行性研究报告》审查会在长沙召开，水利部水电规划设计总院会同湖南省审查了可行性研究报告，并以水规〔1994〕0037 号《关于报送涔天河水库扩建工程可行性研究报告的函》呈报水利部，请求国家予以立项实施。

3 月 19 日，水电部规划设计总院副院长率国家计委国际咨询公司副处长、工程师李志超及该院专家团一行 19 人、长江水利委高工 3 人及省水利厅、设计总院 20 余人在行署专员卜翠屏、地委副书记郑邦淳等陪同下来涔天河水库进行实地考察，听取了省水电勘测设计院高级工程师黄国兴的情况介绍，察看了大坝地址。次日，审查会“坝址考察组”对新老坝址、库区滑坡地质、新电站地址及工程开工石料场进行了考察。

6 月中旬，国家水电规划设计总院对省水电勘测设计院《关于扩建涔天河水库可行性研究报告》的补充报告进行论证，由原则性同意可行性报告改为基本通过。

7 月，湖南省水电勘测设计院派出技术人员到涔天河水库进行实地勘测和初步设计。

1995 年 3 月 9 日，湖南省委书记王茂林在零陵地委、行署领导陪同下，专程来到涔天河水库考察扩建工程情况，并带来了好消息：涔天河水库扩建工程近日由国家正式批准，列入国家“九五”计划。时任国务院总理李鹏批示：“重点考虑，力争早日立项”。

1996年，国务院将涔天河水库扩建工程列入“九五”计划。

1998年10月，湖南省水利设计院编制完成《涔天河水库扩建工程（枢纽部分）初步设计报告》和《灌区可研报告》，并于年底报水规总院提请审查。

2000年，水利部有关负责人听取涔天河水库扩建工程汇报后指出，几年来湖南省先后开工了江垭、皂市等工程，涔天河水库扩建可以在皂市的投资高峰期过后就上马。

之后，是近6年的沉寂期。

皂市水库位于洞庭湖水系澧水流域的一级支流渫水上，与江垭水库（已建）、宜冲桥水库（拟建）联合调度，属澧水流域整体防洪关键性工程，项目核定初步设计概算总投资为32.52亿元，施工总工期为5年4个月。该工程的建设也是一波三折，1959年曾一度开工建设，1961年因国家经济困难下马。1998年长江大水后，再度被国务院及水利部、湖南省领导提上议题，2000年正式立项，2004年2月8日正式开工。在当时省里全力保障皂市水库这一重点水利工程的背景下，涔天河水库扩建只有退居其次。

然而，梦的火焰并没有熄灭。

直到2008年12月，皂市水库全面完工，电站机组并网投入商业化运营，搁浅了6年的涔天河水库扩建工程终于再一次提到省政府的重要议事日程。

4、规划重启：各方力量汇聚，促成涔天河水库扩建工程上马

2006年，湖南省重新启动涔天河水库扩建工程项目前期工作。

这年3月，十届全国人大四次会议在北京召开。会议期间，湖南省委书记张春贤、省长周伯华向水利部主要领导汇报了涔天河水库扩建工

程，要求列入“十一五”建设规划。湖南省委、省政府的提议和请求，得到水利部领导的高度重视。当年，水利部以水规计办字〔2006〕27号文件，明确涔天河水库扩建项目列入国家“十一五”水利发展规划。

2007年，水利部同意重新启动涔天河水库扩建工程前期工作。湖南省水利厅编制完成《涔天河水库扩建项目建议书（枢纽工程）》及《涔天河水库灌区规划报告》。

2008年3月，在京参加十一届全国人大一次会议的永州市人民政府市长龚武生联合部分全国人大代表向会议提出关于请求国务院及有关部门立项扩建湖南涔天河水库工程的建议（第3379号建议）。同年7月，水利部和国家发展改革委以水规计办字〔2008〕64号文件答复，明确将涔天河水库扩建工程列入水利部和发改委共同编制的《全国大型水库建设规划（2008 ~ 2012年）》。

2008年5月26日，湖南省委副书记、省长周强带领省直有关部门负责人，在永州市委书记黄天锡，市委副书记、市长龚武生的陪同下，就涔天河水库扩建工程项目来涔天河水库现场调研。

6月，湖南省委书记张春贤在永州市防御“6·13”特大洪灾汇报会上讲话指出，涔天河水库扩建宜快则快，要加快前期论证和规划工作，并要求从各渠道支持该项目。

当年，湖南省政府正式以湘政〔2008〕47号文向国务院申报涔天河水库扩建工程项目，同时以湘政函〔2008〕239号、湘政函〔2008〕240号向国家发改委和水利部发出申报函。7月，湖南省水利厅听取项目专门汇报，要求当年12月前完成《可行性研究报告》，2009年6月前完成《初步设计报告》。

2008年12月13—16日，《湖南省涔天河水库扩建工程项目建议书》审查会在北京召开，原则通过涔天河水库扩建工程项目建议书的开发任务和总体方案。

2009年1月21日，在北京水规总院对长株潭河段补水和正常水位专题报告再次进行审查，敲定涔天河水库“以灌溉、防洪为主，兼顾发电、长株潭河段补水、航运等综合利用”的开发目标，明确了313 m正常水位工程规模。至此，涔天河水库扩建工程项目建议书阶段水利部技术审查完成。

2009 年 2 月 8 日，湖南省委书记张春贤在省委常委、省委秘书长杨泰波、永州市委书记黄天锡、市长龚武生和省直有关部门负责同志的陪同下，来涔天河水库现场调研。

2 月 18 日，省政府副省长徐明华带领省水利厅及扩建指挥部负责人分别向水利部正副部长、水规总院院长衔接涔天河水库扩建工程情况。

2 月 26 日，水利部部委会正式通过涔天河水库扩建工程项目的申报。向国家发改委提交《关于报送湖南省潇水涔天河水库扩建工程项目建议书审查意见的函》。

2009 年 3 月，十一届全国人大二次会议期间，永州市委副书记、市长龚武生专门约请周强、秦光荣、徐宪平等领导一起，在北京专题向国务院副秘书长、国家发改委副主任和国土资源部副部长汇报涔天河水库扩建工程前期工作，争取支持，促成涔天河水库扩建工程和涔天河流域国土综合整治项目分别纳入 2009 年国家发改委和国土资源部计划笼子。

4 月，湖南省发改委向国家发改委报送《关于请求审批 < 湖南省潇水涔天河水库扩建工程项目建议书 > 的请示》。

6 月 1 日，湖南省政府下发《关于禁止在涔天河水库扩建工程淹没区和枢纽工程施工区新增建设项目和迁入人口的通告》。

6 月 11 日，湖南省政府办公厅下发《关于成立湖南省涔天河水库扩建工程协调领导小组的通知》，成立以常务副省长于来山为组长的协调领导小组。

8 月 18 日，中国国际工程咨询公司向国家发改委提交《关于湖南省潇水涔天河水库扩建工程项目建议书的咨询评估报告》。

2010 年 1 月 18 日，由国家发改委、水利部等部门组成的调研组在永州市领导龚武生、袁满娥、周小驹、刘尤碧、荣燕明等领导的陪同下，实地考察涔天河水库扩建工程情况，并认真听取了有关单位关于涔天河水库扩建工程前期工作的情况汇报。

8 月 20 日，国家发改委主任会议通过涔天河水库扩建工程立项，标志着涔天河水库扩建工程项目进入了开工倒计时阶段。8 月 21 日，国家发改委下发《关于湖南省潇水涔天河水库扩建工程项目建议书的批复》。

20 年的争取，20 年的等待，终于迎来了希望的曙光！

第三章　启动湖南水利“一号工程”

枢纽工程通过国家发改委立项，是一场长跑的终点，也是另一场长跑的起点。

根据国家对大型水利工程的项目建设规范，工程开工建设，必须要经过立项、可研、初设三个阶段的审批。而每一个阶段审批的前置条件，都有数十项之多。如：国家发改委批复可研报告前，须完成建设规划同意书、建设用地土地规划调整、建设用地实地踏勘、移民安置大纲、水土保持方案、水资源论证、防洪影响评价、文物专题、项目地质灾害评价、移民安置点地质灾害评价、集镇迁建地质灾害评价、矿产压覆评估、移民安置规划报告、地震评价报告、资金筹措意见书、环境影响评价、建设用地预审、建设项目选址意见书、项目节能评估、取水许可证、项目节能评估报告共21个专题报告的备案和审批。每一项专题报告的编制和审批，都是一次“长征”。

项目开工准备工作进入了最后的冲刺阶段。

1、终于获得了国家发改委开出的“路条”

“我始终坚信，涔天河水库扩建，前途是光明的，道路是曲折的！”

这是曾任永州市委常委、副市长、市涔天河水库扩建工程协调领导小组执行副组长的舒平经常说的一句话。2010月5月，曾参与过石门皂市水库建设的舒平，以省水库移民开发局副巡视员身份调任永州市副市长，主要负责涔天河水库扩建工程，直到2016年5月调任省人防办党组成员、副主任。正因为有了这种信念，他在永州工作的六年时间里，始终与涔天河水库扩建工程捆在一起，亲身见证了这一工程从审批立项到最终完成枢纽建设的全过程，深深体味到了其中的艰难曲折，感知到了省市各级领导为此付出的艰苦努力。

说起舒平，从 2008 年 8 月被永州市委、市政府抽调到市涔天河水库扩建工程领导小组工作的左全裕很是感动。这位曾担任过涔天河水库管理局副局长、永州市水利局副局长、湖南省涔天河工程投资建设有限责任公司总经理的资深水利专家，曾无数次与舒平一起到北京，向国家水利部、国家发改委等部门汇报工作。“在工程审批、立项的关键时刻，经常是长沙、北京连轴转，一个月要去北京几次，有时去一趟要待上 10 天半个月。”他说，舒平副市长在省水库移民开发局工作多年，有多年从事水利建设项目的丰富经验，对于项目申报的程序和要求比较熟悉，他负责涔天河水库扩建工程项目以后，项目立项审批的进度明显加快了。

2010 年 8 月 20 日，国家发改委主任会议通过涔天河水库扩建工程立项。

8 月 21 日，国家发展改革委下发《关于湖南省潇水涔天河水库扩建工程项目建议书的批复》。

项目立项和项目建议书的批复，标志着涔天河水库扩建工程正式进入了国家重点投资建设项目的“笼子”。说到这一重大突破，左全裕介绍说，在此之前短短两个月时间，舒平副市长带着他四次前往国家水利部和国家发改委进行项目申报。副省长徐明华、永州市委书记张硕辅、市长魏璇君也专程赶到北京，向有关部门表达了上马此项目的强烈愿望。

涔天河水库扩建，前途是光明的，道路是曲折的——

2010 年 10 月 27 日，国家水利部、省水利厅共 30 多名水利专家实地考察调研涔天河水库扩建工程。28 日至 30 日，湖南省潇水涔天河水库扩建工程可行性研究报告审查会在长沙举行，经过与会专家的严格评审，会议最后通过了《湖南省潇水涔天河水库扩建工程可行性研究报告初审意见》。

10月18日，湖南省水利厅向国家水利部报送《关于审查<湖南省潇水涔天河水库扩建工程可行性研究报告>的请示》。12月28日，湖南省发改委向国家发改委报送《关于请求审批<湖南省潇水涔天河水库扩建工程可行性研究报告>的请示》。

2011年2月21日，水利部、湖南省政府联合下发《关于湖南省潇水涔天河水库扩建工程建设征地移民安置规划大纲的批复》。

3月7日，水利部水利水电规划设计总院向水利部报送《关于报送湖南省潇水涔天河水库扩建工程可行性研究报告审查意见的报告》。

4月15日，湖南省国土资源厅向国土资源部报送《关于涔天河水库扩建工程建设项目用地预审的初步审查意见》。

5月23日至24日，国家水利部水库移民开发局在江华瑶族自治县举办2012年全国第二期移民干部培训班，围绕涔天河水库扩建工程移民安置工作进行专题培训。水利部移民局局长唐传利、副局长刘冬顺，省移民局局长颜向阳，永州市领导袁满娥、舒平出席培训班开班仪式.

9月30日，国家水利部对涔天河水库扩建工程枢纽可研和灌区项目建议书审查通过，向国家发改委报送《关于报送湖南省潇水涔天河水库扩建工程可行性研究报告审查意见的函》和《关于报送湖南省潇水涔天河水库扩建工程灌区项目建议书审查意见的函》。

10月20日至23日，国家环保部在江华组织召开湖南潇水涔天河水库扩建工程环境影响报告书技术评估会，《湖南潇水涔天河水库扩建工程环境影响报告书》通过专家评审。次年1月19日，国家环保部下发《关于涔天河水库扩建工程环境影响报告书的批复》。

10月28日，湖南省政府办公厅下发《关于成立涔天河水库扩建工程联席会议制度的通知》，建立联席会议制度，指导协调工程建设，由徐明华副省长、陈吉芳副秘书长为召集人，省水利厅詹晓安副厅长为办公室主任。

11月7日至11日，国家发改委委托中咨公司在湖南长沙举行湖南省涔天河水库扩建工程可行性研究报告评估会，枢纽可研通过专家评审。

2011 年 11 月 15 日，湖南省涔天河水库扩建工程奠基典礼在江华隆重举行，国家水利部副部长李国英，湖南省人大常委会副主任蔡力峰、省人民政府副省长徐明华、省军区副政委魏永景，永州市委书记张硕辅、市长龚武生等领导出席典礼并为工程奠基。

2012 年初，国务院常务会议多次发出明确信号：启动一批“事关全局、带动性强”的重大项目。这意味着新一轮经济刺激计划启动。永州市委、市政府敏锐地捕捉到了这一经济增热、加速的信号，市协调办“跑部进京”的步伐加快了。永州市委书记张硕辅、市长魏璇君频繁拜会国家发改委、国家水利部、国土资源部等部委领导，副市长舒平、市政协副主席廖秋文成了“空中飞人”，率市协调办工作人员一下飞机就跑到国家发改委“上班”，“蹲墙角”，向各处处长汇报请求支持，在各部门来回做工作……结合工程建设实际，通过多方争取，水利部对涔天河水库扩建工程增加 5% 的投资额度。

2012 年 6 月 20 日，国家发改委主任办公会议正式审批通过涔天河枢纽工程可研报告。6 月 27 日，国家发改委正式下发《关于湖南省潇水涔天河水库扩建工程可行性研究报告的批复》。

争取了 20 多年的涔天河水库扩建项目，终于获得了国家发改委开出的“路条”！

6 月 25 日，国家发改委已通过项目而批文尚未下发之时，永州市政府即召开政府常务会研究部署工程开工事宜。会上，市长魏璇君感慨地说，上个月湛江钢铁项目获批，市长在国家发改委门口激动亲吻发改委批文。我也想亲吻涔天河的批文，但是还吻不到啊！

2、开工典礼：开启湖南水利“一号工程”

2012 年 8 月 5 日，湖南，永州，江华。

在涔天河水库坝址下游 100 米的黄泥渡山隘，在这个即将成为涔天河水库扩建工程新坝址的所在，在冯河大峡谷右岸一处平整一新的坡地上，临时搭建的彩楼高高矗立，无数彩旗迎风飘扬。彩楼上方悬挂着书有“涔天河水库扩建工程开工典礼”字样的巨幅会标，分挂两侧的一副对联十分醒目：

群策群力圆梦“一号工程”水利惠民潇湘源头谱新曲；
同心同德迈步“两型社会”生态强省瑶都大地绘宏图。

这一天，永州人民翘首盼望了半个世纪的涔天河水库扩建工程在这里举行隆重的开工典礼！

上午9时许，开工典礼正式开始。

湖南省委书记、省人大常委会主任周强宣布：“涔天河水库扩建工程开工！”

国家水利部部长陈雷，湖南省委副书记、省长徐守盛，省委副书记梅克保，省委常委、省委秘书长易炼红，省人大常委会副主任蔡力峰，省政府副省长徐明华，省政协副主席武吉海，省政府秘书长戴道晋，省政府副秘书长陈吉芳，永州市委书记张硕辅，市委副书记、市长魏旋君，市委副书记唐松成，市人大常委会主任高建华，市政协主席唐定等领导随即起身按动水晶球按钮，礼炮在涔天河上空响起，施工机械在礼炮声中进场开挖，涔天河扩建工程工地响起一片欢呼声……

永州市委书记张硕辅在开工典礼上致辞。他说，涔天河水库扩建工程，在永州市乃至湖南省的地位十分重要，作用非常巨大。我们一定把这项工程作为永州市重中之重的大事来抓，按照一流设计、一流管理、一流质量的要求，努力建设湖南水利的样板工程；我们一定把做好移民安置工作作为关系民本民生的要事来推进，切实维护移民利益，大力改善移民生活，确保移民群众“搬得出、稳得住、逐步能致富”，努力建设惠及广大群众的民生工程；我们一定把各级各部门和广大干部群众的积极性与创造性调动起来，举全市之力，集众人之智，努力建设环境优良、人水协调的和谐工程。涔天河水库扩建工程的开工，吹响了强劲的工程建设集结号，揭开了水利发展的新篇章。永州将以此为契机，切实按照“四化两型”和“两个加快、两个率先”战略部署的要求，加速赶超崛起步伐。

在开工典礼上，徐守盛省长充满激情地代表湖南省委、省政府和湖南6800多万人民，对党中央、国务院的关怀表示衷心感谢，对长期关心支持涔天河水库扩建工程建设的各级领导和同志们致以崇高敬意。他指出，涔天河水库扩建工程正式开工，湖南水利史上气势磅礴、振奋人心的崭新一页从此揭开。任务艰巨，使命光荣，希望工程建设各方共同努力，通力协作，高起点开局，高水平建设，高要求管理，严把工程质量关，严把施工安全关，严把资金使用关，严把工程进度关，确保优质如期完成工程建设任务，为全省经济社会发展作出新的更大的贡献。徐守盛强调，在工程实施过程中，各级各部门要创新思路，积极探索，把水利枢纽建设与水资源综合开发利用结合起来，把灌区建设与农业产业开发结合起来，把移民安置与新农村建设结合起来，把移民生产生活配置与民族文化保护结合起来，使涔天河工程成为一个富民强省综合效应突出的基础工程。他希望，社会各界人士以及广大人民群众一如既往地支持工程建设，确保工程早日建成发挥效益，造福三湘人民。

国家水利部部长陈雷在开工典礼上代表国家水利部对工程开工表示热烈祝贺。他说，作为列入国家水利“十二五”规划的重点项目，涔天河水库扩建工程的顺利开工建设，充分体现了湖南省委、省政府贯彻中央加快水利改革发展决策部署的坚定信心和务实作风，充分体现了省委、省政府治水兴湘的战略眼光和工作魄力。陈雷说，涔天河水库扩建工程开工，标志着工程已经进入全面建设的实施阶段。他希望地方各级政府和工程的建设者们乘势而上，开拓创新，妥善处理好水利建设与移民开发的关系，积极践行可持续发展治水思路，大力发展民生水利，全面推进水利建设、管理和改革，加快建立人水和谐的现代水利体系，把涔天河水库扩建工程打造成湖南水利改革发展的样板工程，为湖南“四化两型”建设提供更为坚实的水利保障，进一步促进经济社会可持续发展和社会主义新农村建设……

得知涔天河水库扩建工程正式开工建设的消息，年近八旬的老水利专家、涔天河水利水电管理局原局长郭懋德激动不已，他深情地说：

“很幸运，对于涔天河水库扩建工程，省、市、县历届领导始终没有放弃。虽然，这让我们等待了半个世纪，但现在终于开工建设了，我和全市人民一样感到欢欣鼓舞。涔天河高坝方案的最终实施，将使潇水的水资源得到充分综合利用，发挥最大最佳效益，造福永州人民。”

开工典礼发生一个小插曲：启动仪式期间，下起了滂沱大雨。一名领导风趣地对水利部部长陈雷说：“水龙王出巡了，涔天河工程肯定会风生水起！”

江华县委书记罗建华更深知此项工程落户江华的重大意义。面对关注此项工程建设的省内外媒体记者，他表示：“涔天河水库是集农田灌溉、耕地开垦、防洪发电、饮水安全、旅游开发和改善生态环境于一体的国家大型综合水利枢纽工程。水库扩建的枢纽工程要投入60多个亿，灌区配套工程要投入60多个亿，总投资达130亿，是国家在江华最大的投资。对全省来讲，涔天河水库扩建工程是湖南水利‘一号工程’和全省水利改革的样板工程。水库扩建后能够优化湘江流域水资源配置，枯水期可向湘江补水。能新开垦耕地26万亩，可为长株潭城市群建设和新型工业化进程提供土地供应，实现全省范围内耕地占补平衡。可以新增20万千瓦的优质清洁能源。对全市来讲，涔天河水库扩建工程是永州的‘三峡工程’，水库扩建后可增加蓄水约14亿立方米，可从根本上改善永州的灌溉条件。特别是从根本上解决潇水流域及至湘江流域的水患威胁，防洪标准将从现在的10年一遇，20年一遇提高到50年一遇。对江华来讲，涔天河水库的扩建是我们未来发展的核心竞争力，是我们加快科学赶超的一个重要战略机遇，是我们最宝贵的一笔资源。水库扩建后，库容增加，水域扩宽，形成70多平方公里的湖泊。我们江华将成为绿化率非常高、森林景观非常美、空气质量非常好、湖泊景观非常漂亮、水质非常好、瑶族文化非常浓郁的一个地方，岭东将是江华旅游的核心景区。对移民来讲，涔天河水库的扩建是库区移民脱贫致富奔小康的机遇，是库区移民走出大山、走向现代生活的捷径。如果没有涔天河水库扩建工程，就没有这次的移民工作，国家就不可能一次性投入这么大的资金来改善库区群众的居住条件，就不可能让库区群众从大山深处搬迁到各项基础设施、各种条件都要优越原来的地方生活。可以说，因为水库扩建，因为移民搬迁，促使我们库区群众加快了融入现代生活的步伐、加快了融入现代生活的节奏。可以说，今天的移民搬迁，是为了明天过上更加幸福美好的生活，是为了让子孙后代更加兴旺发达。因此，对国家、对全省、对全市、对江华、对移民来讲，涔天河水库扩建都是一件大好事、大实事。”

涔天河水库扩建，寄托着全省、全市人民的无限期盼，凝聚了几代永州人跨越世纪的梦想，也标志着涔天河水库在经历41年的风雨岁月后，迎来了一个新的发展时期。

新的“潇水第一坝”，让人充满敬意，也让人心生期待！

3、举全市之力，推动水库扩建步入快车道

2010年8月21日，国家发改委下发《关于湖南省潇水涔天河水库扩建工程项目建议书的批复》，标志着这一申请20年的水利工程正式立项上马。

2011年7月22日湖南省政府常务会议和7月29日省政府协调会议决定，省政府委托永州市政府组建涔天河水库扩建工程项目法人。

永州市委、市政府迅即着手组建工程建设班子。在短短一个多月的时间内，组建了以市委书记张硕辅为政委、市长龚武生为指挥长的湖南省涔天河水库扩建工程建设指挥部，并特聘享受国务院特殊津贴的水利工程专家、省水利设计院教授级高级工程师张如强为总工程师。澧水公司副总工程师黄智勇等8名专家经单位委派，受聘加入工程指挥部，负责工程技术和管理工作。指挥部从全市抽调60余名优秀人才，组建三室五部共8个工作部门，全面铺开工程开工的各项前期准备工作。

9月23日，永州市委、市政府在冷水滩举行了简朴的仪式，湖南涔天河水库扩建工程指挥部正式挂牌成立。挂牌仪式上，市长龚武生代表工程指挥部分别与湖南澧水流域水利水电开发有限责任公司、湖南省水利水电勘测设计研究总院签订了《技术合作协议》。针对永州水利建

设工程技术力量薄弱的现状，在涔天河水库扩建工程为期 5 年的工期内，全国工程勘测设计行业综合实力百强单位——湖南省水利水电勘测设计研究总院作为技术后盾，将组建专家团队为项目全程提供技术支持；水利部与湖南省政府联合组建、水利部直属流域开发管理的大型国有企业——湖南澧水流域水利水电开发有限责任公司承担枢纽工程建设管理的主要任务。3 个月后，2012 年 1 月 9 日，指挥部从永州市中心城区前移到江华营地办公。

2011 年 10 月 28 日，湖南省政府办公厅下发《关于成立涔天河水库扩建工程联席会议制度的通知》，由省政府徐明华副省长、陈吉芳副秘书长为召集人，省水利厅詹晓安副厅长为办公室主任，指导协调工程建设。

按照水利部关于水利重大工程建设的规定，凡是国家投资 2 亿元以上的水利项目，都必须是项目所在地省级人民政府成立项目法人或委托组建项目法人。2011 年 12 月 15 日，在涔天河水库扩建工程建设指挥部的基础上，永州市政府正式注册成立国有独资企业——湖南涔天河工程建设投资有限责任公司，永州市副市长舒平兼任公司董事长，市政协副主席廖秋文兼任公司总经理，与指挥部“两块牌子，一套人马”。

2012 年 3 月 2 日，永州市人民政府与水利部水利水电规划设计总院在北京签署《技术合作协议》，与水利部水库移民开发局签署《共同推进永州市水库移民工作合作备忘录》，为涔天河水库扩建工程提供坚强技术保障。3 月 21 日，水利部特别安排水库移民开发局高级工程师徐之青挂职任江华县委副书记，支持涔天河水库扩建工程。

此时，永州已经不是“举全市之力”全力以赴抓涔天河水库扩建工程了，而是延聘全省、全国顶级的水利、移民专家团队，成立了一个强大的“后援团”。

但是，建设公司与指挥部“两块牌子，一套人马”的传统做法，使整个法人治理结构仍处于“公司不像公司、机关不像机关、企业不像企业、指挥部不像指挥部”的状态。公司运行一年多以后，无可避免地遭遇舆论质疑。2013 年 7 月，《瞭望东方周刊》发表该刊记者黄志杰采写的题为《涔天河：百亿工程如何“大材大用”》的报道，认为这种做法属“党政干部到企业兼职”，得到了中组部、湖南省委的关注，责令整改。

舆论的监督促进了工程管理的进一步规范。市委、市政府立行立改，按照政企分开的要求，对涔天河工程建设管理班子进行了大刀阔斧的改组。参照省内外同类工程的经验和模式，市委、市政府初步确定建设期管理机构框架，分别成立永州市涔天河水库扩建工程建设协调领导小组办公室和湖南涔天河工程建设投资有限责任公司，分别作为政府协调机构和项目法人行使职权。

2013 年 9 月 5 日，湖南涔天河工程建设投资有限责任公司召开全体员工会议，永州市委组织部副部长黄冰宣布了市委的决定：李祥红调任湖南涔天河工程建设投资有限责任公司董事长兼总经理。此前，李祥红任永州市委副秘书长，并曾担任江华县长、全国人大代表。担任公司董事长、总经理后，李祥红的身份由国家公务员成为企业管理者，用他的话说，我现在“下海”了，涔天河公司就是我的衣食父母！

除了董事长、总经理李祥红之外，公司的新领导班子还包括：副总经理黎世民、黄智勇、左全裕、王四清，总工程师张如强，纪委书记卿建民，监事会主席陈蓓蕾。

在宣布新任领导班子的会议上，永州市委常委舒平在会上指示：“要以这次班子配备为新起点，进一步完善法人治理结构，建立健全起产权清晰、权责明确、政企分开、管理科学的现代企业制度和运转高效有序的管理体制。要勤于学习、主动学习，不断提升自身素质。要切实加强班子建设，真抓实干，开拓创新，改进作风，不断提高领导水平。要做到慎权、慎欲、慎微、慎趣、慎友，始终保持清正廉洁，确保工程安全、资金安全、干部安全。”这次会议标志着涔天河水库扩建工程项目法人治理结构组建正式启动，公司进入实质性运作阶段。

涔天河公司人员由市属主要相关单位、原涔天河水利水电管理局等单位抽调和公开向社会招聘产生，工程技术人员主要考虑由原涔天河水利水电管理局抽调，以便同时考虑到工程建成后永久工程管理单位的管理机构和人员的衔接。建管指挥部下设：综合办公室、工程技术部、财务审计部、征地移民安置部、安全生产部等五部，行使不同的管理职能。

公司董事长李祥红是江华土生土长的瑶族干部，在江华先后担任过副县长、县委副书记、县长，后调任永州市委副秘书长，在组织要他放弃公务员身份，出任国有企业董事长、总经理，肩挑涔天河工程各项建设和管理的重担时，他没有丝毫犹豫。他说，能回家乡主持这样一个巨大的水利工程建设，为家乡人民造福，是我一辈子的荣幸。他经常对员工说："涔天河水库扩建工程是永州人民几十年的梦想，现在这个梦想就要在我们的手中变成现实。为此，我们要感到光荣和自豪。从今以后，我们的一言一行都要对得起这份光荣和自豪；一言一行都要体现这份使命感和责任；一言一行要有完成使命的紧迫感和确保质量的责任感。不完成工期不罢休，不取得优良质量不放手！"

市协调办主任黎世民，也同样饱含这种情怀。他也曾在家乡江华担任过副县长、县委副书记，后调任市水利局副局长、副书记，涔天河水利水电管理局党委书记、市政府副秘书长。为了涔天河水库扩建工程建设，他带领协调办的同志，不辞辛劳，呕心沥血，做了大量日常事务性工作，并参与组织、领导和协调，处理了多项难度大、矛盾尖锐的突发事件。

很多曾在江华工作过的领导，如荣燕明、李俊湘、周智亮、伍少平等，都直接参与了这一工程的指挥、协调和管理工作。市领导荣燕明、李俊湘曾在江华分别担任县委书记、县长，在市协调领导小组中分别承担土地开垦、移民安置、电站处置等具体工作。市移民局长周智亮、副局长伍少平也曾分别担任过江华县委副书记、副县长，按照市委、市政府领导的指示，市移民局把工作重心前移，抽调精干力量在江华设立专门的办事机构，主要领导亲临一线，靠前指挥，现场指导水库扩建工程移民工作。

工程所在地的江华瑶族自治县，作为移民工作主体，也成立了由县委书记罗建华任政委、县长龙飞凤任指挥长的涔天河水库扩建工程指挥部，县委副书记黄志坚任常务副指挥长，负责指挥部的日常事务工作。所有县委常委、副县级干部都挂点一个乡镇、村和一个具体项目，负责做好所在乡镇的移民工作和工程建设的协调组织工作。

2014 年 5 月 7 日，市委常委、市协调领导小组执行副组长舒平主持召开专题会议，研究涔天河水库扩建工程移民安置全省对口支援的对接工作，市直 36 个部门单位以及江华有关负责人参加了会议。会议进一步明确“三参与一倾斜”的对口支援方式，即兄弟市州、省直厅局、省国资委管辖的国有企业参与对口支援，国家、省里予以政策倾斜。要求市直部门单位对移民安置点涉及新农村建设、新型城镇化建设的道路、场地平整、给排水、学校、医院等基础设施和社会设施的建设项目进行梳理，对省直厅局对口支持涔天河水库扩建工程库区移民安置做好政策和项目的对接。

值得浓墨重彩大写一笔的，是工程建设的“外援”们。

张如强，来自省水利水电勘测设计研究总院的副总工程师，受单位委派，受聘涔天河公司总工程师。作为共和国培养的新一代水利专家，他先后主持和主要参加设计、研究的重大水利建设项目达 30 余项，包括江垭水利枢纽工程、株洲航电工程、洞庭湖治理工程、湖南省城市防洪工程，是教授级高级工程师，享受国务院政府特殊津贴专家和全国优秀科技工作者。他参与涔天河工程设计多年，对涔天河工程有特殊感情，在他的眼中，涔天河工程是他职业生涯中哺育的众多“孩子”中的最后一个，他愿意为这个孩子倾注心血、无怨无悔。张总已到临近退休的年龄，且患有严重的糖尿病和胃病，身体状况本不允许他过于劳累，每天吃中饭前都要注射胰岛素，每餐只吃很少的饭菜，但他始终面带微笑，满腔热情投入工作。有一次他的胃病发作，痛得脸色苍白，连饭都吃不下去，只好让食堂的师傅煮了一碗面条吃。2015 年下半年，公司租用的营地进行房地产开发，日夜施工，灰尘多、噪音大、经常停水，半夜施工的噪音严重影响睡眠。在工作、生活条件如此恶劣的情况下，他没有因此放慢在工地奔走的脚步，没有因此放下对工程建设推进的思考，没有因此放弃对工程新技术的应用和研究的追求。他主持公司技术工作以来，坚持把好技术总关，没有出现一起因技术不到位的质量事故。在枢纽工程和灌区工程的每个设计文件的关键环节，他总是不耻下问，和设计人员多次交换意见，力争工程建设有一个理想的实施方案和施工环境。重要的工程建设部位，他都要请国内经验丰富的专家召开专家咨询会，充分论证，不留一点疑虑。2002年，他主持完成的“全断面碾压混凝土技术在江垭大坝中的应用”项目获得国家科技进步二等奖，他把这一研究成果运用于涔天河水库扩建工程建设。在涔天河水库扩建工程建设之初，他布置了四项具有行业技术领先意义的科技创新试验项目：钢筋混凝土面板堆石坝的面板防渗研究、泄洪洞的减压试验研究、洞室群体的施工塑性区扩展研究和深孔闸门激流震动稳定止水研究。泄洪洞减压试验中的2#导流泄洪洞试验研究取得阶段性成果，通过调整平整度可取消原准备在泄洪洞段设置的六道掺气坎槽，简化了施工，节约了建设经费，加快了工程建设进度。其他试验项目也取得了良好进展。

黄智勇，澧水公司的副总工程师，从事水利水电工程建设管理已32年，参加和主持了湖南省江垭水库、湖南省皂市水库、耒阳市遥田水电站、永州市南津渡水电站、沅陵县高滩水电站等多个大中型水利水电工程的施工和建设管理工作，曾荣获全国水利工程建设管理先进工作者光荣称号。2013年，他受聘担任涔天河公司副总经理，分管枢纽工程建设、机电及安全生产工作。刚到公司时，面对枢纽工程部技术人员少、专业不齐、素质不高、缺乏建设管理经验的严峻现实，他没有气馁，始终保持积极进取的精神状态，他一面积极“传、帮、带”，以自身丰富的经验学识向同志们精心传授专业技术知识，靠着耐心和毅力，两年时间里共培养工程技术人员和管理人员33人，使大家逐渐胜任枢纽工程建设管理重任，为工程建设奠定了基础。一面科学制定工程建设计划，带领枢纽工程部的同志们白手起家，用不到两年的时间，建立健全涔天河工程建设管理体系、建设管理制度和建设管理工作流程并严格实施，使枢纽工程建设管理步入正轨。开工以来枢纽工程建设有序推进，没有发生一起质量安全事故，招投标工作合规有序开展。公司组建之初，工作、生活条件十分艰苦，黄智勇一直和其他三名同志挤在一套集体宿舍里，生活起居很不方便，紧张工作之余有时得不到很好的休息，但他毫无怨言，自觉实行 5 + 2、白 + 黑的工作模式，以饱满热情投入工程建设，仅 2013 年就出勤 291 天，双休日加班 41 个。

涔天河公司自组建以来，员工来自五湖四海，有来自水利水电战线的专家和资深水利人，有从党政机关转行“下海”的领导干部，也有初出茅庐的大学生。他们有一个共同的信念：“我们到涔天河不是来享福的，而是来奋斗的，我们要用一流的工作、一流的业绩，树立最美涔天河建设者的形象！”

第四章　一切为了国家行动

1、家园何处：瑶山群众的痛与忧

水利建设，难在移民！

水利建设移民问题不单纯是经济问题，也是人类发展过程中的社会和文化问题，涉及移民的社会影响、社会调整、社会适应和社会融合。据统计，新中国成立以来的60多年，大规模的经济建设导致了7000万以上的非自愿移民，其中，因水库建设而直接迁移的原迁移民人口在2008年底已达1930万。

从全球视野看，无论是中国、印度、巴西、俄罗斯等社会经济发展迅速的人口大国，还是非洲、东南亚、南美、中亚等大量发展中或者欠发达国家，非自愿移民都是尚未解决好的难题。水利建设移民问题，已成为世界性难题。

迁离世代居住的家园，离开熟悉的土地和生活环境，解体原有的社会经济系统和社会网络，重构个人和家庭可持续的生计系统，改变千百年世代形成的生产和生活方式，经历与亲邻分离的精神痛苦和心灵煎熬，对任何人来说，非自愿移民均非一个简单的过程。

水库移民，绕不开的“世界性难题”！

著名水库移民问题专家、中国移民研究中心（NRCR）主任、国务院三峡移民开发局咨询专家施国庆教授在阐述非自愿移民问题的论著中，以三峡工程移民为例撰文写道：

“三峡工程是世界历史上导致移民人数最多的单一工程，其难度之大、复杂性之高、影响之深远，可谓‘前无古人，后无来者’。三峡水库淹没涉及范围广，移民数量大，移民总人口约 130 万人。库区山高坡陡，人多地少，二、三产业不够发达，移民环境容量不足，移民安置难度很大。库区绝大多数城市和部分集镇需要重新布局，工矿企业需重组，农村移民、搬迁企业职工、城集镇个体工商户等需要重新就业，实际上是库区社会经济系统的重建。移民搬迁涉及国家、地方、企业、普通移民群众等多方面复杂的社会、经济、利益关系处理。

三峡移民为非自愿移民。相比以年轻人或有专门技能的中年人为主、为寻求新发展或生活质量提高的机会自主进行人生选择的自愿移民，非自愿移民群众乃至移民迁建单位对国家的依赖性比较强，期望值较高，更增加了移民搬迁安置的难度。同时，三峡工程移民实施过程中正处于我国从计划经济转向社会主义市场经济的过程，经济体制发生深刻变化，对库区生产力重组、经济结构调整、移民实施管理等，都带来了许多挑战和困难。”

后来的事实证明，尽管国家对三峡移民在政策上给予了很大的安抚和扶助，但因为“外迁移民的社会适应、社会融入”的问题，部分分散到外地的三峡移民更多选择了“回迁”。这表明，移民问题不单纯是经济问题，也是人类发展过程中的社会和文化问题，涉及移民的社会影响、社会调整、社会适应和社会融合。

而在瑶族聚居的江华，“迁徙”二字似乎已成为这个民族的宿命。

众所周知，瑶族是辗转迁徙的山地民族，被誉为“东方吉卜赛”。远古时代，他们从中原大地一路南迁，漂洋过海来到中国南方，为躲避战乱和统治者的压榨，他们“钻山唯恐不高，入林唯恐不密”，过着“吃尽一山又他徙”的游耕生活。地处南岭地区大瑶山的江华，是瑶族迁徙中重要的中转站、大本营，以其山高林密，也自然成为瑶族的主要聚居区。

在瑶族众多神话传说中，最动人的莫过于关于瑶族的祖居故园千家峒了。

瑶族的《盘王大歌》和《千家峒的传说》是这样记載的——

瑶族的祖先盘王在一次狩猎中不幸坠下山崖离世，留下 12 兄妹被赐为12姓，以耕山为业，先后开辟会稽山、玉明冲、九牛山等广大地域，子孙繁衍，林茂粮丰。其中最好的地方是千家峒。那里四周山峦重叠，森林茂密，山花四季不败，百鸟争鸣不息；山清水秀，无数的清泉汇成河流。山峦环抱之中，瑶民开垦着肥沃的土地。由于瑶民的辛勤耕作，加上风调雨顺，一个苞谷五尺长，苞谷秆可以当扁担；一粒谷子比巴掌大，谷壳可以做水瓢。山上牛羊成群，村里鸡鸭成帮，家家猪满栏，粮满仓，户户人丁旺，不久就发展到千户以上，所以取名“千家峒”。

瑶族人向来热情好客，无论谁人入峒，都当作贵客款待。有一年，天下大旱，唯有千家峒照样林茂粮丰。官府要霸占这块宝地，便派了税官进峒催税要粮。峒内头领拿出《过山榜》对县官说：“上面写得清清楚楚，平王陛下敕令：盘瓠子孙，耕山不上税，种田莫纳粮。”峒内瑶家人虽然不情愿交税纳粮，但仍把税官当贵客，每户待客一餐。待客时，纯朴的瑶家人从地窖里拿出存封数年的糯米酒，用清甜的泉水煮出香喷喷的稻米饭，还有山鸡、果子狸等新鲜山珍，让客人吃饱喝足。那税官从峒头吃到峒尾，一日三餐，喝得酩酊大醉，吃得肥头大耳。就在众人陪着税官尽情游乐的时候，官兵杀进峒来。借口是，税官进峒数月不见回，肯定被瑶人谋害，所以兴兵讨伐。瑶民没有办法，只有拿起猎枪、砍刀、弓箭，吹响牛角，与官兵搏斗。终因寡不敌众，瑶民被迫出走千家峒。出走时，众人把牛角号锯成十二截，分给十二姓瑶民，相约十二截牛角聚拢之日，便是峒内瑶族团圆之时。

世代居住在崇山峻岭中的江华瑶胞，一直没有忘记自己的祖居故园，一直向往着回到千家峒，过丰衣足食、与世无争的桃源生活。历史上，江华民间曾爆发多次以搬回千家峒为目的的群众运动，引发瑶民盲目迁徙。著名人类学家、武汉大学教授宫哲兵先生在他的著作《千家峒运动与瑶族发祥地》中，专门记录了江华瑶族寻找千家峒的一些重要史实。其中，比较著名的有两次。

19世纪40年代，云南瑶民邓元珠写信给家乡江华的兄妹，报告千家峒在广西石河县被发现，当时曾有一批瑶人前往那里去开荒种地，但因为收成不好，迁徙之风渐息。

1933 年，时间过去 100 年之后，江华瑶民不堪忍受国民党政府和地主的压迫和剥削，又酝酿了一起寻找千家峒的大迁徙。他们想起老人的传说，千家峒就在广西石河县，现改名叫石碧洞，于是掀起了一次寻找和搬回千家峒的运动。这次运动历时一年多，参加者有几百户瑶民。运动的发起人是湘江乡坪冲口村的赵明禄和高滩乡（现属水口镇）公木塘冲的赵柯贤、赛板源的盘仙建等人。他们于 1932 年冬在瑶民中开始宣传，号召大家搬回千家峒居住，并进行了有组织的策动。赵柯贤和盘仙建变卖了自家的全部财产和大部分土地，家庭比较富裕的赵明禄干脆倾其所有，全部作为活动经费。在他们三人的带动下，湘江、高滩等几个乡的几百户瑶民纷纷捐款捐物，共集资四百多块银圆。1933 年春，赵明禄带着 15 人组成的先遣队出发了，他们的任务是去开荒种地，试验一下那里的收成如何。如果试验成功，则大批人马随后迁来，按集资款额分配土地。先遣队在崇山峻岭中长途跋涉几百公里，终于到达广西北部的石碧洞。这里群山环抱，中间有一块很宽大的荒地，与传说中的千家峒很相似。他们相信这就是祖先们居住过的地方，现在虽然荒凉，但通过辛勤劳动，一定可以重建家园。到达这里后，他们做的第一件事就是把随身带来的盘王像供奉起来，在盘王像前打起长鼓，表达他们的喜悦和期望。后来他们盖起了茅房，开垦了田地，在田地上播下带来的种子，在荒山上种起了红薯。安顿下来不久，陆陆续续有人从家乡江华赶来，加入了垦荒的行业。人口在不断增加，但庄稼却稀稀拉拉长势不好，原因是这里的气候很反常，时旱时涝。加上野兽特别多，田地里播下的种子多数被田鼠啃食。到了秋天，几乎颗粒无收。趁冬季严寒没来，来到这里的人们不得不搬回了江华。不少人在出发前就变卖了房屋和田地山林，回到家乡住哪里？以后靠什么生活？瑶民们为此付出了沉重的代价。

新中国成立后，江华瑶族群众与全国各族人民一道翻身做了主人。在党的民族政策的光辉照耀下，瑶族人民紧跟时代的步伐，用自己的勤劳和智慧，共同创造和谐幸福的美好生活。但因为历史的局限和自然条件的制约，很多居住在深山瑶寨里的瑶族群众，仍然难以摆脱贫穷的困扰，交通不便，人畜饮水困难，干旱、洪涝、泥石流等自然灾害……种种原因，低收入人群增多、林农返贫的现象仍十分严重。在全面建设小康社会的时代浪潮中，如何让瑶山群众走出封闭，共享改革发展的成果，彻底摆脱贫困走向富裕？成为省、市、县历届党政领导一直思考的问题。

涔天河水库扩建，让这一问题的解决看到了希望！

上百万亩的水库灌区和未来新的移民安置地，也许将成为瑶族人民梦寐以求的世外桃源——千家峒！

2、移民安置方案：优化，再优化！

涔天河水库扩建，淹没涉及江华9个乡镇场53个村，淹没影响集镇5个、房屋154万平方米、土地4.88万亩、人口5835户25240人，规划搬迁人口29209人。这近3万移民大多集中在林区，属于林农。按照最初的设想，如果能把他们从高山大岭迁移出去，江华林农贫困的现状完全可以得到改变。

然而，这种规划终究有些简单和理想化，与当前的现实和移民的真实愿望存在一定程度的脱节。

移民安置方案的确定，可谓一波三折！

在项目建议书阶段，对涔天河水库扩建工程移民的安置意愿调查流于形式，更多是按照全国大中型水库建设移民安置的传统办法进行的。主要以耕地容量进行生产安置，大部分生产安置人口搬迁到拟建的涔天河大型灌区内进行安置，初步规划在江华农区6个乡镇28个村布局61个安置点，实行有土、分散安置。

国家发改委在审查项目建议书时，考虑枢纽工程与灌区骨干工程、土地开发项目难以同步，必将使移民的过渡期延长，认为移民在本县内开垦灌区内荒地安置的方案存在较大风险，要求调剂熟地安置农村移民。2010 年 8 月，国家发改委批复涔天河水库扩建工程项目建议书，要求依法创新移民安置方式，在充分征求移民和安置区居民意见的基础上，编制移民安置规划。

进入可行性研究阶段，按照国家发改委的要求，仍按耕地容量对农村移民进行生产安置，拟定了调剂熟地安置农村移民方案。按耕地资源和环境容量测算，在江华、江永、道县及回龙圩管理区（以下简称“三县一区”）规划了 142 个移民安置点。但为了尽快报审和批复可研报告，可研阶段的很多工作，尤其是听取移民诉求不够深入、不够全面、不够细致，没有采纳移民的真实诉求，存在实物指标不实、反映移民意愿不真等问题。在可研报告批复前的 2012 年 5 月，市、县两级政府组织移民到“三县一区”规划的 142 个安置点进行了实地考察对接，对接的结果，仅有 26 个安置点签订了安置意向书，占总安置点的 18.3%，绝大多数移民不愿意签订安置意向书，他们的理由主要有四条：一是不愿出县安置。规划出县安置的移民认为，自己是全力支持和拥护涔天河水库扩建的，是愿意搬迁的，但不愿意出县安置。一方面是因为按照现行的法律法规，林地权属归当地集体经济组织所有，担心迁出江华后，不再属于当地集体经济组织成员，库区剩余林地承包期满后，将会丧失剩余林地权属；另一方面，在江华，瑶族是主要群体，担心外迁出县后不能享受民族区域自治各项优惠政策，强烈要求在县内安置。二是不愿分散安置。规划外迁移民认为，142 个安置点小而分散，原在同一村组居住、习性相近的邻里乡亲将分散到不同的点进行安置，担心不适应新环境，怕受欺负，强烈要求整村整组成建制集中安置。三是不愿配置耕地安置。大部分移民认为，水库扩建淹没前自己的耕地资源就极少，主要依靠林木资源为生，自己不会种田，也不愿种田，担心以土从农安置后生产习惯难适应，难以自食其力，要求实行长效实物补偿安置。四是安置点基础设施差。规划外迁安置移民认为，可研报告规划的大部分安置点地处偏远，基础设施薄弱，就医、就学、出行不便，要移居的地方还不如现在库区居住地的各种条件好，要求相对集中安置，安置点的水、电、路、讯等基础设施和学校、医院等公用设施要配套完善。

这四条理由，反映出了移民群众心中的担忧，也从客观上否定了这个移民安置可研报告。

谈到移民安置方案的确定，永州市人民政府副秘书长、涔天河水利水电管理局党委书记、永州市涔天河水库扩建工程协调领导小组办公室主任黎世民感慨颇深。他对现场采访的记者说："涔天河水库扩建工程移民安置方案的确定，经历了四个阶段，每一个阶段就是一次攻坚战！从省委书记、省长，市委书记、市长，到县委书记、县长，在讨论、研究、决策的过程中，有意见、有分歧、有争论，但最终思想达成高度统一，都把移民的利益放在第一位，为了实现移民利益最大化，达到让移民'搬得出、稳得住、能发展'的目标，可以说是殚精竭虑，竭尽全力，为移民争取到了最好的政策！"

为了寻求最理想、移民群众最能接受的安置方案，制定出台更合理、更完善的移民补偿政策，省、市、县三级党委、政府主要领导在多次深入库区调研，贴近胸怀听取移民的愿望和呼声的基础上，对移民安置、补偿政策进行反复修订，甚至冒着极大的政治风险，敢于自我否定，对已确定的移民安置方案推倒重来。

2012年6月，国家发改委批复《可研报告》，要求"在充分征求水库移民意见的基础上优化调整移民安置方式"。针对移民的种种诉求，从2012年6月份开始，市政府组织有关部门和县区对移民安置方式进行创新优化。

6月11日，永州市委书记张硕辅主持召开会议，专题研究涔天河水库扩建工程移民安置工作。市领导周德睿、朱映红、舒平、廖秋文、荣燕明等参加会议。会议听取了涔天河水扩建工程协调领导小组前段工作进展情况汇报，并就《涔天河水库扩建工程农村移民安置暂行办法（征求意见稿）》进行了热烈的讨论。会议要求，涔天河水库扩建工程移民安置工作要严格按照国务院、省政府关于大中型水利水电工程建设移民安置的相关条例和审定的移民安置条例，认真搞好各项具体的移民安置工作，维护移民的合法权益。原有的以县区为单位的外迁移民安置去向不能随意改变，安置所需要的宅基地和生产生活用地要得到保证。要采取外迁有土安置和集中安置、集约经营、固定补助、后续补助等多种安置方式，与国土整理相结合，以土地为保障，搞好农业产业化经营，连片发展现代农业，努力推进新农村建设，确保广大移民在安置中实现脱贫致富。

2012年7月9日，湖南省委副书记、省长徐守盛调研涔天河工程，他在调研座谈会上强调，实施涔天河水库扩建，是湖南人民特别是永州610万人民盼望几十年的大好事，是事关湖南长远发展的重大水利工程和民生工程。扩建工程集灌溉、防洪、发电、航运等功能于一体，对湘江流域粮食安全、防洪安全、饮水安全，对推动当地经济社会发展具有十分重要的作用。各有关部门和永州市要抢抓机遇，积极争取国家支持，加快建设进度。要坚持个人利益服从整体利益，局部利益服从全局利益，全力支持国家重点工程建设。要坚持以人为本，妥善处理库区移民问题，切实帮助他们解决生产、生活中的实际困难。

随之，移民安置规划进入初步设计阶段。

应该承认，与可研阶段的移民安置方案比较，初设阶段制定的方案是有一些创新和优化。

优化后的移民安置方案考虑了移民的大部分诉求。一是针对大部分移民不会、不愿种田的诉求，提出了农村移民进城镇土地流转安置方式，移民可将配置的生产用地进行集中流转经营，每年通过土地流转获得一定的收益；二是针对移民不愿分散安置的诉求，将142个移民安置点调整为14个安置点，实现了相对集中安置；三是针对移民反映安置点基础设施差的问题，14个移民安置点全部规划在县城或集镇边。

但优化后的移民安置方案对于移民不愿出县安置这一核心诉求仍没有给予满意答复。方案坚持规划到“三县一区”安置移民的任务、人数和去向不变！同时，按照规划移民安置区当时的土地流转价格，移民实行进城镇土地流转安置，每人每年收益只有172公斤稻谷，每天只有6两米，无法保障基本生活，他们对未来生活感到担忧，甚至恐惧。

2013 年 1 月 18 日，永州市委、市政府全面启动移民安置工作，“三县一区”1000 多名干部进村入户，动员移民按照安置规划签订安置去向确认协议。

2 月 26—27 日，湖南省人民政府副省长、永州市委书记张硕辅，市长龚武生深入江华专题调研移民安置工作。他要求市协调办、市移民局和江华县委、县政府严格遵守国家水利水电工程建设移民政策，进一步完善移民安置方案，进村入户开展移民政策宣传，加强参建各方协调，落实移民安置工作责任。他反复叮嘱，要把移民的各项政策向群众讲清讲透，消除他们的心中疑虑，积极主动配合和支持涔天河扩建工程，同时也要吸纳他们合理诉求和建议。同时，在务江村移民调研时，书记、市长对村民提出的问题作出了一一地答复和解释，并指出：“大家的顾虑和担心可以理解，提出的一些问题政府也都考虑到了，只要国家政策有一分补偿就按一分落实到移民手中……”

尽管如此，由于移民不愿外迁这一核心问题没有得到解决，直至 2013 年 4 月底，规划县内安置移民的去向协议只完成 72.9%，规划县外安置移民的去向协议完成还不到 1%。规划搬迁至县外的移民仍然不愿意出县安置，态度非常坚决，协议签订工作推进艰难，移民工作再次陷入了僵局。

2013 年 4 月 2 日，永州市委召开全市领导干部大会，宣布省委关于永州市主要领导同志调整的决定。已是湖南省人民政府副省长的张硕辅不再担任永州市委书记，常德市委副书记、市人民政府市长陈文浩被任命为永州市委书记。

4 月 10 日，新任永州市委书记陈文浩在市领导朱映红、舒平的陪同下，深入涔天河库区调研，听取水库扩建工程和移民安置工作情况汇报。

4 月 24 日，陈文浩、唐松成、高建华、唐定、刘湘凌、董石桂、石艳萍、舒平等市领导及相关县区、市直相关部门主要负责人冒雨到涔天河库区视察，对水库扩建工程建设和移民安置工作进行调研。

5 月 7 日—8 日，陈文浩与朱映红、舒平等市领导和市移民局等市直单位领导，在江华县委书记罗建华、县长龙飞凤的陪同下，深入库区务江、花江、水口、贝江等主要乡镇，听取乡镇干部和移民代表对移民搬迁去向和生产安置方式的意见。

在短短一个多月时间，陈文浩三次亲临江华，调研涔天河水库扩建和移民安置工作。在深入走访中，他听得最多的是外迁移民不愿出县安置的呼声。

县委书记罗建华在汇报工作中，讲了自己带移民群众到外县安置区实地探访“新家”的一个小故事。一个当地农民用锄头在安置地上挖了一胚土，对他说，你看看我们现在过的生活就晓得了，我们祖祖辈辈在这地方土里扒食，养活自己都很难。这里肥土没有一指厚，把他们（指移民）丢在这里，不讲是跟我们抢食，那也是跟着我们遭罪！

县长龙飞凤更直接地用花江水口寨村民讲的话，说出了移民不愿出县、不愿分散安置的心声。花江乡一些移民要搬迁到县内外各村各寨安置，每个村安置移民 50 人、100 人或者 200 人，水口寨村分了 7 个点安置，群众自然不愿意，其中有一个人跟县长讲，你让我搬到姑婆山（江华与广西贺州交界的一座大山）上去住，只要让我们一个村安置在一起，我们都愿意！

移民工作如何破局？关键在于要回应移民群众的关切，充分表达他们的意愿。既定的移民安置方案群众不满意，就得重新调整，进一步优化！陈文浩说，移民问题再难，但只要以群众利益为导向，问题就好解决。他要求江华县委、县政府主要领导按照“转作风、解难题、抓关键、见实效”的要求，把移民安置工作作为解决瑶山群众脱贫的根本问题来对待，把做好移民工作作为推进永州全面小康建设的基础工作来抓。

从 2013 年 5 月开始，在湖南省移民局的指导下，永州市委、市政府组织项目法人、江华县和设计单位对移民安置方式进行深入调研和论证，根据相关政策、外地经验和移民意愿，进一步完善移民安置方案。

5 月 7 日至 8 日，永州市委书记陈文浩在江华调研涔天河水库扩建工程移民工作时表示，作为一项涉及老百姓切身利益的工程，我们要充分听取方方面面的意见，坚持党全心全意为人民服务的执政理念，带着感情、带着群众观念去处理工作，促进发展。他强调，做好移民安置工作，首先要解决思想认识的问题。涔天河水库扩建工程是一个大局工程、惠民工程和发展工程，市、县、乡镇各个部门都应该要思想统一，行动一致。要坚持实事求是的态度，坚持群众观点，坚持科学发展的观点，进一步完善移民安置方案，确保方案是可行的、可持续发展的。

5月9日—10日，江华县委召开常委扩大会议，根据陈文浩书记的指示精神，专题研究移民安置方案完善工作，提出三个方面的建议：一是进一步优化调整移民安置点，供移民自主选择；二是进一步明确安置点功能定位和建设方式，移民集中安置点实行统一规划，统一征地、统一设计、统一实施；选择在县城安置点安置的移民实行楼房安置，选择在集镇安置点安置的移民户实行宅基地建房安置；三是农村移民生产安置增加淹多少补多少的长效实物补偿安置方式。

5月23日，永州市人民政府召开政府常务会议，专题研究涔天河水库扩建工程移民安置工作，同意在移民安置去向上，坚持政府主导与移民意愿相结合，由移民自主选择在农村移民生产安置方式上，增加长效实物补偿安置方式。

5月30日，湖南省移民局副局长杨北伟在永州市主持召开涔天河水库扩建工程农村移民安置研讨会，省移民局相关处室负责人，省水电设计院相关设计人员，江华瑶族自治县有关领导参加会议。会议认真讨论分析了实行长效实物补偿安置的必要性、政策依据、利弊得失、可行性、补偿对象和标准，风险防控，报批程序等问题。要求永州市政府建立移民安置风险基金，实行财政兜底。

6月28日，永州市委召开常委会议，同意增加长效实物补偿安置方式，并按程序报批；坚持政府主导、移民自主选择规划生产安置地；对村组规划生产安置人口人均年补偿稻谷不足183公斤的补足到183公斤。

7月1日，永州市委书记陈文浩在市委五楼会议室主持召开书记办公会议，专题研究涔天河水库扩建工程建设及移民安置工作。明确在移民安置去向上，坚持政府主导与尊重移民意愿相结合，由移民在“三县一区”（江华、江永、道县、回龙圩管理区）规划的14个城镇安置点自主选择安置；在原有五种生产安置方式基础上，增加长效实物补偿安置方式供农村移民选择，建议长效实物补偿标准为500公斤/年、亩，执行省移民局批准的标准，长效实物补偿资金必须由市政府承诺财政兜底进行保障，各相关县区必须按照“三个不变”原则承担移民安置责任，建立移民安置风险基金。移民生产生活安置用地征收按省定标准执行。

就在市、县党委政府积极争取移民安置政策进一步优化和完善的时候，7月23日，江华务江乡漕滩村、务江村，花江乡水口寨村近百名移民群众，打着横幅、喊着口号到县政府集体上访。事件发生后，县委、县政府立即组织县、乡、村三级干部到现场做好政策解释和疏导工作。县委书记罗建华、县长龙飞凤自始至终在一线接待群众，耐心细致做工作，现场集访得以妥善平息。

7月24日，江华县委召开县委常委会，研判当前移民工作形势，反省不足，查找问题，层层整改。

7月26日，县委书记罗建华深入务江乡务江村、漕滩村，分别在村部礼堂、操场召开移民群众座谈会，对7月23日移民群访事件的定性作了宣布，并广泛听取移民意见，宣传移民政策，解答移民疑虑，坚持“规划不后靠的不能后靠安置、县城安置为楼房安置不作宅基地安置、不实行一次性货币补偿安置”规划原则。与此同时，全县所有县级领导、挂点驻村单位主要负责人和移民工作队员都下到所联系的乡镇、村组、农户，广泛听取移民群众的意见，研究解决问题。

在这次“7.23”群众集访事件中，务江乡、花江乡两名党委书记因移民工作不扎实，对群众反映出来的问题重视不够、处置不力受到免职处分。

2013年8月1日，湖南省移民局请示省政府同意后，以“湘移函〔2013〕173号”文件形式，对永州市人民政府呈报的《关于涔天河水库扩建工程农村移民安置增加长效实物补偿方式的请示》函复，同意在原有进城镇土地流转安置、后靠安置、自谋职业安置、投亲靠友安置方式的基础上，增加长效实物补偿安置方式；明确以核定的淹没影响各类土地数量为其补偿面积基数，按《湖南省人民政府关于公布湖南省征地补偿标准的通知》（湘政发〔2009〕43号）确定的系数折算成水田，合理确定每年每亩水田的长效补偿标准。

永州市人民政府根据批复意见，对《湖南省涔天河水库扩建工程农村移民安置办法》进行了修订。完善后的移民安置方案主要内容是：在进城镇土地流转安置、投靠亲属赡（抚、扶）养安置、自谋职业安置、后靠安置的基础上，增加“淹多少、补多少”长效实物补偿安置方式供农村移民选择，对淹没影响土地按标准水田每亩每年500公斤稻谷标准和当年国家公布的中晚籼稻收购保护价格计算实物补偿金额逐年补偿移民；在移民安置去向上，坚持政府主导与尊重移民意愿相结合，由移民在“三县一区”规划的14个安置点自主选择安置，满足了移民要求不出江华县安置的诉求。

新的移民搬迁安置政策一公布，得到了大多数移民群众的肯定和拥护，特别是原定迁到外县安置的移民，他们对完善后的安置政策欢欣鼓舞，对党和政府心存感激，由过去的不理解、不信任、不配合逐步转变为积极参与、全力支持。

“百姓如水，载舟覆舟；民若不安，何谈水顺？”湖南省委书记徐守盛，省委副书记、省长杜家毫对涔天河库区移民安置工作的指示情真意切。经过省、市、县多方努力，移民由外迁安置转为本县安置，由分散后靠安置转为集中城镇安置，其目的就是借新型城镇化的东风，让近3万移民群众走出大山落户城镇，彻底改变贫穷落后的生活状况。

3个月后的11月3日，习近平总书记到湖南湘西十八洞村考察时，首次提出了“精准扶贫”的思想。而在林农普遍贫困的江华瑶山，将近3万水库移民集中到条件优越的城镇安置，更契合了通过易地搬迁实现精准扶贫的思路，这无疑是后来在全国全面铺开的精准扶贫、精准脱贫的一次生动实践。

曾任江华瑶族自治县人民政府县长、现任湖南涔天河工程建设投资有限责任公司董事长李祥红满怀深情地说："瑶族不是天生住在大山里的民族，过去他们从繁华地区南迁过来，世世代代垦山植树，现在走出大山重新到繁华地区生活，这是历史的必然，也是时代的机遇，更是党和政府对我们瑶族同胞的特别关爱与关怀。"

3、"能够让政策落地，让移民过上更美好的生活，所有的苦都是值得的！"

移民安置规划一波三折，最终尘埃落定！

这是湖南省委、省政府充分尊重民意，顺应群众呼声，高瞻远瞩，正确决策的结果！

这是永州市委、市政府坚持群众路线，深入调查研究，实事求是，勇于开拓创新的结果！

这是江华县委、县政府心系移民，在坚持移民政策、研究移民规律、尊重客观事实的基础上，尽力建言献策、全力为移民鼓与呼的结果！

这个结果，确实来之不易！

为了涔天河水库扩建工程上马，为了争取更优、更好的移民安置政策和规划，从省委书记、省长、国家部委领导到市委书记、市长，到县委书记、县长和乡镇干部、移民工作队员，都始终坚持"人民的利益高于一切"这一为民理念，勇于进谏为民请命，敢于负责为民鼓与呼。为了达成移民的意愿，确定优化合理、让大多数群众接受的移民安置方案，省、市、县党政领导冒着巨大的政治风险，体现了民主意识和科学决策。在省委、省政府决策上，把自己决定的方案否定，进一步修正完善，甚至推倒重来，需要胸怀；在市委、市政府的决定上，始终坚持为民、务实这一根本，把基层和群众的声音真实反映上去，需要担当；而在县委、县政府这一层面，更体现了主要领导不唯上、只为实的坚强党性，这更需要一种勇气！

说到这里，还有一段关于江华县委书记罗建华在会上"顶撞"杜家毫省长的小插曲。时任湖南省委副书记、省长的杜家毫视察江华，听取关于涔天河水库扩建工程和水库移民安置工作汇报，在关于移民安置的问题上，杜家毫省长对县里的一个意见表示忽略，而罗建华坚持要把县委的意见汇报给省长听。多年以后，已是省委书记的杜家毫每次见到罗建华，总会对这个敢于当众“冒犯”自己的县委书记报以亲切的微笑，免不了要夸奖他几句。

除了参与决策的领导，永州市协调领导小组、市移民局，江华涔天河水库扩建工程指挥部、县移民局等等部门的领导和工作人员，也付出了巨大的辛劳。用“5+2”“白+黑”，还不足以表现他们工作的劳累，事无巨细烦琐的工作，永远在路上的奔波，没完没了的汇报、咨询……更让他们体会到了移民安置工作带来的苦与累。

永州市委常委、市协调领导小组执行副组长舒平除了蹲守江华坐镇指挥，更多的时间是跑项目和汇报工作，经常奔走在去北京、长沙的路上，一年里小车行驶达10万多公里，经常是半夜出发，半夜回家，苦不堪言、疲惫不堪的司机也不得不佩服他。

2012年11月，为了研究解决外迁移民享受少数民族政策的问题，永州市委书记张硕辅、市长魏璇君专程赶到长沙向省委副书记梅克保汇报。市委常委、市协调领导小组执行副组长舒平，市协调办主任黎世民、市移民局局长周智亮负责汇报材料，晚上12点赶到长沙，次日7:30分，舒平拿到汇报材料，发现一处地方印制有误，叫黎世民、周智亮赶紧找打印店重新处理，可找遍了附近所有的宾馆文印室、打印店，都还没开门上班。情急之下，周智亮带着司机赶到省水利厅，找到熟人开的一家打印店，把汇报的材料紧急处理好。市领导拿到汇报材料8:50赶到省委，10分钟后准时参加汇报。这次汇报，有关外迁移民享受少数民族政策的问题最终得到满意答复。在长沙汇报期间，市协调办主任黎世民正患严重的肝囊肿，他忍着剧痛一直没时间去动手术，等忙完工作上的事之后，才被劝说住进省人民医院。医生在手术中发现，他肝部积水竟达750克！

永州市移民局副局长伍少平作为市移民局驻江华办事处负责人，带领工作人员，以办事处为家，全身心扑在工作上。多年前，他自己做过换肾手术，身体一直处在保养状态，但为了水库扩建和移民工作，他与正常人一样一心扑在工作上，经常早出晚归，熬夜加班。一般不到市里开会，很少利用双休日回家与家人团聚。在水库扩建和移民工作遇到困难和矛盾时，他带领办事处与市协调办总是主动请缨，把最难的事揽过来。大坝建设之初，因为工程建设采砂的需要，导致河道污染，环保部门根据在监测中发现的问题，对承建方给予50万元的处罚，水利部门也把正在作业的采砂船查封。为协调承建方与地方政府的矛盾，市委、市政府安排他与市协调办主任黎世民一起，负责协调处理此事。他们利用自己在县里担任过副县长、县委副书记的人脉关系和群众基础，经过多方奔走，在建设与环保的利弊之间，在依法依规和支持重点项目建设之间寻找平衡点，终于获得双方的互谅互让，促成建设方进行整改，在确保水源不受污染、下游群众饮用水不受影响的前提下，保证大坝建设的材料供应。

江华县委副书记黄志坚更是有名的“拼命三郎”，从水库扩建工程开始启动，就一直担任县涔天河水库扩建工程指挥部常务指挥长、扩建办主任，全权负责水库扩建工程的日常事务，还挂点花江、贝江等乡镇的移民工作，负责涔天河镇移民安置点的建设工作。多年连轴转的超强劳累，连身边的工作人员都感到疲惫、吃力。关心他的领导和同事都说：“黄书记，像您这样每天马不停蹄地奔走，要配三个司机，他们才吃得消啊！”

“能够让政策落地，让移民过上更美好的生活，所有的苦都是值得的！”这是黄志坚经常说的话，也是所有参与这项伟大工程的干部群众的心声！

奔波和劳累最终换来了移民安置规划的确定。而政策和规划确定之后，更艰巨的工作就是落实。作为移民安置工作的工作主体、实施主体和责任主体的江华县委、县政府，任务责无旁贷，使命光荣神圣，但工作压力和难度有如泰山压顶！

从可研阶段规划安置到江华、江永、道县、回龙圩管理区等“三县一区”142个农村分散安置点，移民实行有土（按6分水田、3分旱土、5分山场）从农（从林农变粮农）安置，到初步设计阶段规划到江华、江永、道县、回龙圩管理区等“三县一区”14个城镇集中安置点，主要以进城镇土地流转（农村移民可将配置的土地流转给水库扩建项目法人获得每亩水田172公斤稻谷的流转收益）来安置，再到最后移民安置实施阶段，移民可以不出县安置，就在县内6个集中安置点选择去向，实行“淹多少补多少”长效实物补偿安置。可以说，涔天河水库扩建工程移民安置争取的政策，是国家移民政策框架内最好的政策。

一是将林地纳入长效实物补偿范围。目前全国范围内实行长效实物补偿的水库很少，并且实行了长效实物补偿安置的也只是将淹没的水田实行长效实物补偿，涔天河水库扩建工程将淹没的水田、旱地、林地纳入了长效实物补偿范围，将旱地、林地折算为标准水田给予长效实物补偿，农村移民不用自己耕作，不用投入生产成本，不受自然灾害和物价上涨等因素的影响，便可获得稳定收益，并且可以继承。

二是实行移民县内城镇化生活安置。全国大中型水利水电工程移民安置去向是按照“环境容量允许、条件基本相当、服从安置规划”的原则确定的，涔天河水库扩建工程实施规划由移民在规划的城镇集中安置点自主选择，县内规划的6个安置点都在城镇规划区内，分布在库区周边，满足了移民县内城镇化安置的要求，方便移民对库区剩余资源的管理，更有利于移民后代的生息发展。

三是争取到移民人均25㎡砖混结构基本用房政策。按湘政办发〔2011〕78号文件规定，湖南省库区移民自身房屋补偿费建不起人均25㎡砖木结构房屋的，按人均25㎡砖木结构房屋计列建房困难补助费，而涔天河水库扩建争取到按人均25㎡砖混结构基本用房计列建房困难补助费的政策。

四是移民安置补偿补助标准有较大幅度的提高。特别是房屋的补偿标准提高幅度大。这些都为实现移民“搬得出、稳得住、逐步能致富”的工作目标奠定了坚实的物质基础。

赵文胜，是江华贝江乡黄河村林农，曾在广东、广西、福建、浙江、上海等6个省市辗转打工，多个手指因工受伤被切断。回到家乡后，一直关注移民安置政策。对于政策的调整和最终确定，他说出了自己的心里话：“涔天河水库扩建，是瑶山林农改变命运的一次机遇。当年江华县城从水口迁到沱江时，多少家庭完全有机会进入城镇，但我们的父辈因为舍不得离开祖祖辈辈生活的山林，担心到了城里难以谋生。后来的发展证明，他们的选择让他们悔恨一生，也影响到我们这一代。今天，新的机会再次向我们撞来，我们还会躲闪吗？——肯定不会！”这个喜欢思考的年轻人，吸取父辈当年不肯进城的教训，一直坚持要求集中城镇安置，甚至以书面建议的形式，向政府提出安排移民进城安置的请求。他说：“我家传下来几十亩山林，要我换‘6 + 3 + 5’搞土地流转，由林农变为粮农，我不愿意！我现在已经习惯了在城里打工，在城里生活，我最大的愿望就是在县城有一套自己的住房，与老婆一起在县城就近打工，让孩子在城里就近上学！”

确实，对于新一代林农来说，他们的理想远不是父辈所想的那种困守山林的“家园”意识，而是让自己和下一代能有更好的职业发展和美好人生的“梦”！由此看来，移民安置绝不是简单的补偿，而是一次全面的移民身份转化、城镇经济开发和乡村振兴计划，其核心问题是为移民的重新就业创造机会，实现他们所企盼的生存与发展需要。

为把县内6个集中安置点打造成城市的新区、新型的城镇，江华县委、县政府给予了高度的关注和重视，县委书记罗建华、县长龙飞凤更是全程参与指导安置点的选址及规划设计论证工作，还将县委常委会开到了6个安置点上，亲自带领县委常委及住建、国土、设计、移民、城管等部门负责人深入县内移民安置点现场考察，听取规划设计方案汇报，对各安置点的规划要点、功能定位、占地范围、路网布局等进行了深入探讨。

为激发移民搬迁热情，实现移民“搬得出、稳得住、有发展、有希望、有尊严”，县委、县政府坚持从优化安置条件着手，高起点规划移民安置点，按照新型城镇化、新农村建设、民族风情风貌的要求和“移民安置点与瑶族文化旅游景区、旅游服务区、瑶族风情特色乡镇建设相结合”的思路，对6个安置点进行高起点、高标准规划设计，倾力把移民安置点规划、建设成瑶族风情小镇、旅游区和服务区，打造成移民能够在自己家门口就业创业、增收发展的致富平台，让移民共享发展成果。在实施过程中，高标准配套水、电、路、讯及学校、医院、市场等基础设施和公益设施，努力将安置点打造成集安置区、景区、旅游服区“三位一体”的特色小城镇或社区，打造成特色突出、功能完善、环境优良、舒适宜居的示范工程、榜样工程。为确保安置点按照“三结合”思路尽快建成、建得更好，县委、县政府更是担负了巨大资金压力，顺应移民的要求对农村移民安置房实行统建，出台了移民可自愿委托政府统建一层并按照三层砖混结构统一下基础的建房政策，制定了农商行按月息5.1厘、贷款期限5年，二层授信、三层抵押的建房专项贷款；县政府负责移民安置房外墙和屋顶装修费用；减免办理规划、用地、房产等权证手续费用三项扶持政策。在出台一系列移民建房政策的同时，县委县政府还积极向上争取对口支援和更多项目资金用于移民安置房及配套设施、公用设施的建设。

为保证安置点建设的高要求，县扩建指挥部按照一个安置点、一名县级领导、一个工作班子、一份工作责任的要求，成立6个安置点建设指挥部，全盘负责安置点建设工作；建立移民村组迁安自治组织，充分发挥移民在安置点建设上自我管理、全程监督的主体作用；组织开展建筑材料调研，掌握县内砂石、红砖、钢筋、水泥等建筑材料的生产情况和市场行情，做好安置点建设基础材料的统筹保障准备。

为解决安置点被征地农民的后顾之忧，加快推动安置点征地拆迁工作开展。县委、县政府认真组织研究，明确在城镇规划区连片征收农民土地的县城四联、码市镇、水口镇新址、小圩镇、东田镇5个安置点可按8%的标准返还预留安置地，给被征地村组农民用于生产生活，预留安置地性质与移民安置用地性质保持一致；明确安置点征用的耕地，可以参照库区农村移民长效实物补偿办法实行长效实物补偿。

县委、县政府的种种努力，始终围绕实现移民“搬得出、稳得住、逐步能致富”的工作目标，而要真正把近3万移民请出家门，搬出大山，安置到新的安置点，那是一项多么艰难的宏大工程！

如何破解水库移民这一“天下第一难事”，这对江华县委、县政府和全县人民都是一个严峻的考验！

所幸的是，他们经受住了考验，并且如期交上了一份令人满意的答卷！

第五章　破解“天下第一难事”

1、水库移民是国家行动，也是实现江华人民尊严和光荣的行动

（一）民生第一，让移民工作有了底气！

水库扩建是一项民生工程，移民安置更是民生中的民生。

移民安置的根本，就是让移民群众过得更好！

2013 年 5 月 7 日至 8 日，永州市委书记陈文浩深入江华调研涔天河水库扩建工程移民安置工作。他在与移民代表座谈时说，库区移民对涔天河水库扩建工程建设是坚定支持的，对江华这片土地的情结很深厚，对江华的发展前景很看好。他诚恳地对移民代表表示，市委、市政府要把大家所提的意见和建议带回去，认真研究，并尽全力向上争取，尽可能给大家一个满意的答复。他要求全市上下要按照“转作风、解难题、抓关键、见实效”活动的要求，把移民安置工作作为一个重大难题来破解，大家一起努力，做好做实移民安置工作，为永州的发展奠定坚实的基础。他叮嘱具体负责涔天河水库扩建工程的市协调领导小组成员和相关部门的领导，今后的移民安置要贴近基层、贴近群众、贴近江华，把工作做好。他当场拍板点将，除市协调领导小组办公室坐镇江华之外，市移民局也要派驻机构，把办公地点设在江华，主要领导要亲临一线，靠前指挥，现场督战。他特别叮嘱江华县委、县政府的主要领导，要以主人翁的精神和主人翁的态度来做好移民安置工作，要带动全县上下切实承担起移民安置的主要责任，举全县之力，把涔天河水库扩建工程建设成为一个长效、和谐、幸福、发

展的民生工程。

江华县委书记罗建华十分清楚这一工程在江华当前工作和未来发展中的分量。他在全县移民安置工作誓师大会上指出，涔天河水库扩建是库区移民脱贫致富奔小康的良好机遇，是库区移民走出大山、走向现代生活的唯一捷径。如果没有涔天河水库扩建工程，就没有这次的移民工作，国家就不可能一次性投入那么大的资金来改善库区群众的居住条件，就不可能让库区群众从大山深处搬迁到各项基础设施、各种条件都要优越原来的地方生活。可以说，因为水库扩建，因为移民搬迁，促使我们库区群众加快了融入现代生活的步伐、加快了融入现代生活的节奏。可以说，今天的移民搬迁，是为了库区群众过上更加幸福美好的生活，是为了让他们的子孙后代更加兴旺发达。因此，对国家、对全省、对全市、对江华、对移民来讲，涔天河水库扩建都是一件大好事、大实事！

他把做好涔天河水库扩建移民工作放在建成全面小康社会的高度，号召全县人民为江华的尊严和光荣而战！他要求全县上下要深刻认识涔天河水库扩建工程移民工作是国家行动，国家行动谁都必须顾全大局、必须支持拥护，谁都无法阻拦！他动情地说：“我相信我们的干部，我们的公职人员是会顾全大局的，是会支持县委、县政府工作的，是会想方设法把工作做好的。我希望我们的党员干部、人大代表、政协委员要不厌其烦地、耐心细致地做好移民群众的思想工作，让他们充分理解县委、县政府为了移民的根本利益而所做出的艰苦努力，从而理解、支持、配合县委政府的工作，共同把这件难事办好，不要找种种理由刁难、阻挠移民工作；要让移民群众充分认识到我们目前争取到的移民政策是全省水库移民安置中最好的政策，是充分尊重了移民意愿的，是符合社会发展方向、符合社会发展规律的，是对移民未来生存发展有利的，是县委、县政府为移民做出的最大贡献；要让移民群众深刻地认识到，移民政策都是按照法律法规的要求制定的，如何搬迁、如何补偿、如何安置、如何恢复等问题，国家都有明确的政策要求，具有权威性和严肃性，不能突破政策界限、不能漫天要价；要让移民群众深刻地认识到，只有不折腾、不懈怠，齐心协力早日把安置点建好，早日搬出大山，才能够早日享受水库扩建带来的实惠，才能够早日致富奔小康。移民工作确实很艰难，但移民工作是一件光荣而艰巨的任务。也许我们这一辈子最值得怀念的日子，就是从事移民工作的这段日子；最值得骄傲的事情，就是做好了移民工作。”

县委副书记、县长龙飞凤在县人代会上表示，移民安置工作是本届县委、县政府最大的民生工程。我们将严格按照国家和省市安排部署，坚持把移民安置作为全县的头等大事来抓，作为压倒一切的工作来抓，举全县之力、集全民之智，全力推进移民安置各项工作。

2014 年 3 月，县委、县政府通过县扩建办聘请水利部水利水电规划设计总院环境与移民处处长潘尚新为移民顾问，对移民政策的执行进行全程指导。潘尚新处长是国内著名的水利移民专家，参与了国内多项重要水利工程移民安置条例的制定和审定工作。长期的水利移民实践，潘尚新深深知道维护移民切身利益在移民政策的制定和落实过程中的重要。从接收聘任的那一天，到此后长达 3 年的时间里，他一直关注和跟踪涔天河水库扩建工程移民安置工作，对工作中出现的困难、发现的问题，做到有问必答。他支持市县党委、政府在争取移民利益最大化所做的种种努力。在移民资金安排、移民安置点建设用地控制性指标的确定、移民应急度汛等方面坚持自己的观点，有效维护了移民政策的公正合理性，维护了移民的利益。

县扩建办政研室的蒋庆波、余波说起潘处长总是充满感激和敬意。他们感慨地说：“在移民政策的执行过程中，很多具体问题我们都请教潘处长，一天要打很多电话，发很多短信、邮件，潘处长总是不厌其烦给予解答。从聘请水利移民专家长期做顾问这一点可以看出，县委、县政府对移民安置工作是高度重视的，其目的就是确保依法移民，确保移民政策执行不走样，这也让我们在执行政策过程中有了底气！”

民生第一！移民第一！从市委到县委，从市政府到县政府，主要领导都把涔天河水库扩建工程移民安置当作最大的民生工程。思想意识的高度统一，给做好移民工作增强了底气，也坚定了全县上下做好移民工作的信心和决心！在这种氛围感染下，伴随着移民工作责任制的进一步强化，全县干部迅速行动起来，责任意识显著增强，工作作风明显改进，执行力在不断提升。想干事、会干事、能干事，敢担当、敢碰硬的干部大量涌现，“站排头、创一流”的创先争优氛围愈发浓烈，整个移民工作的态势上升到了一个新的层面。

政策确定，群众的意愿最大限度地得到满足；路线确定，干部的认识得以高度统一，干事的热情和劲头也攒得足足的。真可谓天时、地利、人和，移民工作终于迎来柳暗花明，其势头有如大瑶山涌动的春潮，一路向前！

（二）变压力为动力：应急度汛，迫在眉睫！

开弓没有回头箭！

2014 年 12 月 12 日，涔天河水库扩建工程截流，新大坝填筑正式动工。按照现代化施工的进度，预计 2015 年 4 月前大坝将建到 277 米高程。

277 米高程是什么概念？就是比老坝要高 21 米，那就意味着 2015 年的汛期如果出现 20 年一遇的洪水，将要淹没到 264.17 米水位线，水口镇所有街道要淹，线下所有村组都将被淹没！也就意味着水口、花江、务江等乡镇 264.17 米水位线以下的 6984 名移民必须进行应急搬迁安置！

应急搬迁度汛，决战不可避免！

从县扩建办统计的数据显示，截止到 2014 年 12 月 28 日，全县移民搬迁安置协议已签订 5391 户，达 82.66%；移民安置点建设、专项设施复建正在紧张推进。尽管全县移民干部都铆足了劲，取得了阶段性的战果，但整个移民工作面临的形势依然十分严峻，很多工作仍很被动。从务江、花江、水口三个重点移民乡镇反映出的问题来看，坐等观望、期待移民安置政策变动的群众还有，以这样那样的借口对移民搬迁安置抵触、抗拒的群众还有，互相串联、抱团反对，整村难以推进的村寨还有……而在县、乡干部中，在县直单位移民工作队员中，因工作难度大、压力大，推进艰难，而心生厌倦和懈怠的厌战情绪也开始出现。一些移民工作队员怕碰硬钉子，每天仅是到挂点村和移民户家中点点卯，做做样子。

2015 年 3 月 18 日，永州市委常委、副市长、市防指指挥长蒋善生主持召开涔天河水库扩建工程 2015 年度移民应急度汛协调会。会议听取了江华县政府关于《涔天河水库扩建工程 2015 年度移民应急度汛预案》制定和落实情况的汇报以及市直相关部门、涔天河水库扩建工程指挥部等单位的情况汇报。蒋善生指出，在省、市、县三级防汛抗旱指挥部门的努力下，涔天河库区的防汛工作这些年来打下了一些基础，积累了一些经验。面对今年的防汛，希望大家做到“坚持以人为本、生命至上；坚持统一组织指挥，分级包干负责；坚持防范在先、转移在先”。他要求，各级各部门思想必须高度重视，预案必须科学周密，工作必须主动扎实。涔天河水库防汛是一场保卫战，这场战争，只能赢，不能输，我们所有的思想与行动必须统一到这个保卫战上来。要立足于防大汛抗大灾，在制定预案时，既要考虑二十年一遇的水位，也要考虑百年一遇的水位。市防指要在本月 25 日前派出专家组进驻江华，指导防汛。各成员单位要认真履责，做好各种准备，加强沟通协作，加强应急演练，尽可能做到精准预测预报，确保移民生命安全。

永州市委常委舒平在会上要求，各相关单位牢固树立防大汛抗大灾思想，落实好度汛的应急演练和移民搬迁，做好日常预测预报工作，层层落实度汛工作责任，把度汛的各项措施和各种准备工作做实做好。

按照会议要求，市水利、气象、移民、水利等部门组成的应急度汛专家组迅速行动，于 3 月 24 日进驻江华，深入库区靠前指挥，零距离备战库区防汛度汛。

3 月 28 日，永州市委副书记、市长向曙光，市委常委、副市长蒋善生，市政府秘书长文绍涛在县领导罗建华、龙飞凤、黄志坚、何长生、龙国庆、李勇东等陪同下，深入江华调研涔天河水库扩建工程移民应急度汛、房屋拆迁和移民安置点及大坝建设工作。他指出，4 月汛期即将来临，库区天气难以预测，绝对不能掉以轻心，要增强责任意识，制定和完善应急预案，使预案更具备针对性和可操作性，防患于未然。要立足于防大汛、抗大灾、抢大险，精心部署，切实做好防汛抗灾工作，确保雨时、汛时排水畅通。要进一步修订完善各类应急预案，抓好库区乡镇移民尤其是库区学校学生的防汛度汛实战演练和综合演练。他强调，要确保水库导流洞溢洪道畅通，确保应急条件下启闭措施的正常运转；水库要有专人值守、有应急通道、有应急抢险物料、有应急队伍，确保汛期全员在岗，全天 24 小时在位，必要时发挥应急抢险队伍的作用。同时，要抢抓工期、全力加快各个安置点建设和大坝建设，要抓紧抓实移民搬迁安置工作，抓紧抓实移民应急度汛移民搬迁和房屋拆迁扫尾工作。他要求，在 3 月底汛期前，江华必须要完成 264.17 米回水线以下 6984 名移民的临时过渡安置和应急度汛工作。

江华县委、县政府深知形势的严峻，接连召开移民工作推进会、誓师大会，把移民工作作为压倒一切的大事来抓。县委书记罗建华在各种会议上反复强调：“大坝工程全速推进，留给我们的时间少之又少。移民工作跟其他任何一项工作都不一样，必须百分之百做好，而且有非常强的时间节点要求。在这种情况下，全县上下务必要把思想统一到省政府和市委、市政府的决策上来，统一到县委、县政府的安排部署上来，要认识到我们目前的形势是只能进不能退、只能胜不能败，没有选择、没有退路，已成背水一战，只能是置之于死地而后生。”

他要求全县上下必须鼓足战胜困难、赢取移民工作全胜的信心。信心来自于哪里？一是国家行动势不可挡。涔天河水库扩建移民工作是国家行动，是政治任务，我们的工作代表国家、代表政府。国家行动谁都必须顾全大局，必须支持拥护，谁都无法阻拦！如果有谁一意孤行阻拦国家行动，必将受到法律的制裁和严惩！二是我们有坚强的后盾。我们现在所做的这些工作，国家支持我们，省委、省政府支持我们，市委、市政府支持我们，谁能有这么强大的后盾？谁能有这么有力的支持？这是我们能够做好这项工作最重要的信心来源。三是移民临时过渡安置方案是能够做到的。这个方案是我们自己拿出来的，根据不同类型的移民群体明确了5个安置去向原则，虽然不很完善，虽然工作难度很大，虽然存在各种风险，但只要我们认真负责把工作做到位，是完全可以做得到的。四是我们的干部是有战斗力、有执行力的。他说："我到江华工作已过三年半时间，期间我们经历了很多艰难困苦，经受了许多复杂而严峻的考验，大家一起攻坚克难、努力拼搏，既定的工作目标基本都实现了。虽然我们在工作中是有这样或那样的不足，是有少部分干部存在责任心不强、能力不够、作风不实的问题，但毕竟是少数，是个别现象。我相信，江华的干部都是有能力、有水平、有责任心、有事业心、有战斗力、有执行力、敢于担当的，都是能够攻坚克难的、能够完成涔天河水库扩建工程移民工作任务的。"五是移民群众对水库移民工作是理解的、支持的。应该说90%以上的移民是通情达理的，是相信县委、县政府，相信移民干部的，是理解县委、县政府为了他们的根本利益而所做出的艰苦努力。在这个过程中，他们确实想多得到一些利益，这是可以理解的。但是移民政策的制定都是以法律为原则、以法律为准绳的，如何搬迁、如何补偿、如何安置、如何恢复等问题，国家都有明确的政策要求，具有权威性和严肃性，不能突破政策界限、不能漫天要价。包村包户的各级各单位、全体移民工作队员必须严格按照国家、省、市有关移民安置政策来做工作、抓落实，必须理直气壮地、依法依规地推进移民工作。作为移民群众，在依法依规得到属于自己合法利益的同时，也要积极支持配合移民工作；作为政府，要依法保护移民群众的合法利益，依法打击违法行为、不法分子。

底气足，信心满，移民工作正如离弦之箭，朝着目标强劲而发！

（三）大街上的座谈会

水口镇属瑶山腹地，地处江华岭东中心位置，1955年，江华瑶族自治县成立，曾一度成为县治所在地。

也就是因为当年水口镇是县城，为了避免县城被淹，使得涔天河水库选择了低坝方案。1985 年，在自治县成立 30 周年的时候，县城回迁到原来的县治所在地——古城沱江。这一搬一迁，才又有了今天的涔天河水库扩建，也就有了这一次的近 3 万林农大移民！

水口镇总面积 84.95 平方公里，现有 9 个行政村、4 个居委会，共 61 个村（居）民小组，总人口 1 万余人。作为曾经的老县城，虽然已失去了当年作为全县政治、经济、文化中心的地位，但其商业繁荣程度，在江华林区 8 个乡镇中还是首屈一指的。令人遗憾的是，尽管涔天河水库采取了低坝方案，但因为水口镇处在多支水系的交汇处，每年汛期山洪暴发，库区水位上涨，洪水还是难以避免地漫上街道。洪水来临，把楼下的财物搬到楼上，成为住在这里的住户、商贩每年都要演练几回的常规项目。

作为涔天河水库扩建工程的水淹区，水口镇 13 个村（居民委员会）中的 12 个、61 个村（居）民小组中的 51 个均属水淹区并在搬迁范围。水口集镇将全部淹掉，需要整体搬迁。全镇搬迁总户数为 2073 户，共 7605 人。涔天河水库扩建工程导（截）流后移民应急搬迁度汛安置涉及 726 户 2705 人，其中需要过渡安置的 515 户 1951 人，需要度汛安置的 211 户 754 人。如遇 20 年一遇以上洪水则还需转移安置 563 户 1982 人。

水口集镇中的移民搬迁户绝大多数是工商户，他们更多的是从商业的角度考虑移民安置地的经商条件，常规性的搬迁安置显然不能满足他们的要求。他们提出，他们可以随镇政府搬迁，但必须满足他们安置的住处是在繁华的商业主街道，不能影响他们继续经商。否则，他们不会在移民搬迁安置协议上签字，更不会服从应急度汛安置！

水口集镇居民的搬迁，是水口全镇移民工作的重点和难点，也是全县移民安置和移民应急度汛安置的重点和难点。重点不破，难点不除，全县移民工作就不可能圆满完成，应急度汛就将沦为被动。

2014 年 4 月 14 日，县扩建指挥部常务指挥长、江华县委副书记黄志坚在检查多个乡镇移民工作后，来到水口镇。他此行的目的，重点是走访水口集镇的居民。针对县扩建办收集汇总的问题，听听群众的建议和看法，为即将进行的水口集镇整体搬迁和进入实质建设的水口新址提供更为科学合理的参考。

每到一户居民家，黄志坚都要仔细询问，做好记录。走到新华街时，见关注水库建设的群众越集越多，黄志坚干脆向老乡借来几张凳子，在大街上开起了座谈会，与群众一起探讨如何迁建集镇的问题。

县里的领导与群众在大街上谈天说地，大家第一次见识如此形式的座谈会，感觉新奇。没有拘束、没有顾忌，大家的发言也变得十分踊跃。座谈会上，群众提及最多的问题是“担心在新址做不了生意，生活没有保障，建不起房，对未来没有信心，希望提高补偿标准……”面对群众普遍关心的这些问题，黄志坚耐心地按政策一一给予了答复和解释。

如何保持水口集镇的繁荣，如何提振集镇居民生产生活的热情和信心，是水口街居民实现顺利搬迁的关键点。面对充满疑虑和担忧的群众，黄志坚从水口的历史、现状谈起，又旁征博引讲了现在的县城沱江，现在的江华火车站和江华工业园区。他要大家从发展的眼光看现在的移民搬迁，树挪死、人挪活，走出去天高海阔，前途宽广。他引用从家乡走出去的革命老人江华的话说，现在的老水口镇窝在峡谷里，狗舌子一条，没有发展前途。因为地势低，木板房多，不是水灾就是火灾，水洗穷了，火烧穷了，大家经常提心吊胆。集镇整体搬迁到浮海新址，那是一个地域辽阔、四面环山的风水宝地。他叫镇党委书记罗平、镇长李书华把水口镇新址的规划图摆出来，然后一条街一条街指点给大家看。他告诉大家，水口集镇迁建以后，将成为江华境内仅次于县城的最大城镇，也是列入全县旅游龙头的涔天河旅游区的核心景区。到时候，到镇上安家立业的，不仅仅是水口街的原住民，还有投资业主，还有来自全国各地的游客，到时候人气旺了，做生意的市场就更大了，赚钱的机会就更多了。

他的话消解了大家的疑虑，点燃了大家搬迁的热情，也让大家看到了搬到新镇后发展的信心。座谈会整整持续了 4 个多小时，从开始时的质问争论，到最后谈笑风生，气氛十分热闹和谐。谈到最后，黄志坚把自己的手机号码公布出来，告诉他们如果有疑虑、有问题、有困难，可以随时给他打电话，他的手机24小时开通，随时为大家服务！临走时，他跟大伙逐一握手，请他们多提意见、建议，大家一起共同努力，把未来的新家建设好、发展好！

当然，移民搬迁不是简简单单几句话就能解决的。但就是因为这样心贴心地跟群众反反复复做思想工作，设身处地地跟群众一起权衡利弊得失，让群众看到了希望，使群众的心活了、气顺了、思路开了，搬迁的决心才最终落实到行动上。

而事实上，黄志坚和移民工作队员讲的并非虚言。水口镇作为全县最大的安置点，承担的移民搬迁任务占全县任务总数近三分之一，安置任务占全县任务总数近二分之一，属于任务最重、情况最复杂的移民乡镇。水口新镇按照“商品集散地、旅游小镇、瑶都古镇”定位，邀请中南大学设计院、世纪千府公司设计，邀请移民代表参与决策。大家普遍认为，水口安置点设计理念先进，建设的定位很高，搬迁到这里大有希望。

在水口镇经营“大华东酒楼”近10年的唐老板对笔者说：“从内心讲，我还是真的希望搬到新镇去。老镇现在的住户明显越来越少，即使不搬迁，大家都在往沱江县城搬。以往来这里吃饭住宿的更是少得可怜，要不是因为水库扩建，移民工作队进进出出，我这餐馆很难维持下去。如果新镇建起来，如果真的做好了旅游，水口这地方就真的有希望了！”

人心齐，泰山移。2015年3月，按照应急搬迁预定的目标，水口全镇过渡安置的515户，已腾空房屋354户，其中已拆除房屋220户，签订协议随时准备搬家的161户，可以说，100%完成了应急搬迁度汛任务。

三年以后，已调任县人大常委会主任的黄志坚在回顾总结自己参与移民工作的经历时，话语铿锵，充满深情。他说：“做好移民工作，要的是耐心、耐力和韧劲，拼的是底气、正气和豪气，付出的是真心、真情和热爱，只要一心为民，什么艰难险阻，什么困难和压力，都会迎刃而解！”

2、攻坚！攻坚！以一流作风服务“一号工程”

（一）领导率先垂范，千名干部“大移民”

在安置去向上实行移民自主选择后，外迁外县的移民全部选择在县内安置，移民安置任务由“三县一区”承担转为现在由江华一个县承担，意味着原本由道县、江永、回龙圩管理区共同分担的搬迁安置任务、矛盾纠纷、社会稳定职责、移民安置资金缺口筹措等都集中由江华一个县承担，江华的社会结构、社会组织形态也因此发生重大变化，全县各级各部门和广大干部群众都面临着严峻考验。

作为移民安置的工作主体、实施主体和责任主体，江华县委、县政府带领全县干部职工，以县级领导包乡镇、103 个县直单位包村、1036 名工作队员包户的强大阵势，深入库区开展移民工作。全县上下以强烈的使命感和责任心，以泰山压顶不回头的顽强作风，开始了移民攻坚的“背水一战”！

近 3 万移民的搬迁，牵一发而动全身，无论是对家庭，还是对政府、对社会，都不是一桩小事。从国家部委领导、省委书记、省长，到具体分管此项工作的副省长，都把移民的事记挂在怀。对于永州，他们最牵挂的就是涔天河水库的移民！

国家发改委、水利部、水利部长江委、水利部移民局等部委领导，接二连三深入江华，对涔天河水库移民安置进行调研、指导。

针对涔天河水库扩建工程移民安置问题，省委书记、省长徐守盛多次强调，要坚持以人为本，设身处地多为库区移民着想，切实帮助他们解决生产、生活中的实际困难。他反复叮嘱省有关部门和市县主要领导，要站在讲政治和全局的高度，全心全意把库区移民搬迁安置作为一件大事落实好，全力支持国家重点工程建设。

2014年5月13日，湖南省委副书记、省长杜家毫率省直相关部门视察调研涔天河水库扩建工程，要求用改革创新的思路实施好这一重大水利工程，把水库移民工作当作一项重大民生工程抓紧、抓好、抓实，要把涔天河水库扩建工程移民安置放到全省经济社会发展的大局中通盘考虑，通过整合省里的专项支持社会事业、道路建设等项目，通过省市对口支援，把涔天河水库移民安置点建设与新农村建设、县城建设和小城镇建设很好地结合起来，力求做到移民生产生活“当前不降低，长远有保障”，努力把涔天河水库扩建工程真正建成经得起历史检验的民心工程、优质工程、廉政工程。

2013年，已是湖南省副省长的张硕辅，一直把自己在市委书记任上力推的涔天河水库扩建工程当一桩未了的“心事”，把水库移民搬迁安置当割舍不下的“心病”，每年都要亲临库区移民乡镇走访调研一次，直接把座谈会开到移民乡镇、村组，倾听移民群众的心声，有针对性地解决移民提出的困难和问题。他多次提到，要严格依法依规做好涔天河水库扩建工程移民安置工作，维护移民的合法权益，想方设法帮助移民群众解决好生产生活问题、就业问题，确保广大移民在安置中实现脱贫致富。2015年4月，张硕辅调离湖南，就任云南省委常委、纪委书记，他仍念念不忘涔天河水库扩建工程的建设，经常过问库区移民搬迁安置进展情况。

永州市委书记陈文浩自始至终把涔天河水库移民安置工作放在第一位。2013年4月，他履新永州到县区第一站就是到江华调研涔天河水库扩建工程，重点解决库区移民搬迁安置的问题。从4月10日到5月7日，不到一个月的时间里，他先后三次视察调研涔天河水库扩建工程，深入到库区移民乡镇，与移民群众面对面座谈，实地听取移民的愿望和呼声。他经常说，移民问题再难，但只要以群众利益为导向，问题就好解决。他要求江华县委、县政府主要领导按照“转作风、解难题、抓关键、见实效”的要求，把移民安置工作作为解决瑶山群众脱贫的根本问题来对待，把做好移民工作作为推进永州全面小康建设的基础工作来抓。

在他的督导下，全市各级各部门围绕库区移民安置问题积极开展工作。市委、市人大、市政府、市政协都有领导挂点移民工作；市协调办在市委常委舒平的领导下，由市政府副秘书长、市协调办主任黎世民具体负责，在江华租住一栋民房，坐镇一线开展工作，协调处理工程建设和移民安置出现的困难和问题。市移民局也积极跟进，由局长周智亮牵头、副局长伍少平具体负责，在江华租用民房设立专门办事处，实地指导水库移民工作。

作为移民实施主体的江华县委、县政府，主要领导更是责无旁贷狠抓落实，深入一线亲力亲为。在移民工作进入攻坚阶段，县委书记罗建华曾在一个月时间里召开 9 次县委常委会、县委常委扩大会议，对涔天河水库扩建移民工作进行专题研究、紧急调度，要求举全县之力抓好移民搬迁安置工作。他带头深入移民乡镇、村组，哪里问题最突出，就赶到哪里。花江乡花江居民组有个姓赵的移民，一直要求见他，说他只相信罗书记，书记把我说服了，我就搬！罗建华得知后，第二天就来到了花江街。他跟这户移民见了面一谈心，还真的把他说服了。花江乡的移民工作曾经一度落后别的乡镇，县长龙飞凤一周两次组织乡政府干部职工和驻点该乡的移民工作队员开会，把存在的问题一一摆出来，要求各单位从主观上找原因，从干部作风上下功夫，主要领导带头驻村，深入移民家中开展工作，一举扭转了移民工作被动的局面。

涔天河水库扩建工程指挥部办公室内设的综合协调组、移民安置组、移民资金管理组、信访维稳组、督导检查组等 9 个小组，每个小组由一名县领导任组长，按照工作职责紧张有序地开展工作，各小组 24 小时都在工作状态，从来没有节假日。县移民局长唐震负责移民局全盘工作，既要负责移民政策的研究制定，又要抓政策的落实和解答，还要东奔西走向省市汇报工作、下乡解决具体问题，家中还有身患重病的妻子无法照顾，他恨不得自己分身有术，有三头六臂，面对繁忙的工作和家庭的困难，他没有丝毫怨言，更没有消极应对，而是把整个身心都扑在工作上。副局长唐智、王远平、伍光顺等各自分管一块工作，不是奔波在移民乡镇，就是奔忙在移民安置区工地。在花江街经商的赵老板一直对前期进行的实物补偿认定不满，一口咬定自己在山里的旧宅在丈量时弄错了，并以此为借口拒绝在移民搬迁安置协议上签字，并对应急搬迁持抗拒态度。有一次，甚至借着酒疯拿起划皮刀要砍前来做工作的移民工作队员。唐智副局长得知这个情况后，带领勘测设计人员与移民工作队员一道，三方汇合一起亲自核勘，前前后后进行了四次核实，最终让赵老板接受了认定的房屋面积，在搬迁协议上签了字。

随着责任层层落实，市县主要领导率先垂范，江华 50 多名包乡镇的县级领导、1036 名包村单位工作队员自带被子和票子（伙食），带着责任，带着感情，与移民同吃、同住、同协商，宣传移民政策，了解群众疾苦，解决群众困难。无论白天黑夜，不管年关春节，移民队员走村串户，与移民对象攀亲戚、交朋友、认兄弟，用真情感动移民对象。在 2015 年汛期前的那段日子，在江华无论在哪里，听到的都是关于移民搬迁的话题。

（二）“铁律”锤炼干部作风，化解“天下第一难事”

涔天河水库扩建工程，是一个庞大的、复杂的社会工程，困在移民，难在移民！

如何攻坚克难，圆满完成这一被称为“天下第一难事”的移民工作？江华县委书记罗建华给出的答案是，一是执行力，二是执行力，三还是执行力！

执行力从哪里来？从工作纪律，从干部作风，从使命和信念中来！

从 2013 年 1 月 18 日移民搬迁协议签订工作启动以来，江华县委、县政府按照永州市委、市政府的要求，把做好涔天河水库扩建移民安置工作当作头等大事来抓，出台了《关于改进工作作风密切联系群众的实施意见》，该意见从深入基层群众、全力做好移民工作、规范会议活动、精简文件简报、减少检查评比、严格新闻报道、厉行勤俭节约、加强督促检查等 8 个方面为全县各级国家机关工作人员定下了 26 条“铁规”，并对移民安置工作作出专门安排部署，制定了《移民安置工作目标管理考核办法》，将移民搬迁工作列入乡（镇）、县直单位领导班子和领导干部的年度考核内容，明确乡镇党委书记、乡镇长为移民工作第一责任人，实行“八包”责任制：包政策宣传、包思想动员、包实物指标分解认定、包移民搬迁安置、包补偿兑现、包搬迁运输、包矛盾化解、包生产生活扶持，层层签订目标责任书，对各责任单位、责任人进行单独考核、奖惩。并相应出台了《关于影响涔天河水库扩建工程建设效能和损害工程建设环境责任追究规定》和《涔天河水库扩建工程农村移民搬迁安置去向协议签订工作责任考核办法》，要求移民工作队员发扬吃苦耐劳、不畏艰难，敢于担当、真情为民的精神，全身心投入移民工作；对移民工作不得讲价钱，不得以任何理由不服从安排；对在移民工作中宣传不到位、工作不落实、不执行移民法规政策，不按统一口径宣传移民法规政策、煽动蛊惑移民上访闹事等23种情形进行问责；要求工作队员到移民户家吃饭必须按规定交伙食费，不准增加移民负担，不得损害移民利益，不得与移民发生冲突；对不服从指挥调度，领导不到位、专班不负责、措施不得力，造成不能按时完成工作任务或在移民群众中造成不良影响的，坚决追究相关责任人的责任。

为确保“铁律”“新规”执行到位，江华县委、县政府从县作风办、县委督查室、县政府督查室抽调人员组成移民工作督导督查组，明确由县委常委、县纪委书记任组长，县纪委副书记、监察局局长任副组长，按照“一天一督查，一天一通报，三天一小结”的督办工作要求，采取明察暗访、突击检查、专项督查等方式，对移民工作进行严格的督促检查，并将督查情况每天以短信形式向县委主要领导汇报，将各村的安置去向协议签订工作进度每天进行统计排名，连续三天排名倒数第一的乡镇和移民村，责令乡镇党委书记、乡镇长、包移民村单位主要领导向县委说明原因，并进行通报批评；连续五天排名倒数第一的乡镇和移民村，对联系该乡镇、包移民村的县级领导进行通报批评，对该乡镇党委书记、乡镇长、包移民村单位主要领导进行诫勉谈话，取消年终评先评优资格。2013年4月，花江乡水口寨村连续三天排名倒数第一名，县纪委、县监察局责成该乡党委书记、乡长、包该村单位主要领导向县委、县政府主要领导作了原因说明。县卫生局、务江乡政府因三名移民工作队员作风不实，责任心不强、实物登记把关不严，在社会上造成了不良影响，县纪委、县监察局对有关责任人员进行全县通报批评，责令写出深刻检讨。同年 7 月，花江、务江两名乡党委书记因工作执行不力，移民工作进展缓慢被就地免职。

2 月 17 日，移民搬迁安置补偿协议签订工作启动刚好一个月。江华县委、县政府召开工作调度会，对前期进行的工作进行梳理，总结得失，分析存在的困难和问题。在会上，市移民局副局长伍少平肯定了江华移民工作所取得的成效，认为县委、县政府领导得力，干部作风过硬，工作效果显著。

（三）党建引领，党员带头，筑牢村党支部战斗堡垒

非常之事，当用非常之力；非常之时，当用非常之功。涔天河水库扩建工程既是全县的头等大事，也是近几年来全县改革发展中最难啃的“硬骨头”。在省市委、省市政府的正确领导下，在国家有关部委和省市相关部门的精心指导和有力支持下，江华县委、县政府用铁的纪律全力推动移民工作，全体移民工作队员用铁的意志敢啃“硬骨头”，全县上下以愚公移山的精神，攻克了移民安置工作中的一个又一个堡垒。

在这攻坚克难的每一个战役中，乡镇党委和农村基层党支部充分发挥战斗堡垒作用，党员干部带头移民，带头搬迁；县直部门移民工作队中的党员干部以“坦克精神”和“舍我其谁”的执行力，吃苦在前，冲锋在前……在他们的带动下，在他们身体力行的感召下，移民群众最终放弃了小家之利，成全了国家大义。

许化碧是水口镇水源居委会的党支部书记，也是一个移民。2014 年 10 月，看到群众对签订移民搬迁协议顾虑重重，移民工作队止步不前，许化碧把居委会的 14 个党员叫到自己家里。没有更多的开场白，没有多少铿锵激昂的鼓动，也没有过多的大道理小道理，他只是把平日

折叠得整整齐齐的那面鲜红的党旗庄严地挂在墙上，领着大家站在党旗下重温入党誓词。许化碧领读一句，大家跟着念一句……之后，他带头在移民搬迁安置协议书上签下了自己的名字，伸出大拇指按上了鲜红的手印。14个党员没有多说一句话，也跟着签下了移民搬迁协议。就这样，一个党员带动一个亲戚，一个党员带动一户邻居，在2015年元宵节之前，水源居委会所有移民签订了移民搬迁协议。

无独有偶，在水口镇暗冲村，党支部书记陈昭晖也是把党旗挂在村支部的墙上，领着全体党员在党旗下宣誓，然后统一在移民搬迁协议上签了字。一周后，他带头把自家的房子拆了……全村群众也跟着陆陆续续签下了协议。

据水口镇党委副书记、镇长李书华介绍，镇政府机关43名镇干部当中，50岁以上的占60%，不会使用电脑的占80%，但就是这样一支趋于老龄化的队伍，在移民搬迁安置工作中体现出了顽强的战斗力。山马村距离镇政府3公里，是镇里副科级干部叶国梁挂的点。叶国梁50多岁了，不会坐摩托车，身体又不好，时不时要住院打吊针。为了完成移民工作任务，他经常早早赶到医院打针，吊针一打完，他就立马步行进村做工作。他对全村104户移民的情况了如指掌，做起群众工作来毫不含糊，谁家有子女在读大学，谁家的老人生病了，谁家有红白喜事，他都尽力想办法去帮忙……辛苦的付出终于得到回报，山马村移民的搬迁协议、应急过渡安置协议、拆房协议的签订率均为100%。按照县扩建办的要求，2015年3月31日前拆除全村104户移民的房屋，他负责的村在3月26日就拆完了。

镇移民办主任陈泽是个年满25岁的小伙子，老家在道县，2014年通过公务员考试考入水口镇。经人介绍，陈泽在老家谈了一个女朋友，但一直没见面。家里人见他年纪大了，要他利用春节放假的机会跟女朋友见见面，把婚事定下来。但因为镇里移民工作任务紧，他按照要求正月初一就赶到镇里上班，直到2015年“5·20”洪灾之后才回家。而这个时候，女朋友也早已外出上班了。镇里懂电脑的人太少，他一个人统计全镇移民情况，忙得不可开交，经常熬到深夜12点。镇里的领导很过意不去，说陈泽太忙，忙得连谈女朋友的时间都没有。陈泽总是淡淡一笑，说：“等忙完了移民搬迁，再谈女朋友也不迟！”

挂点水口镇的副县长李勇东感慨地说，水口镇移民搬迁任务能如期完成，全靠镇党委、政府和村（居）“两委”班子得力，党员干部带头，党组织的表率作用发挥得好！

2015 年 10 月，一部由江华县纪委组织拍摄、由该县花江乡政府干部职工本色演出的廉政微电影《租居农家的乡政府》，在全省 21 部参评廉政微电影中脱颖而出，荣获二等奖。影片以涔天河水库扩建工程近 3 万名移民搬迁为背景，讲述了花江乡政府全体干部职工在乡党委书记韦代喜、镇长邓晨岚的带领下，为实现移民应急度汛，将位于水淹区的花江乡政府带头整体搬迁，临时租借牛角村两栋民房办公，在异常艰苦的环境中，乡镇干部克服交通不便、家人分离等重重困难，全身心投入移民应急搬迁和抗洪抢险的真实故事。影片中，韦代喜随身带的一个水壶吸引了观众的注意。有的说他水壶里装的是酒，有的说他水壶里装的是水，但其实都不是。只有熟悉他的人知道，韦书记一直有胃病，他水壶里装的是泡好的“999 养胃冲剂”！因为移民工作，他经常进村入户，东奔西跑，为了不间断吃药，也为了省事，他总是一大早把药泡好，装在水壶里，空闲时喝上几口。

罗秋月是贝江乡贝江村的老支部书记，她当村支书 43 年，自 1970 年担任村调解员以来，成功调处各类矛盾纠纷 3300 多起，曾获得全国“人民调解先进工作者”称号。她的事迹先后被潇湘电影制片厂拍成电影《心在呼唤》，被永州市委组织部拍成党教片《乡村土法官》进行推介。她退休后，本可以跟儿女住到县城享清福，但她坚持留在村里，热心参与村里的公益活动，组建了乡村长鼓表演队，开展健身、宣传等文化活动。这次水库扩建移民搬迁安置，她不仅自己带头签订移民搬迁协议，还与村支两委干部一道，动员群众积极支持，使贝江乡贝江村的移民工作走在全县前列。

务江乡务江村熊锦云同样带头在村里第一个签了移民搬迁协议，村里人对此都不理解，说他不顾村里人的利益，只顾自己拿“俸禄”，往上爬。他的妻子、儿女受不了村里人的奚落和挖苦，跟他闹起了别扭，甚至要跟他分家，让他一个人当“孤人头子”。面对委屈和不理解，熊支书“嘿嘿”一笑，说：“谁叫我是党员，是支书，我不带头谁带头？我今年65了，早就该退休了，还往上爬什么！我只晓得党员就应该听党的话，只晓得党员就该在关键时候发挥作用！如果一个党员事事落后，跟党和政府唱反调，那我入党干什么，党还要我干什么！”后来，熊锦云带头把自家的房子拆了，被镇里安排到涔天河镇移民安置点建房理事会当起了房屋质量监理员，除了监督安置房的建筑质量，每天还要处理大量移民反映的问题。

正是因为有了许化碧、陈昭辉、熊锦云、罗秋月这样优秀的基层共产党员，江华的移民工作才能顺利推进，并如期实现了在下闸蓄水前所有移民全部搬迁的目标。

3、和谐移民：洒向移民都是情

移民群众，舍小家，为国家，做出了巨大的牺牲，让人尊敬；移民干部，用真情，讲大义，付出了艰辛的努力，堪称功臣。

四年时间里，每年的正月初三，是江华的移民干部给移民拜年的日子。按传统，这个时间要去拜访的是至亲至爱的人。而在他们心里，移民就是他们的亲人！

为做好移民搬迁安置，江华县委、县政府坚持“政府领导，部门包干，乡镇为主体，村为基础”的原则，建立了县级领导包乡镇、部门包村组、干部包移民的工作责任体系。在长达四年的时间里，广大移民干部与移民群众同甘共苦、荣辱与共，结下了深厚的情谊。他们把移民群众当亲人，危难时刻，他们挺身而出，为移民排忧解难，堪称移民贴心人；事无巨细，他们躬身践行，忍辱负重，愿做移民群众的“保姆”与“家仆”。100多个单位、1000多名干部，情洒瑶山，心系移民，用四年的坚守，赢得了移民工作的全胜！

国家水利部移民局副局长黄凯多次亲临江华检查指导涔天河水库扩

建移民工作，对江华的移民工作表示赞赏和肯定。他说：“和谐移民，是涔天河水库扩建工程移民工作最大的亮点和经验，这种模式值得推广和研究。”

限于篇幅，在这里，仅让我们从众多移民工作队中的先进群体、模范个人中选取其中几个小故事吧——

（一）杨德裕：移民群众的贴心人

“江华的山，江华的水，到处都有杨政委。”这是流传在江华干部队伍中的一句顺口溜。“杨政委”就是杨德裕，是江华瑶族自治县人民检察院一名检察官，原任县检察院党组副书记。20 世纪 90 年代曾任林业局副局长兼森林公安分局政委，时常巡查于江华的山山水水间，因此留下了这样一句顺口溜。

2011 年 10 月，时年 56 岁的杨德裕退位不退休，主动请缨参与移民工作，被单位派往贝江乡贝江村担任移民工作组长，具体负责移民政策宣传、移民搬迁安置补偿协议签订等工作。

贝江村地处瑶山腹地的冯河之畔，离县城沱江一百多公里，村民们散居在冯河两岸的崇山峻岭中。这里远离尘嚣，保留着纯美的原生态自然风光和浓郁的瑶族风情。因为涔天河水库扩建，贝江村不得不整体搬迁。全村共 9 个村民小组 426 户 1615 人，占全乡搬迁任务的 32%，也是全县农村移民人口最多的村。

参加移民工作四年多来，杨德裕以贝江村为家，常年奔波在沟壑纵横的山岭之间。为了把更多的时间用在移民工作上，他经常是一天的饭一餐煮，中午和晚餐把吃剩下的米饭回锅加热，匆匆扒上几口，就往移民户家中赶。四年来，他把村民的事当作自己的事，用真心开启了村民的心扉，用真情赢得了大家的信任。

2015 年 2 月 13 日，临近年关，杨德裕还在村里找移民卢玉林做工作。村民卢玉林一直在外打工，每年过年才回家一次，是村里两户未签订移民安置协议中的一家。头天晚上刚到家，杨德裕第二天一早就进了门。正在炸油豆腐准备过年的卢玉林见到老杨，笑呵呵地说：“老杨，你什么都别说了，虽然我们是第一次见面，但你经常给我打电话，县里移民政策有什么新动向，你总是第一个通知我。我昨天到家，你今天一大早就来了，就凭你这份诚心，我再不签协议都不好意思了。”

见卢玉林如此配合，老杨倍感欣慰。其实，这种鱼水情深，是他努力了四年时间才换来的。四年前，老杨带着工作队员进村时，经常会遭受白眼和指责，有些移民看见工作队员就关门，甚至往队员面前泼脏水。老杨没有气馁，他理解他们。金窝银窝不如自家的草窝，要想让祖祖辈辈生活在大山里的村民，尤其是上了年纪的老人离开故土，那种滋味任谁也会想象得出，难以接受。出身农家的杨德裕，深知移民工作并不是一句“舍小家、顾大家”的口号就能发动起来的。“移民先移心。”四年来，杨德裕和工作队员每个月几乎有25天都住在村里，每天找村干部谈话、和村民交心。村民们散居在大瑶山深处，翻山越岭就成了杨德裕的家常便饭。经常有时候爬半天的山赶到移民家，却吃了闭门羹。尽管如此，杨德裕也从来不发脾气，不撂挑子，一次不见去两次，两次不见去三次，好几户人家被他的诚意感动，从闭门不见到笑脸相迎，由横眉冷对到热情地留他吃饭喝酒。老杨笑呵呵地说：“移民工作搞了几年，我认了好几个老庚了，逢年过节我们都互相走动，跟走亲戚一样。”

贝江村是个劳务大村，不少村民常年在外务工。仅麻江口组的60户村民中，就有近30户分散在全国各地。见不到人，打长途电话就成了常态。协议签订的要求啊，时间上限啊，安置房的面积和户型、国家政策的变动，以及补偿款项的条条框框什么的，都要第一时间告诉在外务工的移民。长途电话多了，随之而来的是手机话费的猛涨。老杨的电话费由原来的每月几十块涨到三四百块钱。这些还是小事，有时候对方不耐烦就挂电话，打多了就干脆关机。电话里讲话既要讲究策略，又要言简意赅。为此，老杨熟背各项移民政策，并善于总结在移民工作中遇到的新问题及处理办法。老杨随身带着的小本本记录着全村各家各户的具体情况，并坚持写移民日记。四年时间里，这样的本子他记满了7本。

功夫不负有心人，2015年2月24日，随着村民李苏春签下最后一份搬迁协议，他包干的贝江村麻江口组65户216人的安置去向、建房购房协议、明细卡手册和补偿资金的确认已全部完成。四年来，杨德裕靠着一双脚，翻山越岭，走村串户，踏遍了这里的山山水水；靠着一双脚，他把每家每户的“账本”耳熟于心；靠着一双脚，他走进了移民的心，使自己由最初被排斥，到如今成为全村群众信任的“编外村民”，最终使全组完成了搬迁。

“做完移民工作，我正好退休了。退休之前，赶上了涔天河水库扩建这样的大事，能亲身参加水库移民工作，这是我的荣幸。这四年的苦，值了！”杨德裕说这番话的时候，眼眶里的泪珠情不自禁地滚落下来……“男儿有泪不轻弹”，这四年多的努力，这四年多的心血，这四年多与移民群众朝夕相处结下的情谊，这四年多赢得的成功和收获，让这个在政法战线苦苦奋斗了30多年的“硬汉”也感动得流下了热泪！

（二）财政局：把移民当亲人

临近2015年春节还有几天，家住花江乡黄石村长冲一组的移民黄玉贵面对满栏肥羊却高兴不起来。因为自己年老多病，家里缺少人手，在山羊出栏的最佳时节，圈里的山羊却无法运出山外销售。按照移民度汛安置计划，到3月底他家将举家搬迁到县城沱江。为帮助移民解决后顾之忧，2月14日，挂点包村的县财政局移民工作队员和局机关临时抽调的几个年轻干部，在副局长周大江的带领下，主动放弃周六休息，冒雨行进十多里山路，利用板车拖拉和肩挑手抬，帮助黄玉贵把剩下的30多只山羊从深山里的羊场运出来，又驾船将羊送到河对岸，一只只抬到公路上，再用货车运到县城联系销售。

这是江华财政局为实现移民应急度汛搬迁，帮助移民解决实际困难的感人一幕！

江华财政局负责花江乡黄石村湾冲一组、二组，长冲一组和花江居民组的移民工作，涉及移民户共143户，其中后靠移民35户，外迁移民108户。为做好移民搬迁这一“天下第一难事”，局移民工作队在局党组书记、局长吴淑华带领下，积极开展移民人口和移民户界定确认，完成实物补偿补助明细手册的填写确认和移民搬迁安置补偿补助协议的签订，落实移民建（购）房方式、户型、结构和面积等工作。

为推动工作，打开僵局，移民队员把移民当亲人，主动上门，真心实意为群众排忧解难，用真情感动群众。局长吴淑华主动与湾冲移民困难户汤某在江华二中读初一的养女结对子，表示资助她完成中学学业，直到大学。副局长周大江深入所挂村组，实地了解村民的实际困难，通过与有关部门衔接，为长冲一组争取村道维修资金2万元，帮助村民修复被洪水冲毁的道路涵道。长冲一组村民黄某身患重病，手术后留下后遗症，他了解政策后，为他争取了农村低保和残疾救助；移民罗某的父亲病重需要住院，他热心帮助联系医院床位，并申请救助解决了部分医疗费。副局长陈桂芳为长冲一组患癌症的移民妇女赵某争取大病救助资金，并为她争取到了农村低保政策；当了解到长冲一组村民赵四莲多年前收养的孩子将近五岁了，还没有上户口，以后上学都很困难的情况后，她与队员汪琴兰一道，多方奔走，向民政局、公安局反映情况，历经周折帮小姑娘办理好了户口。赵玉莲感激不已，执意要她们为小女孩取个名字。队员们经过商议，帮小姑娘取名“赵青苗”，小名叫“苗苗”，寓意像青山幼苗茁壮成长。局纪检组长蒋志诚经常自费购置礼物看望特困移民和生病住院的移民，与群众促膝谈心，真心做移民的贴心人。他热心为移民在外就读入学难的学生找门子，为在沱江打工的移民找路子。移民群众把他当亲人，家里有婚丧嫁娶的事都请他去，每年他自掏腰包用于移民家办红白喜事的份子钱都在2000元以上。局工会主席何翠玲有过一段在花江街成长的童年，她与儿时玩伴忆童年、话童趣、攀亲戚，孝敬年老多病的袁大妈，赢得了街坊四邻的称赞和好评，为推动花江居民组的移民工作打下了良好的群众基础。局组织委员李忠热心为移民户提供种养方面的科技信息，帮助移民户赵某寻找蜂产品销售渠道，为贫困党员赵某落实后续低保政策；队员唐小龙与做移民工作时结拜的老庚王某结对子，并经常购买礼物看望他年迈的老母亲；队员吴幼林、孔庆双热心为移民寻找临时过渡住房，并帮助移民户的子女联系好就读的学校；队员陈茂智以瑶族作家的身份深入移民群众，通过拉家常、送新书等形式，拉近与移民群众的距离。乡财政所的工作人员更是全身心投入，为移民群众提供高效、快捷的各种便民服务。花江乡财政所长吴志华身兼数职，除了完成所里的财政业务工作，承担镇里分配的移民安置任务，还要协助局机关移民工作队走村串户开展工作，并负责安排队员们的食宿等后勤保障和移民相关资料的整理和保管，移民群众对政策不理解，他和所里的同志随时给予接待并耐心地进行解答……

移民队员的真情与热心，融洽了与移民的情感，化解了与移民心中的疑虑，推动了移民工作的顺利完成。截至 2015 年 3 月，县财政局全部完成实物补偿补助明细手册、移民搬迁安置补偿补助协议、户型规划协议的签订，108 户外迁移民 100% 签订了移民安置协议，除一户为后续移民外，107 户签订了应急度汛临时安置协议。

（三）科技局：危难之中用真情，爱心满怀献洋涓

贝江乡洋涓村是涔天河水库扩建工程的重点移民村之一，全村共 145 户，513 余人。2012 年 12 月，江华科技局移民工作组自带伙食进驻该村开展工作。移民工作队员急移民之所急，想移民之所想，用真情赢得了移民的理解和支持，圆满完成了移民工作任务。

2013 年 7 月的一天，晚上 8 时许，洋涓村吕家组移民户吕超家的木板房因电路老化失火。县科技局分管移民工作的副局长陈召军带领蒋光波、周灼明、余海涛等 5 名移民工作队员与洋涓村民不顾生命危险，在火海中奋力扑救，终于在深夜 12 点将大火扑灭，避免了火势蔓延而损害其他村民的生命财产安全。随后，移民工作队呼吁全局干部职工紧急捐款 3000 元，帮助受灾移民吕超渡过难关。

8 月 16 日，贝江乡发生暴雨山洪灾害，洋涓村受灾严重。面对山洪灾害威胁，移民工作组没有撤离，而是坚持与村民一起并肩战斗，帮助村民抗洪救灾。灾后，移民工作组发动全局干部职工捐款 2000 余元，并为村民送去大米、食用油等急需物资，保障村民灾后正常生活。

移民户吕荣艳的食用菌场在这次洪灾中损失较大，移民工作组在第一时间联系多位具有多年实践经验的技术员，为他的食用菌场进行现场诊断，并提供技术支持，帮助他恢复了生产，挽回了数万元的经济损失。2014 年，移民工作队又帮助他申请到了 3000 元项目扶持资金，解了他燃眉之急。

2014 年 3 月 16 日，洋涓村在江华二中高三就读的学生盘丽被检查出尿毒症，因为严重的肾衰竭在广西桂林 181 医院接受透析抢救。去年盘丽的父亲刚去世，家里还有一个年仅 7 岁的弟弟，整个家庭经济来源仅靠母亲外出务工维持，巨额的医疗费用无疑让这个家庭雪上加霜。移民工作组得知情况后，又一次发动局里干部职工为盘丽捐款 2700 元，尽绵薄之力为这个饱受磨难的家庭献上一份爱心。

村民冯成勇忠厚老实，苦于创业无门而生活拮据。移民工作组了解到情况后，多次到冯成勇的家中安慰他、开导他，鼓励他树立生活的信心，帮助他寻找创业、就业的门路。根据冯成勇家庭实际和他自身的条件，建议他在县城沱江从事饮食行业，做面点生意。局移民工作组为他挑选门面，并办理了相关证照手续。2014 年 5 月，冯成勇在县城沱江中学对面开起了包子铺，年收入达 5 万余元。看着生意红火的店铺，冯成勇逢人就说："是科技局移民工作组帮我走出了困境，我再也不愁无事做、闷得慌了。"

据不完全统计，四年来，科技局移民工作组帮助移民解决各种困难 200 多件，提供技术培训 10 次，受益人口达 200 人次，帮助就业、创业 50 多人。

像这样的帮扶，在每个移民工作队都是常事。江华公积金管理部是个不足 10 人的小单位，管理部主任潘纪军亲自带队深入移民联系点水口镇得贵村开展工作。该村有两名家庭特别困难的大学生，一名叫毛秋平，刚考入怀化医学院护理专业，由于父母体弱多病，平时就靠父亲在附近打零工补贴家用，家中还有一个在读小学的弟弟，微薄的收入已无法供她读大学；另一名叫李厦菊，已是怀化学院中文系的一名大学生，家里的父母为供她和正在读高中的妹妹上学不仅花光了家中所有的积蓄，还向亲戚朋友借了不少外债，即使父母都常年在外打工，仍然无法支付姐妹二人的学费。潘纪军知道这一情况后，为这两名特困大学生筹集了助学金，并亲自把助学金送到她们手中，叮嘱她们好好学习，不辜负家乡人民的期望。通过努力，得贵村的移民搬迁协议签订率提前100% 完成。

（四）水口寨里的“特殊帮工”

2015 年 4 月 15 日一大早，江华畜牧水产局局长伍红明就忙开了。他带领移民队员忙着给移民租住的房子打扫卫生，上市场买菜……然后带着买移民旧房子的木材老板驱车赶往他联系的移民村——花江乡水口寨村。

水口寨村位于花江乡花江峒腹地，是一个依山傍水、土地肥沃的瑶族村落，这里的人们林、农、渔兼顾，过着富足而安然的生活。20 世纪 60 年代，为了涔天河水库的建设，他们从河岸边搬迁到如今的住地。时隔五十年，因为涔天河水库扩建，他们再次成为移民。

这次的搬迁跟上次完全不同，不是后靠迁居，而是整体彻底外迁，去完全陌生的地方重新安家。随着汛期的临近，全村移民中有 53 户人家处于 264.17 米回水线下，属于汛期应急搬迁的对象。春节后，村里大部分群众在移民工作队的劝导下已陆续完成搬迁。部分移民户考虑到清明祭祖和其他特殊情况，经县扩建办同意可以延迟到 4 月中旬拆除房屋搬迁。

清明节一过，在移民工作队的催促下，移民就开始忙着拆房迁居了。

这一天，村里的岑冬保、岑满保两兄弟和梁久家要搬家拆房。县畜牧水产局、县统战部、县气象局等三个单位的移民队员约好一起来给他们当帮工。队员们来到岑满保家，只见几个工人正在拆房，人手显然不够。队员中的局长、副局长、副部长们顾不得换衣服，有的上房帮着掀瓦，有的帮着搬运家具、木头。岑满保看见这些单位里的“头头脑脑”们真的给自己当帮工，赶紧上前劝阻说：“局长，部长，这些都是粗活，哪能让你们亲自动手，快放下，快放下！”

队员们说，今天我们不是部长，也不是局长，我们是来帮你做事的帮工——当然，是不要钱的义务帮工！两个小时过去，眼看房子拆得差不多了，队员们累得大汗淋漓，脸上满是烟尘灰土，一个个成了舞台上的“黑脸包公”。他们顾不上休息，也顾不上去洗一把脸，接着来到隔壁的梁久家。老梁的两个儿子、儿媳都在广东打工，没能请假回来，应急搬迁拆房子的事就落在老两口身上。老两口没有请人，自己动手拆房子，三岁的孙女跟在后面也提着东西。大家见这样不安全，安排老梁的老伴带孙女，大伙一齐上，抬的抬，背的背，把房子里要搬走的东西全部清理出来，然后要买木料的木材老板安排工人把房子拆下来。

正在这时，畜牧水产局伍红明局长专门请来搬家的货车也到了。三家单位的移民队员一齐动手，搬的搬，抬的抬，不到一个小时就装满了一辆车。老梁感动地说：“你们这些干部，为了移民确实是动真格、动真情啊！我们服了！”

（五）开展优质服务，各职能部门热心为移民开“绿灯”

移民搬迁、移民应急度汛搬迁！近3万移民中，他们的子女就学怎么办？移民中的个体工商户、私营企业主搬迁后如何实现正常经营？移民在新的地方如何实现就业？这些问题，考验着江华县委、县政府，也考验着职能部门的应急处理能力和服务水平。

从移民工作启动，特别是应急度汛搬迁工作启动以来，针对安置点新的校舍尚未完工、未能交付使用的情况，县委、县政府对移民子女就学的问题进行了重点谋划，要求县城各中小学、移民安置点所在乡镇及周边乡镇中小学全力配合，积极妥善安排移民子女就读，确保每一个移民子女都能正常入校读书。县教育局按照这一要求，对移民子女入学问题进行了统筹安排：落实到县城沱江四联安置点的移民子女，安排在沱江镇一小、二小、为人小学、四小以及沱江中学插班就读，待安置房建好后，可到新建的思源学校就读；水口新址的移民子女仍在原学校就读，待安置房建好后，可到新建的水口中学、水口中心校、县瑶族小学就读；小圩安置点的移民子女可到小圩中学、小圩中心校就读；务江安置点的移民子女到东田中心校、东田中学就读，待安置房建好可到涔天河学校就读；码市安置点的移民子女到码市中学和启汉小学就读。因临时度汛到沱江镇寄住和租住的移民子女可到沱江镇各中小学插班就读，在其他乡镇临时度汛的移民子女到相应乡镇中、小学校插班就读。由于计划周密、准备充分，移民子女通过提供移民搬迁协议、户口簿、租房合同等资料完成登记注册，都很顺利地进入指定学校进行正常的学习，确保了每一位义务教育阶段的移民子女顺利入学。

涔天河水库扩建工程移民中有 887 户个体工商户、61 家私营企业。为解除移民个体工商户和私营企业的后顾之忧，让他们搬迁到新住地后能迅速开展正常经营活动，江华工商局成立了服务移民经营户服务队，将所有移民区的个体工商户、私营企业等全部纳入服务范围，明确一名工作人员为 5 至 10 户移民个体工商户和私营企业的联络员，全程负责移民个体工商户、私营企业在新经营地点办理《营业执照》经营地址、经营项目的变更手续和提供当地市场信息等服务。四年时间里，县工商局为库区移民中的 607 户个体工商户、35 家私营企业办好了《营业执照》经营项目、经营地址的变更手续，确保他们搬迁新居住地后能及时顺利开展各项经营活动。

为妥善安排好移民就业，县人力资源和社会保障局依托县职业中专这一平台，组织库区移民参加计算机、中式烹调、电工、缝纫等专业开展就业与创业技能培训，让更多移民的劳动技能得到提升，从而促进就业、创业。同时，与江华经济技术开发区开展协作，把移民就业与园区企业用工紧密结合，在员工招聘方面向移民倾斜。此外，县人社局结合精准扶贫，与县扩建办、县扶贫办、县移民局紧密配合，将移民中的贫困户列入劳动就业扶贫、金融扶贫范畴。九恒集团是一家专业生产可变信息数码产品、空气能产品的高科技企业，公司通过金融扶贫贷款方式帮扶贫困群众。县扶贫办从全县建档立卡贫困户中选出 3500 人，其中重点是库区移民，每人贷款 1 万元，投入到公司，按照信贷资金的

10.8% 定额付息、固定帮扶，每户每年增收 1080 元。同时公司优先聘请移民中的贫困人口务工，帮助困难群众实现脱贫致富。“让每一位有就业需求的库区移民掌握一门以上技术，让有技术基础的移民技能再提升，让有创业愿望的人才激发创业潜能和能力，这样就能全面提高移民的就业竞争能力，实现库区移民真正在家门口就业、创业，在家致富奔小康。”县人社局局长唐长军说出了自己的想法。到 2015 年底，全县举办以库区移民为主的转移就业培训 97 期，培训 8000 多人次，解决了移民群众搬迁后就业这一后顾之忧，通过提供免费的就业服务，5000 多名库区移民实现就近稳定就业。

为维护库区移民生产生活秩序，营造稳定、安宁的社会环境，根据县政法委的安排，县公安局安排专门力量在库区开展巡逻执勤，对破坏移民工作的行为进行严肃查处。县武装部组织民兵预备役开展水上安全演练，从战备、战术上提升应急处置和抢险救灾能力，保障移民群众生命财产安全。县民政局也把社会救助工作的重点向移民群众倾斜，对移民中的困难户、五保户、病灾户等需要救助的人给予政策和资金上的帮扶……一切为了移民工作，一切服务移民工作，成为全县上下的广泛共识，也成为全县各级各部门工作的方向。

（六）一座大坝与 33 个小水电站

在水库扩建移民过程中，库区上游 33 个电站的拆除同样也是一块难啃的“硬骨头”。

按涔天河水库扩建淹没高程 313 米测算，大坝上游有 33 处共装机 62081 千瓦的电站受淹没影响，其中全部淹没电站 26 处，装机 4.92 万千瓦；部分淹没 7 处，装机 1.28 万千瓦。

库区小水电站淹没影响数量之大，在全国绝无仅有！

江华水能资源丰富，境内水能可开发量 100 万千瓦。为解决江华岭东林农无国家大电网供电、林区群众长期缺电的局面，1997 年 10 月，县委、县政府做出了“开发水电兴江华”的战略决策，出台了《关于积极发展地方水电的若干规定》；1999 年 3 月，县人大十三届二次会议通过了《江华瑶族自治县关于加快水电开发的决议》；2000 年 4 月县政府下发了《关于落实加快水电开发的决议的实施办法》，出台了一系列配套措施，掀起了江华小水电站建设的热潮。

2003 年 9 月，湖南省《关于加快发展农村水电的意见》明确规定：鼓励个人、集体和各类经济实体、外资开发农村水电，这为江华招商引资开发农村水电注入了新的活力。1997 年以前，江华开发的小水电电源点装机仅 0.6 万千瓦，而至 2009 年 6 月省政府发布《关于禁止在涔天河水库扩建工程淹没区和枢纽工程施工区新增建设项目和迁入人口的通告》时，经永州市、江华瑶族自治县水利部门批准立项建设的水电站已达 199 座，装机 26.3 万千瓦。

在 1997 年 10 月江华做出“开发水电兴江华”之前的 1992 年 9 月，省政府办公厅批复的《潇水流域规划报告》中指出：“为了进一步加快流域的治理和开发，必须把涔天河水库扩建工程列为近期潇水流域和湘南地区国土开发的控制性工程，并抓紧做好各项前期准备工作”。但在开发建设江华小水电站的过程中，涔天河水库扩建工程是否上马，何时上马，上级一直未予明确。对于水库扩建可能淹没影响的电源点开发与否的矛盾，在 2001 年 5 月因小水电站业主争执电源点的开发而暴露出来，引起了县委县政府的高度重视。为此，县政府在 2001 年 5 月出台的《关于流域（电源点）开发和电站上网的管理办法（试行）》中明确规定：“对海拔 320 米以下涔天河水库加高后水淹区范围内的电源点原则上控制开发，若业主认为有利可图，愿意承担风险，自负责任，并向县人民政府及其部门做出了具有法律效力的书面承诺后，可报建”。之后，凡开发小水电站需与县政府签下“因涔天河水库扩建加高所造成乙方电站的一切损失，由乙方自行承担责任，不得向人民政府及其所属部门索赔”的承诺。

据查，因涔天河水库扩建淹没影响的 33 处电站中，在 2001 年 5 月前未向县政府做出不用索赔承诺兴建的电站共 9 处，装机 12606 千瓦；做出承诺的 24 处，装机 49475 千瓦。涔天河水库扩建工程上马后，对于淹没影响的 33 处小水电站的处理问题，经国家水利部批准的《涔天河水库扩建建设征地移民安置规划设计报告》确定的原则是：以 1992 年湖南省政府批准的《潇水流域规划报告》为界，于此之前建成的 2 处共 901 千瓦装机电站按 7500 元 /kw 进行补偿；于此之后建成的，对全淹没小水电站不考虑复建，采取一次性补偿，按其原投资情况，按 5% 年折旧率扣除后计列补偿费；对部分淹没小水电站，根据各电站的复建设计概算计列补偿费，损失水头和电量不予补偿。

尽管如此，淹没小水电站业主对移民初设报告的处置原则和办法并不认可、并不接受，认为损害了淹没电站业主的利益。一是全淹电站业主认为，以原投资为基数、按 5% 的年折旧率计列补偿费不科学、不合理，缺乏政策依据。电站股民普遍认为：电站同样是淹没补偿的实物，而不按照国务院令第 471 号补偿原则进行补偿是不合理的，要求每年都要按照电站淹没前测算出来的多年平均发电量给予补偿。二是部分淹没电站业主要求不再复建，作全淹电站处理，如果复建，要计列水头损失和停产损失。三是淹没电站业主认为他们的电站是经过层层审批并且按省里要求整改补办了各种手续的电站，是合法的企业，理应得到法律的保护，他们提出要依法维权。电站业主提出的处置要求与初设报告确定的处理原则差异很大，难以达成共识，处置小水电站面临稳定风险。

面对电站处置数量多，矛盾错综复杂；业主诉求多，处置补偿期望高；电站股东涉及面广，信访维稳压力大等众多难题，江华县委、县政府严格按照省市的要求，坚持初设报告确定的处理原则，切实推进对淹没电站的处置。县委、县政府的态度是，坚持尊重历史、兑现承诺的原则，依法依规开展处置工作；淹没影响电站业主和股民必须理性对待目前的现实，要维权也只能依法维权；对肆意挑起事端、聚众闹事者，坚决依法打击。

按照这个思想，江华县委、县政府把维护稳定放在工作首位，明确了专抓领导，组建了专门班子，抽调了专抓力量，落实了工作责任，成立了 33 个淹没电站处置工作组；全面查阅了电站开发历史文件资料，核实了电站开发合同，梳理电站处置存在的问题，形成了电站处置专题调研材料，组织引导电站业主共同研究电站处置补偿方案；采取召开业主大会、个别谈心等方式，宣传电站处置的法律政策依据，解释移民初步设计报告对电站的处置措施，明确了各淹没影响电站补偿金额。在此基础上，根据移民初设报告的处置原则和办法，下达了《涔天河水库扩建工程淹没影响电站初步设计处置补偿办法的通知书》，告知了各淹没影响电站处置补偿办法。

永州市委、市政府对江华淹没电站的处置也给予了极大的关注和支持。决定由市协调领导小组副组长、市人大副主任李俊湘具体负责此项工作，江华也成立了由政协副主席黄世才为负责人的电站处置工作领导小组。通过多次向省综治办、省移民局汇报，并与省、市法院联系，依法依规解决。为了减少阻力，推进处置工作，在处置过程中尽可能考虑了电站业主的利益，对于承诺不予赔偿的电站也给予了适当补偿，得到了电站业主的理解和支持。

2014 年，尤其是同年 11 月份以来，在省市有关部门的大力支持下，经过县淹没电站处置工作组的艰辛努力和电站股东的主动配合，33 处电站有 25 处签订了协商处理协议，确保了电站处置工作的顺利完成。这个结果，大大超出了预期。

4、应急度汛搬迁：洪峰浪尖上的生死考验

（一）应急度汛搬迁，一道移民难题之外更难的“附加题”

应急度汛搬迁，是涔天河水库扩建项目实施过程中，在工程建设与移民安置进度未能协调统一出现的现象，是在移民安置规划由不成熟向更优化合理转变过程中形成的客观问题，也可以说是一道移民难题之外更难的“附加题”。

江华是湖南省三大暴雨中心之一，历年来，县委、县政府把防汛救灾工作摆在重要的议事日程，形成了抗洪抢险的长效机制。特别是涔天河水库扩建工程实施以来，江华县委、县政府坚持把涔天河水库扩建工

程移民搬迁安置和应急度汛防汛作为全县的头等大事来抓，作为压倒一切的工作来推进。

在全国数以万计的大型水库建设中，项目一经国家发改委批复，所有规划和方案是不允许调整的。而涔天河水库扩建在项目实施中，一边在做工程建设一边还在调整移民安置方案，这在全国绝无仅有。其目的是为了把库区移民安置得更好，让他们生活得更好。从市县的极力争取到移民政策、移民安置方案的最后确定，整整花了一年多时间。而现实的情况是，枢纽工程从 2014 年 10 月 15 日下闸截流，12 月开始大坝填筑施工，到 2015 年 4 月已填筑到 EL277 m 高程。而新的涔天河水库大坝是堆石坝，是没有闸门的坝。在工程全部完工之前，只有一个导流洞过水，这个导流洞在不加压的情况下，正常过流量是 1680 立方米 / 秒。而江华，作为湖南省三大暴雨中心之一，是潇水、湘江的源头，每次稍微大一点的暴雨，上游的水流量都达到 2000 立方米 / 秒左右，2013 年的“5·16”“8·16”两次洪灾，库区水流量分别达到了 3400 立方米 / 秒、3600 立方米 / 秒，这就意味着现在的导流洞只能过流一半剩一半，水库不可避免要涨水，而且是涨大水！

在移民安置点建设滞后、移民未能实现搬迁安置的情况下，涨水了怎么办？那只有采取临时过渡安置方案！

原来的设计报告中，没有临时过渡安置，是由于移民安置规划调整以后，为了确保 2015 年库区移民安全度汛，省市要求江华县委、县政府拿出的一个应急方案，这就是临时过渡安置，也叫应急度汛安置。实际是水赶人走，水逼人走，请移民多搬一次家！

移民工作原本就难，搬迁协议的签订原本就难，现在又增加了一个应急度汛搬迁，对移民进行过渡安置，多搬一次家，这更是难上加难！

为了推进移民应急搬迁和临时过渡安置，移民工作队员在原有的“八包”责任之外，又增加了两项：包临时过渡、包安全稳定！

任务层层加码，工作难上加难，但这没有让移民队员退缩。带着服务国家重点工程的强烈政治责任和“人命关天”的爱民情怀，全县上下所有移民工作队员开始了移民应急搬迁和落实临时过渡安置的大突击。

为落实应急度汛和过渡安置，县里成立了移民应急搬迁指挥部，由县委书记罗建华、县长龙飞凤任指挥长，县委副书记黄志坚任常务指挥长，统一指挥库区移民应急度汛和临时过渡安置。县政府通过县财政安排专项资金，对在规定时间完成应急搬迁和临时过渡安置的移民户每户给予2000元的奖金。

奖励措施一出台，移民参与临时过渡安置的热情高涨起来。眼看大坝一天天长高，到时洪水一来，水赶人走，不搬也得搬，现在政府拿钱给你租房，还提供搬迁费、生活费，反正迟早要搬，早搬还有奖金，何乐而不为！

通过移民工作队员的艰苦努力，大部分移民群众完成了应急搬迁，通过各种渠道实现了临时过渡安置，但仍有极少数移民对洪水的到来存在侥幸心理，加之还有部分居住在水位线以上、属于第二批搬迁的移民，这才有了后来的“5·20”洪灾中惊心动魄的抢险救灾一幕！

（二）“5·20”，洪水！洪水！

进入5月，江华迎来了每年的雨季和汛期。而2015年的雨季和汛期更让人揪心，因为涔天河水库扩建，作为重点移民乡镇的水口、务江、花江，处在库区坝前264.17米回水线以下仍有极少部分移民群众拒不执行应急度汛方案，不愿接受临时过渡安置，面临被洪灾困扰的危险。

连日来，永州市2015年度防汛应急实战大演练在涔天河水库持续进行，应急队伍的实战能力得到进一步提高，为确保主汛期涔天河应急移民安全度汛奠定了坚实的基础。市水文、气象、水利组建的涔天河应急度汛专家组已经进驻江华。各种防汛度汛方案已基本落实到位。

4月9日，永州市委常委舒平，市政府副秘书长、市协调办主任黎世民带领市移民局和江华相关部门领导深入务江乡漕滩村、花江乡黄石村、水口镇文亮村、水口中学、各应急避险指挥点、涔天河坝区填筑现场等库区一线检查指导防汛工作，实地查看移民应急搬迁度汛和大坝填筑进展情况，要求进一步强化防汛保安意识和防汛抢险责任制，盯死看牢防汛薄弱环节，确保主汛安全度汛。

5 月 11 日，永州市委副书记、市长向曙光，市委常委舒平深入江华检查防洪度汛工作。在库区，向曙光详细了解水库扩建工程进展、近期降水情况和防汛工作准备情况。他登上水库旧坝，察看库区水情和导流洞排水情况。他一再嘱咐江华县和库区负责人，当前，涔天河库区已经进入主汛期，要立足防大汛、抗大灾、早准备、早落实，确保人民生命财产安全。要密切关注天气变化，细化防汛预案，落实责任，严密纪律，切实做好应急移民安全度汛工作，确保万无一失。

根据气象部门和省市县防汛指挥部的汛情通报，5 月 18 日 20 时，江华县委书记罗建华、县长龙飞凤紧急召开防汛会商会，要求按照Ⅲ级应急响应开展工作。

19 日凌晨，县防汛指挥部将防汛信息第一时间传送到所有县级领导、县防指成员单位责任人、各乡镇领导及责任人、县乡村移民包户队员、水库管护员、电站责任人、地质灾害隐患点监测人、船主和涔天河库区未签订移民应急搬迁协议的户主、库区在建项目责任人等各级各类责任人员。全县各级各部门紧急行动，挂点领导、各移民工作队按照县防指和县扩建办的要求，迅速进入各自负责的移民乡镇、村组，按照应急抢险方案，严防死守。

19 日 10 时，根据当时的雨情、水情，县防指组织召开防汛会商会，重点调度小型水库的水位和蓄水量、山洪地质灾害易发区的监测、采矿区的尾砂坝和水电站等易发生险情部位等情况。

5 月 19 日至 20 日，江华境内普降大到暴雨，部分地区特大暴雨。平均降雨量 117 毫米，水口上游平均 157 毫米。涔天河水库最高水位 260.8 米，超过老坝坝顶 4.8 米，大坝新坝挡水，老坝漫坝。道路山体塌方、电力通讯中断、农田水利损毁、房屋店铺被淹……水口、花江、务江长时间浸泡，水口镇因山体滑坡致 2 人被压死亡，1 人获救。加之，库区坝前 264.17 米回水线以下极少部分移民群众拒不执行应急度汛方案，不愿接受临时过渡安置。据初步统计，全县受灾人口 67280 人，全县直接经济损失 2.73 亿元。

危难关头、关键时刻，在江华县委的坚强指挥下，全县基层党组织和广大党员干部把防汛、抢险和救灾作为创先争优的生动实践和重要战场，共紧急转移安置人口 5448 人，无人员因洪灾直接伤亡，为夺取抗洪救灾战斗胜利提供了坚强保证。

5 月 19 日 23 时开始至 20 日中午，暴雨倾盆而下，冯河、西河等大小河流洪水暴涨，瑶都大地成为一片泽国……灾害发生后，江华干群齐心协力抗击洪灾，全县 2000 多名党员干部深入到抗洪前线。县直单位和部门都组织了本单位抗洪抢险救援队伍，配合各乡镇干部共同救灾。民政局为及时、准确掌握灾情，由局领导带队深入一线，了解核查灾情，严格落实 24 小时救灾值班制度和信息报送制度，落实专人负责灾情统计、核查和评估工作，确保灾情快报续报及时、快捷、准确。与此同时，该局还切实保障好受灾群众的基本生活，及时启动防汛救灾应急预案，将群众生命安全放在首位，对库区受困群众，坚决、及时配合做好转移安置相关工作，确保受灾群众有饭吃、有衣穿、有临时住所、有干净水喝、有伤有病能及时得到救治。截至 22 日止，该局已向受灾较严重的花江、务江发放帐篷、矿泉水、方便面、棉被等 4 车救灾物资，对涔天河库区紧急转移安置人口和被困人口按每人 1.8 升饮用水和 15 公斤大米进行救助。

灾情发生后，县卫生局及时召开防汛卫生应急工作紧急会，印发《江华瑶族自治县卫生局 2015 年防汛应急预案》等文件，对灾后防病工作进行安排布置；下发了喷雾器、84 消毒液等消杀器械和药品到各乡镇卫生院；组织各乡镇卫生院的防疫人员及时做好灾后消毒工作，对洪水淹过的地方进行彻底清淤消毒，做到洪水退到哪里，消杀灭工作开展到哪里，铲除病源滋生场所，有效控制灾后传染病疫情发生。截至 22 日止，该局共消毒清理水淹区房屋 262940 ㎡，使用 84 消毒液 612 瓶，消毒水井 100 口，使用漂白精片 15 瓶，各受灾乡镇未发生洪灾后引起的肠道传染病流行。

“5・20”洪灾致使全县通乡公路多处出现塌方，陆路交通受到严重阻塞。面对严峻的险情，县交通运输局地方海事部门立即行动，第一时间赶赴库区的务江渡口，为畅通水上交通，坚持24小时值班不离人。20日上午，县交通运输局海事部门工作人员驾驶海事巡逻艇将县主要领导送往花江乡视察灾情，为保障塌方道路尽快恢复通畅，还承担起运输道路交通抢险人员前往受灾地区以及进行水面搜救等任务。21日，工作人员又配合县有关部门为受灾地区的群众运送大米、食用油、饮用水、蔬菜等紧缺的生活物资。因为洪水的肆虐，库区公路水毁十分严重，冲毁路基2428立方米，水毁路面48500米，冲毁挡土墙1421立方米，冲毁水沟5000米，塌方12488立方米，国道干线公路及支线公路遭受重创。为迅速抢修水毁公路，交通抢险分指挥部指挥长一直靠前指挥，公路、交通部门调集铲车、吊车抢修路基。在这次特大自然灾害中，共投入机械设备200台次，至22日，全县公路基本恢复通车。

岭东遭受特大暴雨的侵袭，岭西也未能幸免。西河沿河一带的农作物几乎全部被洪水冲刷。水稻、烟田、蔬菜基地不同程度受灾。为摸清受损情况，为农业抗洪救灾提供翔实数据，县农业局干部职工放弃周末休息，连日奋战在农村抗洪前线，在确保人民生命财产安全的同时，还为灾民提出了科学救灾补损方案，力争把灾害损失减至最低。

在这次强降雨过程中，各级干部冲锋在前，深入一线指挥抗洪抢险。汛情灾情发生后，县委书记罗建华，县委副书记、县长龙飞凤高度重视，要求全县各级干部率先垂范，把抢险救灾作为当前压倒一切的工作抓实抓好，切实保障人民群众的生命财产安全。县委、县政府主要领导和分管领导均在第一时间赶赴受灾最重的乡镇，指导抢险救灾工作。同时，组织县直相关部门成立多个工作组，深入各乡镇对防汛减灾工作进行督促指导。各乡镇主要领导严格带班值班制度，迅速投身抗洪抢险工作，及时处理雨情、水情、工情、险情和灾情，确保了防汛减灾工作有力有序有效推进。

全县充分利用各级防汛抗旱指挥部的联动机制，协调整合多方力量，积极投入抢险救灾工作。公安、消防，驻江华部队、民兵预备役等部门联合行动开展抗洪救灾。县移民局组成四个工作组深入龙虎村、漕滩村、大田村等 12 个移民村，对灾民房屋、水毁公路、农田、农作物等受灾情况进行进一步调查核查，及时统计灾情，积极向上级部门汇报争取资金支持。民政、财政等部门行动迅速，及时下拨救灾资金、发放应急生活用品，有效解决了受灾群众的生活困难。水务及防汛部门根据汛情和险情积极协调力量，有效开展抢险排险工作，分别对地质灾害隐患区、沿江沿河和低洼地带的群众实行了有序转移，避免了群死群伤事件的发生。国土部门加强地质灾害隐患点的监测，设立了警示标志。交通部门组织人力物力，积极做好国、省和乡道等各类公路的抢通保通工作。各受灾乡镇、村组、社区和广大干部群众不等不靠，自力更生，积极开展抢险救灾和生产自救。

（三）生死大营救

突如其来的特大洪灾给江华造成巨大损失，林区乡镇道路因为塌方严重全部中断。5 月 20 日下午 2 点左右，水口镇水口街附近的加油站旁突发山体滑坡导致三名过往群众被压。

当地干部群众闻讯后，自发组织起来，在事故现场展开了一场与死神搏斗的生死大营救！

现场是山体塌方留下的巨大土堆，泥土从山上崩塌而下，直冲路面，巨大的冲力将一辆大货车推到了路边。最先发现险情并及时呼救报警的居民介绍，当时三名路人，一个大人带着两个小孩正从事发地段经过，当走到大货车所在位置时，突然被从山上呼啸而下的泥土瞬间掩埋……

险情就是命令，时间就是生命！险情发生后，当地的干部群众立即行动起来展开救援，正在水口镇指导防汛救灾工作的县委书记罗建华紧急赶往现场坐镇指挥，由公安干警、预备役民兵组成的应急分队和医务人员等第一时间赶到现场。此时，雨还没停，塌方的危险随时还有可能发生。为防患于未然，保障救援行动正常开展，附近的居民纷纷将自家的门板拆下来搬到救援人员身后，为他们遮挡随时可能滑落下来的泥土、石块。由于不清楚被埋人员的具体位置，整个救援行动未动用挖机等大型机械，救援人员只有依靠铁锹、铲子和双手对现场的泥土进行紧急清理。

由于塌方面积较大，清理难度和工作量也大，附近越来越多的群众自发加入到救援行动中来，有的不顾危险钻到车底，弯着腰、弓着背从车下清理泥土，大约二十分钟左右，救援人员找到了其中一个被埋人员的位置。因为担心被埋者被二次伤害，救援人员只能小心翼翼地加快救援速度，用手一块一块地挖，一点一点地抠……时间在一分一秒地过去，大家都屏住呼吸，期待奇迹发生。救援人员毫不顾忌随时可能发生二次塌方的危险，毫不理会自己的手指指甲脱落、鲜血直流，只顾埋头清理泥土，一心想着尽快把被埋人员抢救出来。

经过一个小时左右的努力，第一个被埋人员被顺利救出，守在附近的医护人员当即对其进行了急救处理并及时送往医院作进一步抢救。就在这时，离塌方现场不到 10 米左右的地方又发生了一次山体滑坡，鸣着警报、等候在路上的一台救护车被泥土冲到了路基旁边。由于事先已将多余的群众疏散到了警戒线之外，而车上的医务人员也因躲避及时，才没有酿成更严重的事故。

随后，第二个、第三个被埋者先后被救出。因伤势严重，一人送医院后抢救无效死亡，另外一人被救出后已经失去了生命体征。

雨中，悲伤的人们强忍着泪水，看着救援人员满身的污泥、湿透了的衣衫、被泥土和石块磨得滴血的双手，他们知道，他们已经尽力了！

（四）副县长雨夜抬棺材

5 月 20 日晚，大雨没有停歇，洪水一直在暴涨！

刚从县里开完防汛救灾会的江华县委常委、副县长龙国庆心里沉甸甸的：花江乡的灾情大不大？该转移的转移没有？

连日研究和调度库区移民防汛救灾工作，龙国庆已连续三个晚上没有好好休息了。想到灾区的干部群众，他在心里对自己说，不行，要去看看！他叫上司机，立马连夜赶赴他联系的花江乡。

因为暴雨山洪，通往花江乡的公路已经关闭。他叫司机从 207 国道绕行，再经326省道从宝昌洞进入花江乡。

一路辗转，到达花江乡时，已是晚上10点钟。

在乡政府留守人员的陪同下，龙国庆接连巡查了几个村，看到群众按照防汛预案都已安全转移到安全地带，一些受灾群众已得到妥善安置后，他的心才稍稍放了下来。但听说水口寨村有一户人家因办丧事未能转移时，他刚放下的心又提了起来。他不顾雨中奔走的疲劳，当即率领乡里的同志一同赶往水口寨。此时，洪水涨到离办丧事的那户人家的家门口已经不到一尺了。

为什么还不转移呢？挂点蹲守在这里的县畜牧局长伍红明心急如焚地报告说，主家坚持按瑶山习俗，晚上不抬棺材出门，必须要按白天看好的时间抬棺安葬。这怎么行呢，眼看洪水就要进屋了。龙国庆和伍红明等领导迅速分头做主家、丧事总提调和抬棺村民的思想工作。经过一番劝说，主人家和总提调的工作基本做通了，就是抬棺材的村民有的不大同意，他们认为晚上抬棺材不吉利，怕给自己带来晦气。

没有时间再等了！龙国庆一挥手，与伍红明局长和随行的移民工作队员自己动手抬棺材。他们扎的扎绳子，拿的拿抬杆，很快就将棺材扎了个严实。“一、二、三，起！”龙国庆大喊一声，棺材缓缓地移出了大门。

门外，雨还在下着，通往墓地的是一条弯曲、陡峻的山路。因为下雨，坡陡路滑，再加上又是黑夜，大家只能借着微弱的手电筒光亮一步一步抬着棺材往山上移动。大约两个小时后，棺材终于安全地转到了后山的一块平地上。

而此时，大家浑身上下湿透了，不知道是雨水不是汗水。再往山下一看，办丧事的那户人家已是汪洋一片……

（五）洪水中的“救命粮”

“5·20”洪灾过后，江华财政局移民工作队按照县委、县政府的安排，深入联系移民村黄石村开展救灾工作，要求各组将救灾物资尽快送到灾民手中。局党组书记、局长吴淑华考虑到男队员在抢险一线已连续战斗三昼夜，决定让他们撤下来稍事休息，改派女队员前往运送救灾物资。

23日上午9时，局党组成员、副局长陈桂芳和移民队员、花江乡财政所副所长李蔚林带着救灾物资来到花江乡码头，因洪水未退，道路中断，交通受阻，她们无法将物资送达对岸的长冲，只有向花江乡政府求助。乡党委书记韦代喜安排她们搭乘一艘正好在花江救灾的渔政船前往。正在这里指导救灾的县委常委、副县长龙国庆见她们两个都是女同志，又不识水性，怕她们出危险，就说由他带两名男同志去。陈桂芳说："长冲一组是财政局的移民联系点，你们去情况不熟悉，还是我们去吧！"龙国庆副县长见她们态度坚决，反复嘱咐她们注意安全，最后同意了。

到达长冲一组后，河边的淤泥没过膝盖，船无法靠岸，人也无法上岸。她们把救灾物资传送到岸边停靠的一只小船上，然后把一袋袋米、一桶桶油逐一背到岸上。

灾民赵新华夫妇看到她们送来的米和油，感动得热泪盈眶。他动情地说："米缸里已经是一颗粮食都没有了，已经彻底断炊了，你们真是雪中送炭啊！"灾民赵华英也说："关键时候，还是政府想着我们！"送完救灾物资，已是中午12点。

在这次洪灾中，县财政局移民工作队表现同样很出色。黄石村花江组龙永书是后靠移民，居住在花江街上，一家6口人，其中一个还是1岁多的毛娃娃，眼看洪水淹到了家门口，厨房屋顶被隔壁倒塌的房屋压垮，一时很是着急。副局长周大江带领一支移民工作队正好路过，见此情况，安排队员帮他把电冰箱、电视、桌椅板凳等全部搬到地势较高的空屋内。家电家具没事了，可关在楼下猪圈里的大肥猪没有及时抢运出来，周大江二话没说，一挥手："抬猪去！"留在这里的两个移民队员拿起绳索，蹚进齐腰深的洪水中，跟龙永书父子两人一起，抓猪、拖猪、捆猪，200多斤的肥猪硬是被他们从洪水中抬了出来。

住在黄石村吊桥边上的李长华夫妻俩已是70高龄了，说什么都不愿意搬离。20日下午4时，移民队员在帮他们把家具全部搬走后，眼看洪水就要进屋了，局长吴淑华、纪检组长蒋志诚果断下令，把两个老人强行背离。晚上8时，看着自家房屋轰然倒塌，老泪纵横的李长华一把抱住守候在身边的移民队员：“谢谢，是你们救了我老两口的命啊！”

（六）“漕滩事件”简述

2015年“5·20”洪灾，是对涔天河水库扩建工程移民工作的一次严格检验，在洪灾面前，永州市委、市政府和江华县委、县政府以对水库建设和库区移民高度负责的态度，未雨绸缪，超前谋划，通过临时过渡安置和应急搬迁度汛，成功化解了洪灾对库区移民的威胁，把灾害损失降到最低。在抗洪抢险过程中，市委、市政府主要领导，挂点江华的市领导对江华库区的抗洪抢险都给予了热切关注，并深入一线指导抢险救灾。县委书记罗建华、县长龙飞凤带领“四大家”班子成员心系移民群众安危，始终坚守在移民群众中间，与移民同甘苦、共患难；全县各级各部门和全体移民队员，服从县委、县政府的统一指挥，坚守抗洪抢险最前线，以铁的纪律和过硬的作风，最终取得了抗洪抢险的决定性胜利！

在这次洪灾中，也曾出现过不和谐的声音。5月21日，在大灾来临、洪水未退，全县人民正全力投入抢险救灾的关键时刻，务江乡漕滩村少数群众受人挑唆，把多年因对移民政策不满意、个人意愿未得到满足的积怨借机发泄。在道路被淹、通信中断、冲锋舟无法靠岸的情况下，县委主要领导专程赶来慰问受灾群众，指导救灾，但却遭到该村部分群众的公然围攻，以种种非正常手段借机发难、威胁，甚至把民政局的救灾车掀翻，对阻止他们过激行为的县领导、移民工作队员大打出手，发泄他们的怨愤和不满，企图迫使县委、县政府动摇和改变好不容易得以确定的移民安置政策。面对这种情况，县委书记罗建华以超人的胆略，站在全县稳定和维护移民工作良好环境的大局出发，严正地震慑和理智地控制住了一度混乱的局面。他义正词严地指出，现在确定的移民安置方案是在充分尊重移民群众意愿的基础上所争取到的最好政策，谁也无法随意更改，更无权破坏！他坚定、毫不妥协的态度，让借机起哄闹事的一小撮心存私欲、别有用心的人机关算尽、图谋落空。随后的事态发展也依法依规得到妥善处置，并一举扭转了漕滩村移民工作被动的局面，把“坏事”变成了好事。

江华的灾情，特别是库区移民的灾后安置，得到了永州市委、市政府的高度重视。5月25日，市委常委、政法委书记唐湘林，市委常委舒平，率领市民政、交通、国土、水利、移民局等市直单位负责人，深入江华务江乡漕滩、龙虎等地查看灾情，听取江华“5·20”特大洪灾抗灾救灾、库区维稳工作汇报。

唐湘林代表市委、市政府对受灾移民和参加抢险救灾的干部群众表示慰问，要求各级各部门坚持“为民、依法、务实、有效”八字方针，明确工作重点，带着感情深入基层核实灾情，落实救灾预案，做到灾情不除，队伍不退；要多方争取支援，拓宽资金来源渠道，为特大洪灾灾后恢复重建工作提供保障；各相关部门要全力维护社会大局稳定，维护重点工程建设，确保群众生产生活安全稳定。

舒平目睹了江华广大干部群众在洪灾面前所表现出来的果敢和勇气，肯定县委、县政府反应快速，抢险及时，处置有力。他要求江华县委、县政府要进一步全力维护社会稳定，对阻挠库区移民工作的不稳定因素要尽快排查并及时处理；市县相关单位要进一步强化责任，做好指导、服务和协调工作，将重建任务层层分解，落实责任。相关部门要尽快恢复供电、供水、通讯，满足受灾群众最期盼、最基本的需求。同时对山区地质灾害进行摸底排查，并做好应对措施；密切关注新一轮强降雨天气，做好预案，对于那些仍留在可能出现险情区域的群众，能转移的要坚决转移，以100%的努力，确保人民生命财产安全！

洪灾考验着江华的干部，江华的干部向党和人民交上了一份满意的答卷！

第六章　大坝崛起：水利大军会战瑶山

涔天河水库扩建工程是以灌溉、防洪、下游补水、发电为主，兼顾航运等综合利用的大型水利枢纽工程。扩建工程总投资约 130 亿元，其中：枢纽工程投资 51.15 亿元，设计工期 46 个月；灌区工程投资 29.62 亿元，设计工期 42 个月；土地开垦计划 25.8 万亩，投资约 50 亿元。

水库扩建枢纽工程是整个工程的基础和关键，组织工程实施的项目业主是湖南涔天河工程建设投资有限责任公司，承担工程规划设计的是湖南省水利水电勘测设计研究总院，参与施工建设的主要有中国水利水电十一工程局有限公司、中国水利水电八工程局有限公司、湖南水总水电建设集团总公司、湖南华宇水利水电建设公司等建设团队。他们通过招投标，承揽了工程建设有关项目。他们用一流的管理、一流的设备、一流的技术，以吃苦、奉献、顽强、拼搏的精神和作风，鏖战在千里瑶山，在潇水河上游谱写了一曲新时代水利人的豪迈壮歌！

1、湖南省水规总院：为打造精品工程提供技术保障

2014 年 12 月 9 日，涔天河水库扩建工程截流阶段正式通过水利部长江水利委员会和省水利厅的联合验收，并于 12 月 12 日开始大坝下河填筑项目施工。这标志着涔天河水库扩建工程进入主体工程建设阶段。工程取得突破性进展的背后，是无数建设者的辛勤付出，也包括湖南省水利水电勘测设计研究总院（以下简称“省水电院”）多年的心血。

2011 年 9 月，永州市政府分别与澧水公司、省水电院签订技术合作协议，涔天河水库扩建工程在为期 5 年的工期内，省水利设计院将组

建专家团队为项目全程提供技术支持；国有大型企业澧水公司承担枢纽工程建设管理的主要任务。

省水电院为涔天河水库扩建工程提供技术服务，并成立涔天河水库扩建工程设代处。省水电院从院长、党委书记到副院长、总工程师及广大工程设计人员，站在讲政治的高度，不辱使命；站在不负三湘父老乡亲厚望的高度，精益求精，努力把涔天河水库扩建工程打造成一个精品工程、样板工程。

从 1958 年拟定的《潇水流域规划报告》到 2010 年国家发改委最终批复的《涔天河水库扩建工程项目建议书》，省水电院一直坚持了四十多年。其工程地质条件之复杂、技术难度之大、勘察设计和技术论证工作之艰辛曲折，倾注了省水电院几代设计人的心血。

2009 年，省委、省政府将涔天河水库扩建工程列为“十二五”期间全省水利建设“一号工程”后，省水电院在前期工作经费不足的情况下，投入大量人力、物力和财力，完成了地形地质测绘 300 多平方公里、地质钻孔近 1000 个、岩土实验等近 1000 组地质勘探实验工作，完成了 100 多万亩灌区现状调查和库区近 3 万移民调查工作。通过反复研究、科学论证，省水电院按时编制完成了涔天河水库扩建工程项目建议书、可行性研究、初步设计等各阶段的设计报告，并顺利通过了审查，为工程上马在技术上提供了决策参考。

2010 年 8 月，涔天河水库扩建工程获国家发改委批复立项；

2012 年 6 月，获国家发改委批复可行性研究；

2013 年 9 月，获水利部批复初步设计，并于 2012 年 8 月导流洞工程开工建设。

根据省委、省政府指示和省水利厅要求，省水电院严把工程设计技术质量关，在做好工程设计的同时，高度重视现场施工的配合工作。项目设代处多次召开专题会议，并单独就该项目建立“一周一调度”、每周在院长办公会上通报情况、及时协调和决策的工作机制，院长、党委书记、分管副院长、总工程师参加有关工程建设重要会议，加强了对设计工作的组织协调和领导，确保规划设计工作高效有序运行。同时选派精兵强将，在项目技术力量方面加强保障，成立了由省水电院总工程师郑洪牵头、副总工程师兼设计总负责人杨志明为主要负责人，多个专业技术骨干参与的技术攻关小组，对大坝防渗面板抗裂、泄洪洞进出口高边坡处理、坝前雾江滑坡体处理、泄洪洞掺气消能、深孔弧门止水等重大技术难题进行攻关。通过实物模型和数字模型反复分析研究，提出了安全、经济的处理方案，为确保设计质量提供了技术支撑。

为配合工程建设，省水电院抽调各专业精干力量，组成近 50 人的涔天河水库扩建工程设代处，保证了不因设计原因影响项目建设。同时，省水电院各种勘测设备、办公设施和交通工具的调配，均优先满足涔天河项目需要。

在工程设计方面，省水电院设计团队的专家们总是不厌其烦地拿出多个方案，通过多方案比选，补充试验分析，反复研究、慎重决策，不断优化设计方案。在工程建设过程中，根据施工实际，对部分单项工程进行了方案优化调整，节约了投资，同时方便了施工，加快了工程进度。

左岸临时交通洞，是涔天河水库扩建工程重要的辅助工程项目，省水电院规划设计的“零开挖”进洞处理技术，在我省水利工程首次应用，起到节约资金、缩短工期、保护环境的作用。

涔天河水库扩建工程是在原水库建设的基础上进行的，按照规划设计，坝址右岸依次布置有发电引水洞、泄洪洞、放空洞、溢洪洞以及灌溉洞等。发电引水洞进口位于老坝右坝肩右侧约 40 m 处，泄洪洞位于发电洞右侧，二者进口相距约 60 m；放空洞位于泄洪洞右侧约 35 m 处，轴线与泄洪洞基本平行；溢洪洞位于放空洞右侧约 45 m，轴线与放空洞基本平行；灌溉洞位于溢洪洞右侧约 90 m 处。如何在有限的区域内安排多个项目施工，这是一个难题。设计组的专家们对导流洞布置初拟了三种布置方案：一是单独布置于左岸；二是单独布置于右岸；三是布置于右岸，与溢洪洞部分结合。

扩建工程坝址处为 S 河段，左岸为凹岸，如果左岸布置导流洞，洞长约 660 m，导流洞造价约 5500 万元，厂坝需单独做下游围堰，且发电厂房围堰布置较为困难；如果右岸单独布置导流洞，洞线长约 1200 m，造价约 9000 万元；假设导流洞与泄洪洞或者发电引水洞结合，岩层厚度较小，约 1 倍洞径，平面上又较难错开，施工不安全。为满足枢纽布置需要，导流洞布置于溢洪洞右侧，与溢洪洞部分结合，结合段长 520 m，非结合段长 202 m，造价约 2100 万元。经技术经济比较，省水电院推荐导流洞与溢洪洞部分结合的方案。这样，既节约了投资，又方便了施工，可以更好地加快工程进度。

为加强对设计团队的领导，鼓励设计研究人员扎根一线建功立业，省水电院成立项目设代处党支部，院领导多次来到施工工地，慰问现场设代人员，激励设计人员必须本着向党和人民负责、向历史负责的科学态度，集中全部精力搞好各项设计工作。无论是在设计优化、技术创新，还是现场施工配合、协调等方面，省水电院设计人员都从有利于工程建设、节约投资、建成优质工程出发，当好业主参谋，充分发挥了“设计是龙头”的引领作用。

2、中水十一局："水利铁军"扬威瑶山

涔天河水库扩建工程是在原水库建设的基础上进行的，按照规划设计，坝址右岸依次布置有导流洞、发电引水洞、泄洪洞、放空洞、溢洪洞以及灌溉洞等。

承接洞穴工程和发电厂房建设的是有“新中国水电建设的摇篮”美誉的中国水利水电第十一工程局有限公司！

中国水利水电第十一工程局有限公司（以下简称“中水十一局”）成立于 1955 年，前身为黄河三门峡工程局，是新中国成立后经国务院批准组建的第一支机械化水电施工队伍。公司现为中国电力建设股份有限公司全资子公司，具有国家水利水电工程施工总承包特级、水利行业设计甲级、房屋建筑和市政公用工程施工总承包一级等资质和进出口贸易资格，是集建设施工、勘测设计、投融资和物流商贸服务为一体的国有大型综合建筑施工企业。

60年来，公司施工足迹遍布全国各地以及亚洲、非洲和美洲等多个国家和地区，完成了一大批在国内外具有重大影响力的工程建设项目。先后承建和参建了黄河三门峡、洛河故县、黄河小浪底、长江三峡、黄河拉西瓦、上海太浦河、淮安立交地涵、雅砻江锦屏和官地、南水北调、京沪高铁等100多个国家重点大型水利水电、市政、工民建和路桥工程。作为参与国际业务较早、国际化程度较高的施工企业之一，公司大力实施建设质量效益型国际强局战略，国际工程先后进入到尼泊尔、阿曼、博茨瓦纳、安哥拉、莫桑比克、赞比亚、洪都拉斯、委内瑞拉等27个国家和地区，施工涉及水利水电、基础设施、燃气电厂、农业开发和商贸等领域。

涔天河水库扩建工程是中水十一局进入湖南市场的第一个水利项目，自2012年7月份中标之后，中水十一局五分局跑步进场，迅速组建项目部，由项目常务副经理王展望亲自带队，承担了该工程导流洞与2#泄洪洞组合标段的施工任务。人员、设备、物资提前进点，进行必要的施工准备。2012年8月5日开工，不到半年时间，这支队伍即被业主推荐为湖南省重点项目2012年度先进施工单位，受到了业主、监理、设计单位的好评。

导流洞是涔天河水库扩建工程的控制性工程之一，它的建成引水改道，对涔天河水库新坝建成有着决定性作用。导流洞与2#泄洪洞部分结合，布置于同一个纵剖面上，洞身全长845 m，坡比2%。洞身按照12 m分段，共71段，每段分2—3仓进行施工，共约200仓。中水十一局五分局涔天河项目部技术科副科长周沛介绍说，这个洞子是15.5米 ×14.4米，在水电行业里属于特大断面。为了加快导流洞施工进度，布置1条施工支洞，施工支洞至引水洞段全长98米，该施工支洞岩石破碎，施工难度大，项目部技术人员和施工工人一起想办法，多方论证、实地试验，最终确定采取“短进尺，强支护，弱爆破”等技术措施来稳步推进施工。在施工过程中，项目部严格按照“三检制”对每个仓号进行检测，严把质量关，保证导流洞工程做成优良工程。

2012年11月29日晚19时40分，导流洞施工支洞至引水洞段顺利贯通。

2013年3月19日，导流洞HZS120Q强制式拌和站，顺利通过业主、监理、承建单位3家联合单位验收组验收，标志着该拌和站已具备生产混凝土条件，开始正式运行，为下一步涔天河扩建工程导流洞混凝土衬砌夯实了基础。

针对导流洞上层地质复杂多变，岩石较差、施工难度大的实际，中水十一局的领导密切关注，想方设法帮助解决工程施工过程中遇到的难题，多次委派领导及工程技术专家工作组到项目施工现场会诊、指导工作。永州市委、市政府的领导也邀请省水电院的专家深入到涔天河水库扩建工程进行现场办公，给中国水电十一局涔天河项目建设者们以巨大鼓舞和支持。经过技术攻关，他们采用“先中部垂直钻孔拉槽、两侧保护层交替扩挖跟进”的措施，施工节奏环环相扣，并行展开2个作业面，同时出渣，24小时不停机作业，加快了施工进度。

2013年4月20日14时50分，随着最后一声炮响，导流洞（2#泄洪洞）下半洞上层开挖0十664.5至0十140段顺利完成节点目标。

2013年6月28日上午9点28分，导流洞（2#泄洪洞）第一仓边顶拱混凝土衬砌顺利开盘浇筑。

2013年10月1日上午8点58分，导流洞出口3#滑坡体抗滑桩第一仓混凝土浇筑顺利开盘。为确保安全，在桩体外侧设置防护棚，洞口周边设置了防护栏杆，悬挂了安全网，洞内上下设置爬梯，进孔之前进行通风，施工现场设置警示标志，保证施工过程安全。

导流洞出口明渠开挖与混凝土浇筑工期紧、任务重，出口围堰是保证开挖与浇筑干态施工的前提，更是导流洞施工中的重中之重。2013年10月13日，中水十一局提前开始了出口围堰施工。10月26日导流洞出口围堰基本完成，满足了节点工期要求。10月30日晚上，围堰投入运行，围堰内挑流鼻坎基础开挖全面展开。

2013年11月29日，导流洞全线贯通，洞内只剩下100多米没有进行底板浇筑及混凝土边墙衬砌，加上进口出口明洞的各个作业面锚索、灌浆、明挖、洞挖、浇筑任务量十分艰巨。工程建设者叫响“全员齐上阵，大干保通水”的口号，表示“导流洞不通水，不回家团圆”！

2014年1月20日17时，导流洞进水塔垫层第一仓混凝土顺利开盘浇筑。

徐申飞，1981年12月出生在蔡伦故里耒阳市。2001年从长江水利水电学校毕业，成为水电十一局淮安施工局技术员。后接连参加8个水利水电工程建设，突破一个又一个技术难关，成为技术骨干。

2013年10月起，他担任水电十一局五分局副总工程师兼涔天河厂房洞群工程项目总工程师。先后2次获评公司优秀项目总工、涔天河水库扩建工程“一枯”及“二枯”建设优秀项目经理等。

2015年，1号泄洪洞出口“龙落尾”段出现地质缺陷，一个洞口分7层由上往下挖，挖进去都是水，导致洞里变形，只好停工。工程眼看就要延期，怎么办？徐申飞多次冒着危险，深入现场勘测，发现地质太差。他与大家没日没夜地开会讨论，并向十一局的专家请教。

“那段时间，由于缺乏睡眠，精神高度紧张，徐工的眼睛整天都是红肿的。”大家看在眼里，急在心上，深深为徐总的安全和健康担心。

徐申飞综合各方面意见，决定在洞边增加铆钉及固结灌浆。在长达两个月的施工期，徐申飞每天到现场观察，不断调整方案。他还通过改进一次成孔、分段爆破技术，进行全断面爆破开挖，节省了工期。

工程按时完工，而徐申飞却瘦了近10公斤！

涔天河工地雨水多，施工排水成了大事。以前，使用离心泵抽水，还要加一个真空泵。一次，徐申飞下工地时，偶尔听到综合队的武国庆、周洪斌说，用一个简易水箱也许可以解决这一难题。说者无心，听者有意，他与武国庆、周洪斌一道，经过多次试验，对水箱进行改进，成功研制出离心泵一键启动装置，简化了施工步骤，降低了成本，减轻了工作强度。该成果被徐申飞所在单位评为群众性发明三等奖。

3年多来，徐申飞与妻子都在外地工作，只好把年幼的孩子托付给父母照顾。“一年难得回去两次，回到家，孩子都认不得我了。”徐申飞说，“能参加省水利‘一号工程’建设，我感到自豪！”

2016年12月30日，涔天河水库扩建工程下闸蓄水。水库大坝前，众人欢呼，不少人流下了激动的泪水。人群里，徐申飞动情地给远方的父母、妻子报喜："我们成功了！"

1000多个日夜，三个春秋的寒来暑往，正是无数个像徐申飞这样舍身忘我的涔天河工程建设者，用他们的辛劳和智慧，为这一跨世纪工程写下了可歌可泣的精彩篇章！

3、湖南水总："筑坝雄师"铸丰碑

2015年11月28日，涔天河水库扩建工程大坝胜利填筑至EL320.3 m高程，填筑量300万立方米，提前153天完成坝体填筑任务！

承担这一工程的，是享誉省内外的湖南水总水电建设集团总公司（以下简称"湖南水总"）！

湖南水总于2010年底由原湖南省水利水电工程总公司改制而成，为水利水电工程总承包一级企业，并获得公路工程、市政公用工程总承包二级及桥梁工程、公路路基工程专业承包二级及房屋建筑二级等资质。通过了ISO9001：2008质量体系认证，并取得了环境评价、职业健康体系认证。公司现有在职员工1000余人，其中高、中级专业技术人员300多人。

这是一支有着光荣历史和辉煌战绩的"水电湘军"！在过去60年来水利水电建设中，公司在省内外承建了一大批大中型水利水电枢纽工程和大型灌区、泵站、涵闸、堤防等水利工程，以及公路、桥梁、隧道、水厂、厂房、码头、港口等工程项目的建设。在国外还援建了尼泊尔逊科西变电站、斯里兰卡金河治理、马尔代夫供排水、苏丹北方灌渠等工程建设，均获得良好的声誉。公司在混凝土工程、控制爆破、预应力锚固、液压真空滑升、复杂地基处理等方面，积累了丰富的施工经验。有40多项各类工程被评为国家、省、市优良工程，其中欧阳海大坝获国家银质奖，双牌大坝预应力锚固获省水电系统科技进步一等奖。公司曾被评为全国500家最大建筑业企业和湖南省百强施工企业，荣列国家"堤坝、电站、码头建筑业最大经营规模百强"。

2013 年 10 月 12 日，公司通过招标签订涔天河水库扩建工程大坝施工合同；11 月 18 日正式开工；2014 年 10 月 15 日枢纽工程实现下闸截流；12 月开始大坝主堆石体填筑施工；2015 年 4 月 27 日填筑到 EL277 m 高程，提前 3 天完成第一个枯水期大坝填筑任务，胜利实现主体工程建设的百年一遇度汛目标；11 月 28 日，涔天河水库扩建工程大坝填筑至 320.3 m 高程，填筑量 300 万立方米，提前 153 天完成坝体填筑任务。

涔天河水库扩建工程是湖南省“十二五”和“十三五”期间投资最大的单体水利工程，也是国务院确立的 172 项重大节水供水工程之一。能够参加这样大型的枢纽工程建设，湖南水总人倍感荣幸，也深感责任重大。扩建后的水库大坝为面板堆石坝，最大坝高 114 m，坝长 328 m，正常蓄水位为 313 m，总库容 15.1 亿 m^3。工程所在地江华属湖南四大暴雨中心区，四月正值主汛期。根据洪水计算，4 月中旬 20 年一遇洪水坝前水位达到 264.17 m；4 月底百年一遇洪水坝前水位达到 277 m。因此，抢在 2015 年 4 月 30 日前将面板堆石坝断面填筑到 277m 高程具备拦蓄洪水的条件，同年 11 月大坝填筑至 EL320.3 m 高程，2016 年 4 月一期砼面板浇筑至 285 高程，这一个个目标节点，都是保证安全度汛的关键，也是省委、省政府为确保几百万人民群众生命财产安全而确定的防洪度汛目标任务。

圆满完成“一枯”和“二枯”各施工节点目标，丝毫不能动摇！

由于施工任务异常艰巨，加之截流、征地时间延缓，工期滞后，尤其溪江石料场开工时间推迟达 217 天，导致大坝填筑时间非常紧迫。300 多万立方的巨大填筑量，使业主、设计、监理等都很担心，甚至一些人私下认为这是一个无法完成的目标。然而，湖南水总人凭着“积极、创新、团结、拼搏”的企业精神，发扬攻坚克难、敢打硬仗的传统，克服工期紧、施工强度高、地形地质条件复杂、征地阻工等困难，硬是向省、市、县政府和全省人民交出了一份满意的答卷。

为加强项目班子领导，公司由副总经理吴建平亲任项目经理，驻守工地组织指挥。董事长李继伟和副总经理谢朝安也多次亲临工地调研和督察，现场协调解决难题，使工程建设有了坚强的组织保证。为确保执行力和工程质量，公司承担涔天河大坝建设的所有项目没有劳务分包，减少了中间环节，使公司项目部能对工程进行有效管理，使业主的指令能够直接下达，及时落实。

为确保项目建设顺利推进，公司组织精兵强将，实施尖兵作战。参与涔天河大坝建设的队伍是当年参加了洮水水库大坝（也是面板堆石坝）建设的施工团队，是一支有经验、有战斗力的钢铁劲旅。项目负责人范宇峰曾多次参加急、难、险工程项目的建设，在他眼里似乎没有什么战胜不了的困难，每次都能按业主要求将工期抢上去，是一员不可或缺的虎将。熊希龙原是公司副总经理，一直在机关工作。涔天河大坝项目上马后，他驻守工地一线，以大坝为家，顶烈日，冒酷暑，风里来雨里去，原本白皙红润的他差不多成了“非洲人”。

围绕 2015 年 4 月 30 日大坝临时断面填筑高程达到 277 m 的总体目标，项目部召开全体员工大会进行广泛的动员，并倒排工期，将目标任务逐项层层分解，责任到班组和个人。为了赶工，项目部实行 24 小时不间断作业，夜以继日，迎风雨，顶酷暑，加班加点施工。三年来，连大年三十和正月初一都坚持上班，整个工地始终处于机声隆隆的繁忙施工状态中。从 2014 年 11 月 8 日大坝开始填筑至 2015 年 4 月 27 日达到 277 m 高程，仅五个多月时间，共填筑土石方 156 万 m^3，日最高填筑强度达 16200 m^3。据了解，这在国内大型水利水电工程建设中都是很高的记录。

“工欲善其事，必先利其器。”大坝填筑量的巨大，满足土石方开挖运和坝体碾压的机械设备是关键。为此，公司项目部不惜血本，花费 4000 多万元添置设备，有的一台设备就达 280 多万。高强度的赶工措施，必然带来高消耗。采访中，我们在一处存放废弃轮胎的地方，看见破损的汽车轮胎堆成了小山。据仓库保管员介绍，从大坝填筑开始，每天更换轮胎 30 只以上，这里只是损坏的一小部分。负责人说，为了不耽搁时间，一些零配件及材料都是空运到桂林机场，然后派车连夜运回。为了完成工程目标，项目部不计得失，付出的代价也是巨大的。

科技创新，是湖南水总铸造水利精品工程的不二法门。在涔天河大坝建造过程中，公司采用智能压实控制系统新技术填筑大坝，使工程质量和进度得到大力提升。在施工现场，只见每台碾压设备上都装有一个显示屏，实行GPS电脑控制，数据可以随时传送到后方管理中心，这种新技术对大坝填筑碾压轨迹、碾压遍数、压实度CMV值等进行自动记录，对施工过程质量进行有效控制。在边坡开挖中，根据现场环境，不断调整爆破参数，做到一次爆破、分层开挖、分层支护。虽然是交叉作业，高边坡施工，由于措施得力，没有发生任何事故，确保了安全生产。在大坝防渗面板施工时采用边墙挤压机，与传统施工方法相比，减少装模，不需养护，提高了大坝施工进度，且提高了施工的安全性又保证了垫层料的施工质量，同时使坡面更为整洁美观。

2015年4月27日，大坝填筑到EL277 m高程，提前三天完成第一个枯水期大坝填筑任务，胜利实现主体工程建设的百年一遇度汛目标。

在第二个枯水期施工阶段，为尽量延长大坝堆石体的沉降稳定期，及早贯通大坝左右岸交通，方便右岸洞群进口大型闸门设备运输安装，涔天河公司将大坝填筑至EL320 m节点目标工期由2016年4月30日调整为2015年11月30日。湖南水总积极应对工期提前的严峻形势，迎难而上，围绕这一节点目标发扬顽强拼搏、连续作战的精神，克服设备维护工作量大等困难，通过优化施工组织、严格科学调度，始终保持较高水平的施工强度。期间，工程经受住了2015年“5·20”洪水以及11月湘江流域50年来以来最大冬汛的考验，工程完好无损，移民安全度汛，没有发生任何质量与安全事故，工程进度未受影响。

2015年11月28日，大坝成功填筑至EL320 m高程，比国家批复工期提前153天完成大坝堆石体填筑任务。

2016年2月26日，春节刚过，当天，在大坝施工现场，近400名湖南水总建设者又拉开了一期面板首仓砼开盘浇筑施工大幕。

一期面板砼共18块，每一块要四天四夜持续施工才能完成作业，中间不能停顿，工人们每天要在坝体陡坡面上24小时不间断施工。他们身上绑着绳索，在坝坡上要工作一天，连饭也是吊着绳索在工地上吃。为确保工程任务顺利完工，工地全面掀起“坚决完成一期面板浇筑”目标的劳动竞赛活动。连续超负荷的劳动，水电工人们越战越勇，他们满脸倦容，却始终洋溢着喜悦与兴奋。他们说，能参与湖南省水利“一号工程”大坝建设，我们感到无上光荣和自豪！

孙智恒，是公司项目部的一名电工，2013 年 10 月来到涔天河。他有三个孩子，第二胎是龙凤胎，最大的孩子 12 岁，两个最小的孩子 3 岁。在浇筑面板的施工中，抽水机、卷扬机、搅拌楼、电焊机、电风镐、振动棒电机……都在全速运转，电工的劳动强度之大可想而知。一次，深夜一点多，工地突然遭遇狂风暴雨，高压变压器出现故障，突然断电。当时大坝面板正在浇筑中，这种情况下，只能自己发电。那天他是白班，忙了一天正在休息，得到工地停电的消息后，他一个翻身下床，亮着手电赶到工地，与值班的同事梁勇志一起，紧急处理停电事故。当时，卷扬机启动装置全部淋湿，照明灯全部吹倒，两人先将照明灯全部装好，然后将 8 台卷扬机用电吹风吹干，再把电焊机、电风镐、振动棒电机等设备重新接上电线，启动工地自备电源，重新恢复生产。忙完这一切后，两人接着把变压器的故障排除，对损坏的变压器进行修复，把一切都处理好后，已是次日晚上 9 点多钟。像这样的突发事故，每年都有 10 多次，抢修时间最长的一次达 36 个小时。因为电工岗位人手紧缺，离不开，孙师傅很少回家，三年时间里，他在工地上过了两个春节，父亲 70 岁生日回去过一次，连同旅途往返，只用了两天时间。妻子生第二胎的时候，他不在身边，因为早产，两个孩子在医院的温箱里放了整整三个月，花费了 30 多万。期间，孙师傅也只是回了一次。

大坝一期面板是涔天河扩建工程 2016 年安全度汛最重要的一道屏障，通过短短一个多月的施工，浇筑砼一万余立方，在主汛期到来前顺利完成了浇筑任务。为涔天河枢纽工程 2016 年 11 月大坝顺利下闸蓄水、2017 年 3 月第一台机组发电创造了条件。

如今，一座高高的面板堆石坝矗立在瑶山峡谷之中，成为千里瑶山一道壮观、迷人的风景线。专程前来一睹大坝风采的人们络绎不绝，在人们啧啧称赞的背后，却是“筑坝雄师”湖南水总人的艰辛付出。

“潇水第一坝”，是湖南水总和所有涔天河工程建设者们用心血和汗水铸造的丰碑！

4、中水八局：“开路先锋”保畅通

2013年1月7日下午5时整，涔天河水库扩建枢纽项目关键性工程左岸临时交通洞安全贯通。

承担此项目的中国水利水电第八工程局有限公司负责人介绍，该交通洞承担着涔天河水库扩建整个枢纽工程所有建设材料的运输任务，它的安全贯通为即将全面进入施工阶段的涔天河水库扩建枢纽工程奠定了基础，也标志着整个枢纽工程项目即将进入全面施工阶段。

中国水利水电第八工程局有限公司（以下简称“中水八局”）组建于1952年的，系世界五百强企业“中国电建”旗下的骨干企业，先后参建了包括三峡、溪洛渡、西电东送、南水北调等超大型水利水电工程，并奋力搏击国外市场，在全球18个国家承担了300多项工程施工任务，完成国内电力装机2500多万千瓦。公司先后获得122项国家级和部、省级科技进步奖，46项工程获得国家、省部级以上优质工程奖，拥有37项国家专利，有17项纪录入选中国企业新纪录。

负责项目的“中水八局”副总工程师熊文玉介绍说，左岸临时交通洞自2012年6月开工以来，开挖施工一度受到地质、作业环境等影响，进展迟缓，为了确保工程进度，施工人员不断优化措施方案，科学组织施工，克服施工现场狭窄、施工条件艰难等客观因素，从内部深挖潜力，攻坚克难，狠抓工序衔接、抢抓施工进度，把前期拖延的工期抢了回来，顺利完成了交通洞贯通任务，为水库扩建工程的顺利进行打下了坚实的基础。

罗新辉，湖南湘乡市人，项目副经理，2012年11月来到涔天河，一直驻守在工地。刚来的时候，工地是一片荒山野岭。他和伙伴们的工作就是从这一片荒山野岭中开出一条路来，保障工地施工运行和涔天河工程上游花江、水口、湘江、务江、码市等乡镇近 10 万人安全有序出行。

这是一项光荣而艰巨的任务！

从道路测量到办公场地选址，从场地清理到电线架设，罗新辉事无巨细都要安排。那一段时间，父亲患病住院，他只能安排妻子全权照顾。女儿从高考迎考到走进大学校门，他都一直在工地。

按照合同规定，临时交通洞必须在 2014 年 5 月 1 日通车。在工程进入紧张攻坚的时候，正遇上瑶山少见的冬汛，连续的冬雨夹着雪粒子，天气格外寒冷。罗新辉每晚三点左右，都要起床到洞里检查施工质量。在寒冷的天气里，平常人家正在温暖的被窝里安睡的时候，他和夜班工人还在冰冷潮湿的洞穴里挑灯夜战……

隆燕青，家在山东，是工地负责施工的技术员，凭自学考上一级建造师，后来又考上研究生。2013 年春来到涔天河工地，第二年妻子怀孕生孩子，一直盼着他回去。那时候，正是工地最忙的时候，他只有含泪跟妻子和岳父岳母道歉。生下儿子后，妻子跟他约定每晚通过 QQ 视频跟儿子见个面，但他因为忙，经常忘记，让妻子对他很有意见。

2013 年 10 月，正在加紧施工的左岸临时交通洞出现严重塌方，他得到消息后，冒着连续塌方的危险，赶到施工现场，指挥工人对塌方洞顶进行注浆加固。

2014 年 4 月 30 日上午 10 时 56 分，与左岸上坝公路中段相连接的左岸临时交通洞对外试运行通车。

就在这一天，家中父母打来电话，他 80 多岁的奶奶去世，要他回去。他含泪对父亲说："爸爸，现在交通洞通车运行还不稳定，需要进一步观察，实在走不开呀！爸爸，请代我在奶奶的灵前多烧几炷香，多磕几个头吧！"

文纯威是河南来的小伙子，2014 年来到涔天河，参加公司承担的左右岸灌溉洞的建设，负责现场施工。2015 年 1 月，家里给他介绍了一个对象，要他回去相亲，公司领导也给他批了假。但他看到施工现场人手如此紧张，他坚持留了下来。后来那个女孩亲自打电话来，他也因为忙没有回去。这样过了两个月，那个女孩见等不到他，也就再没跟他联系。

在涔天河工程工地，像罗新辉、隆燕青、文纯威这样，以工地为家、一心扑在工程建设上，艰辛劳动、默默付出的建设者还有很多很多，他们用坚强的脊梁撑起了这一浩大的水利工程，展示了年轻水利人敬业奉献的时代风采！

5、湖南华宇：攻坚克难治“顽疾”

雾江滑坡位于库首右岸的雾江峡谷进口段，距大坝仅 300 米，除滑坡体外，两岸山坡较陡，滑坡滑舌、后缘壁、两侧双沟同源、滑坡台阶等均发育齐全，该滑坡是一个典型的古滑坡，也是涔天河水库扩建工程必须攻克的疑难“顽疾”。

自 20 世纪 90 年代起，湖南省水电设计院就针对雾江滑坡体治理做了大量工作。湖南省水利水电勘测设计研究总院委托中南勘测设计研究院对雾江滑坡进行了稳定性计算，分别采用了 Sarma、三维弹塑性有限元法、平面弹塑性有限元法、Flac 有限元模拟等方法对本工程进行稳定性计算。这四种方法，虽然在理论上有不同计算，但计算成果基本一致：（1）雾江滑坡目前处于稳定状态，发生整体破坏的可能性不大，但是安全富余不大；（2）工程扩建后，随着水位的上升，当蓄水到 313 m 时，滑坡中下部变形以向坡内回弹为主，310—400 高程表部为崩塌，但整体基本稳定；（3）当水位骤降时，滑坡将沿中部剪切带滑动，随着降幅增大，其稳定性差，可形成整体滑动。

2012 年工程开工后，设计院同科研单位进行了滑坡治理方案优化研究工作，并重新提出三个不同的治理方案进行比选，推荐采用不削坡 + 局部压脚 + 交通隧洞替代经过滑坡体的 X081 公路。

2015 年 7 月 14 日，涔天河雾江滑坡体治理优化方案咨询会在江华召开。湖南省水利水电勘测设计研究总院副院长刘志明带领专家组参加会议，治理方案优化课题单位中国水科院、武汉大学和三峡大学科研人员参加会议。会前，专家组前往涔天河扩建工程现场进行了察看。与会专家对设计提出的治理方案及有关稳定计算、滑坡危害性分析进行了讨论，原则上通过了设计方案，为工程的顺利推进创造了条件。

这是一块难啃的骨头！

湖南华宇水利水电建设工程有限公司迎难而上，承担了这一让专家们都深感棘手的难题——雾江滑坡体压坡工程！

何铁军来自省城长沙，是公司分管技术和施工现场管理的负责人，曾受公司委派，在埃塞俄比亚、加纳等国负责工程建设。在整个施工过程中，他最担心的是施工安全。滑坡体压坡脚，填筑工程紧贴库区水面进行。自卸车、推土机都是重型机械，稍有不慎，就会滑到坡下，栽进水里。一次，在坡脚填筑施工时，填筑的料面突然下沉五六米。何铁军凭借敏锐的观察和判断，及时将设备撤离，避免了一次车毁人亡的安全事故。

为有效化解类似的安全事故隐患，提高施工效率，他通过长时间观察和思考，对现场施工方案进行了优化，采取由坡面向河中心延伸填筑的方式，从下游呈三角形往上游填筑，以减少流水的冲刷，降低填筑料的流失，以达到最佳的填筑效果。

事实证明，他的方案是行之有效的。

在运料过程中，他严格要求司机装卸填筑料，先由挖机把料装好、压实，避免渣土随意抛洒，减少安全事故，降低安全隐患。

作为工地负责人，他从 2015 年 12 月来到涔天河工地，每年只是春节回家一次，跟妻儿老小团聚，平时很少回家。为了照顾家中 70 多岁的父母和年幼的孩子，妻子放弃了舒适的工作，对此颇有怨言。多次跟他商量，要他放弃在工地上风吹日晒的艰苦工作，回长沙自谋职业，结束夫妻两地分居的日子。但他把在瑶山的见闻通过微信发给妻子，让妻子感受到，他现在从事的事业是有价值的，以此说服妻子，支持他完成这一伟大的工程。

2016 年 3 月，父亲生病住院 20 多天，全靠妻子来回奔走，办理住院治疗的各种手续，与医生商议治疗方案，直到父亲病愈出院，他一次也没去探望过。

谈起这些事，这个名叫“铁军”的汉子禁不住热泪盈眶，他说，为了涔天河，他愧对父母，愧对妻儿。但看到雾江滑坡体这一“顽疾”，经过他和湖南华宇人的手得到有效控制和治理，他深感欣慰。他说，以后带着父母妻儿来到坝上，看到这一池天河碧水，他可以骄傲地说：“这里，也有我的一份付出！”

“我骄傲，我是涔天河的建设者！”这是何铁军的心声，也是涔天河扩建工程所有建设者的心声！

6、涔天河公司：铸造“涔天河速度”和“涔天河精神”

涔天河水库扩建工程从动议提出到最终上马，精心谋划了四十年。而作为工程建设组织者、领导者的项目业主——湖南涔天河工程建设投资有限责任公司，从2011年12月15日正式注册成立到现在也仅有短短的6年时间。从最初“公司不像公司、机关不像机关、企业不像企业、指挥部不像指挥部”的“四不像”单位，经过一年多的整改和完善，法人公司的治理结构、薪酬体系、人事体系等按照现代企业的要求逐步规范，各种规章制度、运行管理体制机制，得以在公司“长骨生肌”，一批批的大学生得以如新鲜血液一样注入公司，让公司焕发出勃勃生机。

涔天河人深知，公司的生存发展，取决于涔天河水库扩建工程建设中所展示的领导风范、员工风采和企业精神。2013年枢纽工程大坝开工之前，曾任公司首任董事长的市委常委、副市长舒平就按照“开工先开课”的要求，请市纪委、市检察院派人前来上了一堂廉政教育课。创造性地提出把党风廉政建设工作融入项目建设，凝聚党风廉政建设正能量，打造重点工程建设升级版，争创“全国水利工程建设领域党风廉政建设的排头兵和示范点”，把涔天河水库扩建工程建成精品工程、阳光工程、德政工程和廉洁工程！

2014年元月，公司党委正式成立，以党建为核心的企业文化建设翻开了新篇章。涔天河公司的企业文化到底是什么？应该怎么搞？是公司创业者们一直思考的问题。通过几年来的实践和探索，让创业者们统一了对涔天河公司精神的概括，那就是：信仰、担当、高效、求新。统一了形成和弘扬这个精神的思路及践行路线，即：以党建带动和推进企业文化建设、带动和推进文明创建、带动和推进工程建设和员工队伍建设。

涔天河人深知，公司的生存发展，取决于涔天河水库扩建工程的成败。由此，公司上下拧成一股绳，铆足了一股劲，那就是狠抓工程建设管理！全体工程建设者以安全第一、质量第一、效率第一的品牌意识，以只争朝夕、舍我其谁的进取精神，创造了全省水利建设的“涔天河速度”——

2011年11月工程奠基，临建工程启动；

2012年8月项目开工，前期工程导流洞等进入紧张施工期；

2013年11月，主体工程大坝进场，开始坝肩清基；

2014年4月，导流洞通水，临时交通洞贯通；

2014年12月，截流验收，大坝开始填筑；

2015年4月27日，大坝填筑临时断面达到百年一遇洪水的防汛高程；

2015年11月28日，大坝堆筑体达到设计的EL320米高程，提前153天完成堆石体填筑任务；

2016年4月，大坝一期面板EL282米高程浇筑完成；

2016年11月，完成移民安置验收、工程蓄水安全鉴定；

2016年12月30日，枢纽工程完成蓄水验收并正式下闸蓄水。

每一个节点，都踩着“汛、枯”期变换的节奏，每一段的任务完成，都比批复工期提前，而且质量安全实现“零事故、零失职、零容忍”。

安全就是效率，安全就是品牌，安全就是生命。公司始终坚持把安全生产放在第一位，时刻绷紧安全生产这根弦。2014年8月22日，在涔天河水库扩建工程建设安全生产工作会议上，市委常委舒平就贯彻落实张硕辅副省长有关安全生产重要指示提出，要强化安全责任，确保涔天河水库扩建工程“零事故、零失职、零容忍”目标落到实处。

在项目实施过程中，工程建设者们克服天气恶劣、自然灾害频发的实际困难，在2015年“5·16”“5·20”“11·11”三次洪灾、2016年“5·20”“6·13”两次暴雨山洪灾害面前，公司上下积极应对，科学规避灾害风险，最终取得了工程建设的全胜！

公司一路走来，从无到有，由弱变强，取得了全省、全市人民都认可的骄人业绩。公司被省政府评为“湖南省重点建设项目目标管理优胜单位”“全省重点建设项目优秀等次”；被省总工会评为“2015年度湖南省重点建设劳动竞赛考核先进单位”；被省水利厅评为“2015—2016年度湖南省水利建设工程文明工地”；先后获得市委“全市党建工作先进单位”“全市先进基层党组织”表彰；被市委、市政府评为“‘百十千工程’目标管理先进单位”“安全生产工作先进单位”“‘1511重点投资计划’项目实施先进单位”。公司党委书记、董事长李祥红获“湖南省劳动模范”荣誉称号。

2015年—2017年，涔天河水库扩建工程连续三年被《中国水利报》评为“全国最有影响力的十大水利工程”，喜获“三连冠”。

第七章　梦与家园

2014年5月13日，湖南省人民政府省长杜家毫到江华调研经济社会发展情况。当天晚上，省长专门听取了永州市委、市政府和江华县委、县政府关于涔天河水库扩建工程和移民安置工作情况汇报。杜家毫省长高屋建瓴地指出：移民安置点建设要与新农村建设、县城建设和小城镇建设很好地结合起来。

省长的指示，为涔天河移民安置拨亮了一盏明灯！

梦中的家园走向现实，越来越清晰，越来越美丽。

1、要把移民安置区建成风景区

大型水库工程建设，离不开移民的支持。如何把他们安置好，是工程建设者和当地政府考虑的首要问题。因此，对移民安置点的选择，市县政府慎之又慎，反复调研比较，广泛征求国内权威专家和库区移民群众的意见。最终尊重群众意见，克服种种困难，确定了6个集中安置点的方案。

根据移民自主选择安置去向确认成果，移民全部选择在江华县内安置，绝大部分移民选择在规划的6个城镇安置点进行集中安置。6个集中安置点规划占地3948亩（其中县城四联安置点人均84.99 m^2、东田镇安置点人均84.8 m^2、花江乡新址安置点人均78.82 m^2、小圩镇安置点人均80.07 m^2、水口镇新址安置点人均85 m^2、码市镇安置点人均80 m^2），可安置移民2.9万余人。

接下来的问题是：如何规划建设好这容纳近3万人的6个安置点？

在前期调研中，移民普遍要求：将安置点的规划与民族文化挖掘、旅游开发和新农村建设结合起来。一是江华是全国最大的瑶族自治县，移民希望安置点体现民族特色、民族风格，以打造瑶族文化旅游品牌。二是江华已被省里纳入大湘西旅游开发圈，而库区又是旅游开发的核心区，水库扩建后水面达6万多亩，库区的移民安置点应围绕水上旅游、生态旅游来规划。三是移民反映，现在全国上下都在搞新农村建设，移民安置点应该按照新农村建设的标准和要求来规划建设。

群众的愿望，就是规划的方向。

2014年3月18日至19日，永州市委书记陈文浩深入江华调研涔天河水库扩建工程移民安置工作。陈文浩指出，移民安置工作一定要与当地产业发展、风情特色小镇、新农村建设紧密结合起来，既要符合国家的有关政策精神，又要契合当地实际，突出瑶族之乡的特点，彰显瑶族的特色，努力做到有机结合，真正实现精准移民、高效移民、可持续移民，真正做到移得出、稳得住、好起来。

为此，市县明确提出：要按照移民安置点与新农村建设、新型城镇化建设、民族风情旅游建设相结合的原则，在规划上突出瑶族文化旅游景区、旅游服务区、瑶族风情特色乡镇的定位，由国内专业团队对6个安置点进行整体规划，努力把安置点建成集新型城镇、移民安置、旅游服务、民族文化景点于一体的城市新区和旅游新镇。在这一指导思想下，湖南中大设计院有限公司、湖南省水利水电勘测设计研究总院等国内一流的设计单位高效地展开了涔天河移民安置点建设规划工作。最终拿出了一摞让人耳目一新的新瑶寨蓝图——

县城四联移民安置点：位于江华县城新区，东连四联公园，南接长征路、冯乘路，西接瑶都大道、县经济开发区，北连海联产业园，占地面积1100亩，以楼房的形式安置移民7689人。项目充分利用四联的特有地形以及交通区位优势，倾力打造“一心两轴、四区九块”空间布局结构，建成包括四联公园、烈士公园、城北公园、民族文化展示中心、移民住宅楼、瑶族民俗风情购物街等近20项功能建筑及各种游乐服务设施，集商业、医疗卫生、休闲度假、教育、居住等功能于一体，目标定位为环境优美、功能多样、地方特色鲜明的新城区和舒适、安全、和谐宜人的生态型社区。为使四联安置点向更高层次发展，构建了以四联为主体，江华海联产业园、烈士公园、陈为人故居、城北公园等相融合的湿地旅游度假区大框架，将建成具有一流水准的宜居、宜游、宜商胜地。

水口集镇新址安置点：位于清塘乡浮海村与小圩镇河湾村、塘肚村境内，距离县城沱江镇约 70 km，规划面积 150 公顷，人口规模近期 1.2 万人，远期 2.3 万人，游客量 60 万人 / 年，高峰游客量为 0.6 万人 / 日。为把水口集镇新址移民安置点打造成移民安置的亮点和标杆。市、县决策者坚持“三结合原则”，高起点规划，高标准设计，把安置点建设与推进新型城镇化相结合，与新农村建设相结合，与民族风情旅游特色城镇相结合，使安置点建筑方案更趋科学性，更具时代感，更体现瑶族风情特色，为安置点和移民的长远发展提供了广阔的“平台”。水口集镇新址工程规划及发展定位为瑶族特色休闲小镇。功能定位为居民安置、文化展示、民俗体验、旅游接待、特色购物。发展思路主要是将在安置移民的基础上，注入以瑶文化展示和传承为主的旅游功能，形成特色鲜明的城镇形象，并由此带动片区的旅游开发。空间布局为“一心一带四线七寨”。一心，即观音山朝觐中心；一带，即七星水街休闲带，七星水街是本项目的核心，设计理念源于盘王腰带，带上设计七颗宝石，北斗七星，星耀瑶乡；四线为南部瑶族民俗风情线，中部原生态瑶寨体验线，观音山宗教体验线，北部山水休闲娱乐线；七寨源自《盘王大歌》中的七支曲牌，即“黄条沙”瑶寨、“三逢闲”瑶寨、“荷叶杯”瑶寨、“万段曲”瑶寨、“南花子”瑶寨、“飞江南”瑶寨、“梅花曲”瑶寨。

东田镇移民安置点：位于东田镇西侧，南至沱涔公路，北至县道 081 侧，东至规划车站，西至规划西主路，规划面积 692 亩，以宅基地的形式安置移民 4268 人。安置点规划打造一个原生态风情瑶寨，居住为主，兼顾旅游发展。通过打造具有瑶族特色风情的村寨风情，与瑶文化博览园、水口神州瑶镇形成差异化发展，并共同支撑江华神州瑶都的品牌。建成后景观整体风貌体现为瑶族建筑特色，建筑采用坡屋顶，青瓦屋面，建筑结合地形布置依山就势，形成错落有致的建筑景观。功能结构采用“天、人、地”三个区的空间布局结构。“天”，即围绕瑶族宗教信仰，再现盘王节盛典，依托山包打造瑶家乐深度体验项目，主要功能有购物、休闲、祭祀。“人”，即展示瑶寨人文民俗风情为主，主要项目有民风掠影、吊楼魅影、古井轩榭，主要功能为观光、休闲。“地”，即主要展示瑶寨特色风貌以及历史文化，主要项目有瑶文化馆、戏台古风、炮楼探幽、秋日晒坪，主要功能为观光、文化体验。

小圩安置点：距原小圩镇政府所在地约两公里，位于联群大道南侧和腾飞大道西侧，占地面积约 200 亩，以宅基地的形式安置移民 1500 余人。规划定位为具有优美的居住环境、完善的配套服务设施、支撑集镇发展的新型移民安置小区。功能结构为规划设计融合自然地势的意境及几何构图手法，主要围绕“居住”的主体展开。移民安置点分为南、北两个区域大组团。安置小区车行道路格局北区域为“四横”“一纵”和“一环”，南区域为“三横”和“两纵”，通过安置小区内部环状的曲线路网构成安置小区车行交通的主体，再通过宅间小路将车行交通引入各户。景观风貌规划以中心绿地为核心，以十字相交的“绿轴”和“道路轴”为骨架，形成贯穿安置小区南北的步行视线通廊。安置房采用上住下店的形式，整个安置区将打造建成为具有瑶族风格的民俗风情小区。

码市镇涔天河移民安置点：位于码市镇城东经济开发新区大柳村，规划大龙河路以北，所城南山以南，西与工业大道相距 120 米，北与湖南省道 S326 相距 127 米。占地面积 136 亩，可安置移民 997 人，移民安置是以宅基地的形式安置。规划定位主要突出地域特点、符合“花香水镇”的瑶族风情小区。规划布局总体可概括为“一心、两片”，即以移民路所含地块为中心，东西各两片生活片。在景观风貌上，安置点景观规划为“一园、两带”。“一园”：指所城南山公园，“两带”：指大龙河风光带和大桥河风光带。安置点内沿街设置了商铺，沿移民路布置了移民活动中心和 990 平方米的幼儿园。

花江乡集镇新址：集镇新址位于花江乡花江峒片牛角寨村境内花江峒河左岸阶地，距原政府所在地约 8 公里，距县城约 35 公里，一期规划用地面积 30 亩，主要用于新建政府机关和乡七所八站等，规划安置乡镇行政事业单位 249 人，移民 1 户 7 人。远景规划用地面积 150 余亩，主要用于市政配套功能设施建设，是花江乡未来的政治、文化、经济中心，花江乡未来发展的核心竞争力，打造“旅游度假休闲胜地”的基础。

面对凝聚着移民群众意愿、政府科学决策、专家专业智慧的设计成果，永州市委常委、市涔天河水库扩建工程协调领导小组执行副组长舒平认为：为把移民安置点工程打造成移民安置的亮点和标杆，市县坚持高起点规划，高标准设计，把安置点建设与推进新型城镇化相结合，与新农村建设相结合，与民族风情旅游特色相结合，使安置点建筑方案更趋科学性，更具时代感，更体现瑶族风情特色，更贴近移民群众口味。

2015 年 1 月 26 日至 28 日，舒平带领市协调办、市移民局负责人深入江华四联、东田、水口、小圩、花江等移民安置点和道路桥梁专项设施迁复建标段，仔细查看施工组织和监理情况，查阅监理日志，向施工人员、移民理事会工作人员和监理人员详细了解施工进度和存在问题，并召集江华县主要领导、各个安置点、标段建设指挥部指挥长研究解决实际问题。他强调，要以“寝食难安”的责任感，采取超常规措施，全面推进移民工作。针对安置点部分地段填深较高的问题，他要求施工方要及时调运增加机械设备，加大“强夯”地基的工作力度，确保尽快达到建房要求；针对房建施工图不能按时到位的问题，他要求设计单位必须设置现场设代，提供现场跟踪服务，现场解决问题；针对建设质量和安全生产问题，他要求住建部门派驻专门质监人员常驻工地，现场监督工程建设质量，设立必要的安全警示标志，及时提醒施工人员和行人注意危险，防止发生事故。他要求江华县委、县政府要加强对移民临时过渡安置工作、清库工作、库区专项设施迁复建工作的统筹调度，建立施工、监理信息交流平台，及时掌握施工进度，做到环环相扣，不脱节，不窝工。

2017 年 4 月 30 日，永州市委书记、市人大常委会主任李晖到江华调研，专程来到涔天河镇东田移民安置点，仔细察看了房屋外立面装修情况，了解了安置点旅游小镇打造规划设计方案。针对当前移民安置点外立面装修存在的问题，李晖要求，要避免重复建设，当前安置房外立面要按照景区的标准装修，遴选建设材料，从一砖、一瓦的细节处凸显瑶族建筑特色；安置点旅游规划也要有整体性，多借鉴省内外优质民俗风情小镇的打造经验，高标准设计规划，把安置点打造成江华名牌景点，让搬离库区的群众享受到旅游带来的效益。

一幅更美好的蓝图，正在瑶山大地上徐徐铺开……

2、与时间赛跑

2013 年 11 月 18 日，涔天河水库扩建工程的主体工程——大坝填筑正式开工。

从这一天开始，工程进入了不可逆的建设期。

因为坝型为混凝土面板堆石坝，大坝工程一旦开始下河填筑，就不能停下来，必须抢在下一个汛期到来之前填筑到安全度汛高程。这就意味着：上游的淹没区移民必须在 4 个月后搬迁出去。

而此时，移民安置点建设还没有开工！

一面是按设计施工周期河道截流后在河床上一天天长高的大坝，一面是因安置方案几经反复而迟迟未能启动的移民安置点建设。作为移民安置工作主体，江华县政府面临的压力是巨大的。

2013 年 8 月 1 日，优化后的移民安置规划得到确定，移民安置点建设随之全力推进。

规划，设计，报审，测绘，征地，招标……移民安置建设的各项前期工作，在短短一年时间内全部完成。在瑶山大地这 4000 亩的“白纸”上，建设者们要画上最美的画。

2014 年 9 月 10 日，江华县城沱江镇城北大道，四联移民安置点开工建设。

9月19日，花江乡牛角村观音山脚，花江乡集镇新址开工建设。

9月29日，小圩镇青草岭岗，小圩镇移民安置点开工建设。

10月3日，码市镇城东新区大柳村，码市镇移民安置点的破土动工建设。

10月23日，小圩镇河湾村，水口镇新址移民安置点开工建设。

11月23日，东田镇蒋家寨村，东田镇移民安置点开工建设。

各移民安置点建设加速，开始进入高速运行轨道。

（一）委托政府代建，超常规推进安置点建设

根据国家批复的初步设计报告，移民安置执行原规模、原标准或者恢复原功能的“三原”安置补偿政策，没有考虑配套建设21个居民点的学校、医院、社区等公用设施项目，没有概算相关建设投资等等。为实现移民搬迁安置工作目标，市委、市政府和江华县委、县政府坚持从优化安置条件着手，高起点规划移民安置点，按照“移民安置点与瑶族文化旅游景区、旅游服务区、瑶族风情特色乡镇建设相结合”的三结合思路，对6个安置点进行了特色规划设计，突出了瑶族风格。高标准配套水、电、路、讯及学校、医院、市场等公用设施，努力将安置点建设成集安置区、景区、旅游服区“三位一体”的特色小城镇或社区，打造成移民就业创业、增收发展的致富平台。同时，为统一处理安置点移民建房区域的地质问题，降低进点移民自建二、三层房屋成本，减轻进点移民建房困难，江华县担负着巨大的资金压力，出台了移民可以申请委托政府代建一层安置房屋的建房政策。面对移民安置实施规划设计报告批复迟，导致移民工作滞后枢纽工程两年的不利局面，全县上下齐心协力，攻坚克难，超常规推进安置点建设。

按照移民点建设进度要求，2015年1月底前，全面完成6个移民安置点场地平整及验收，符合移民安置房屋建设施工要求。4月底前，县城四联安置点建好部分安置楼房，小圩镇、码市镇安置点建好一层移民安置房屋，达到临时搬迁入住条件。8月底前，基本完成6个安置点

移民基本保障用房建设和分配，基本完成进点行政企事业单位迁建；完成6个安置点的市政道路路基、给排水、污水处理、供电、通讯和广播电视等基础设施建设；完成县城四联安置点、东田镇安置点、水口集镇新址安置点的学校建设；基本完成医院、市场、车站和社区管理服务机构建设，基本达到移民搬迁入住条件；组织进点临时过渡安置对象搬迁入住。12月底前，基本完成6个移民安置点的基础设施及公共设施建设，硬化市政主干道；组织引导有意愿、有经济能力的进点移民户按照规划要求自行完成二、三层安置房屋建设；全面完成进点行政企事业单位迁建。

2015年8月13日，永州市委书记陈文浩到江华调度涔天河水库扩建工程，要求围绕2016年元旦前时间节点倒排移民安置房建设工期，一次性按规划建成，确保移民春节前搬迁入住。

8月27日，江华召开县委常委会议，贯彻落实陈文浩书记讲话精神，明确各安置点移民安置房必须在2015年12月底前按规划设计基本完成安置房主体工程并达到入住条件。

9月15日，江华县委书记罗建华主持召开移民安置房建设汇报会，6个移民安置点建设指挥部指挥长分别汇报移民安置房建设工作打算。会上，罗建华就加快移民安置点建设作出重要指示，要求各安置点建设指挥部、各乡镇、各包村单位要认清责任，不能有等、靠思想，要多想办法，要明确责任，确保移民按照时间节点搬迁。要坚定信心，要有克服困难、战胜困难的勇气和决心。

为支持移民户按规划一次性建好安置房，江华县委、县政府在目标任务上作了进一步明确，要求必须在2016年3月底前完成安置房建设，组织移民群众搬迁入住。根据东田安置点安置房建设进度，政府代建一层的安置房必须于2015年11月前主体工程完工，12底前分配到户。委托建房理事会按规划设计一次性建设三层安置房，2015年12月底前完成主体工程和室内外粗粉刷，2016年1月底前分配到户。进点移民户在安置房分配到户后的两个月内完成室内装修装饰并搬迁入住，东田镇安置点建设指挥部同时完成三层安置房外墙和屋顶特色风貌的装修装饰。在宣传引导上，一是把按规划一次性建好安置房的意义宣传好。为实现移民“搬得出，稳得住，好起来”的工作目标，县委、县政府根据省市部署要求，根据全县经济社会发展布局，着眼于移民长远发展，按照“移民安置点与瑶族文化旅游景区、旅游服务区、瑶族风情特色乡镇建设相结合”的规划建设思路，对水口集镇新址安置点、东田镇安置点、小圩镇安置点、码市镇安置点和花江集镇新址安置点进行了整体规划设计，努力将集镇安置点建设成为特色鲜明、功能完善、独具魅力的瑶族风情小镇，打造成移民可以在自己家门口就业创业、增收发展的平台。按照规划设计要求，东田安置点将建设成为特色瑶寨、瑶族特色风情小镇和涔天河水库核心旅游区的门户景观，其中移民安置房是东田安置点特色规划中的重点打造部分。要按规划早日将东田安置点建设成特色瑶寨、旅游门户景观，早日实现移民户家门口创业、就业，重中之重就是要加快移民安置房一次性按规划要求建设到位、装修到位，形成整体视觉效果。二要把按规划一次性建好安置房的好政策落实好。围绕支持移民户按规划一次性建好安置房，早日安居乐业，县委、县政府去年出台在集镇安置点为移民代建一层安置房屋并下三层基础的建房政策，以降低进点移民建房成本，随后又出台了三项好政策来加以促进，包括贷款期限长、利率低的专项贷款扶持政策；在规定时间、按规划设计要求一次性建好三层安置房的农村移民安置区进点移民户，政府按照房屋设计要求负责其安置房的外墙和屋顶装修装饰，费用由政府承担的外墙和屋顶装修装饰补助政策；对按规划设计要求和政府规定时间节点一次性建好安置房的进点移民户，免费办理其规划、用地、房产权证手续的权证办理费用减免政策。上述四项政策没有纳入涔天河水库扩建投资概算，需要另外筹集。这体现了县委、县政府为实现移民群众安居乐业敢于负责、敢于担当的精神。三要把移民群众的建房疑问解答好。按规划一次性建设安置房涉及千家万户，由于移民户个体情况不同、诉求不同，在宣传引导过程中会碰到各种问题，例如移民承担的建房面积及建房单价是如何计算的，宅基地分配的位置及先后顺序是如何确定的等等，这些在《安置点移民安置房建设实施方案》里都写得很详细，这就要求包村包户移民工作队员务必要先熟悉政策、吃透政策，一一对照实施方案跟移民户解答清楚，不能有偏差，不能让移民群众产生误解。

为帮助移民群众树立建好新居的信心，9月2日，县委、县政府在广泛征集群众意见的基础上，印发了《关于支持涔天河水库扩建工程集镇安置点进点移民一次性按规划建设安置房的意见》。相关乡镇分别召开了动员会，其中贝江乡贝江村，花江乡大田村、水口寨村，务江乡天竹村、两岔村等包村单位还组织进点移民户到东田镇安置点实地考察建设情况，参观安置房建设，感受施工氛围，移民户总体对移民安置房的基础、质量满意，放心。在此基础上，移民工作队员因势利导，帮助进点移民算好时间精力账、资金成本账、质量安全账、建房进度账，动员进点移民户自愿委托建房理事会一次性建好三层安置房，组织移民户认真填写建房申请、贷款申请并按时缴纳建房款等工作。

（二）百日冲刺，跟时间赛跑

按照设计要求，涔天河水库扩建枢纽工程定于2016年11月下旬下闸蓄水。按照省市决策部署和移民安置规划要求，移民安置工作要在2016年8月全面完成，实现移民搬迁入住。但由于施工环境和天气等客观因素影响，所有目标节点都已经一而再，再而三地向后推迟。

2016年9月8日，永州市委书记陈文浩在江华召开涔天河水库扩建工程推进会，要求咬定11月水库下闸蓄水目标不动摇，全面完成移民搬迁安置和库底清理工作。

2016年9月9日，江华召开涔天河水库扩建工程移民安置工作攻坚决战动员大会，县委书记罗建华发布攻坚决战总动员令，县人大常委会主任、县涔天河水库扩建工程指挥部常务指挥长、扩建办主任黄志坚在会上作动员报告。

罗建华在动员令中指出，今天，和大家再次签订责任状，重新明确时间要求，明确责任分工。10月份顺利通过水库下闸蓄水移民搬迁安置和库底清理验收、确保11月大坝如期下闸，就是我们今天再次立下军令状的政治任务。12月全面完成移民搬迁入住，是我们夺取涔天河水库扩建工程移民安置工作全面胜利的标准，也是广大移民群众的强烈愿望，让广大移民群众搬迁到新家过春节，是顺应民意、赢得民心的民生大行动。全县上下要高度统一思想，充分认识到全面完成这项工作的重大意义，以必胜的信念和昂扬斗志，凝精聚神，打好百日冲刺竣工大会战，确保顺利通过下闸蓄水验收，确保移民顺利搬迁入住新居。

截至2016年8月，全县6个移民安置点的场平工程已基本完成，6529户移民安置房全面开工建设。其中实行楼房安置的县城四联安置点109栋安置房有96栋已完成主体建设和基本完成外墙装饰及室内水电、地板砖等安装工程。实行宅基地安置的小圩、码市安置点三层主体基本完成；水口安置点544栋农村移民安置房一层主体已全部完成，在建二层主体31栋，在建三层主体126栋，完成三层主体345栋。东田安置点255栋移民安置房在建一层53栋，在建二层55栋，在建三层32栋，在建坡屋顶64栋，完成主体建设51栋。四联安置点思源实验学校教学综合楼、学生宿舍楼、图书馆基本完工；东田安置点涔天河小学、卫生院，水口安置点水口中学、小学及幼儿园基本完成建设，进入装修扫尾阶段。

对照11月下闸蓄水的要求，各个安置点均还有大量的工程没有完成，道路、通信等各项库区专项设施差距很大。各安置点建设指挥部、库区专项设施复建指挥部、库底清理指挥部、库区防护工程及浸没处理指挥部、电站处置组，移民安置工程项目建设各责任单位，库区移民乡镇、便民服务中心，必须根据下闸蓄水阶段移民安置和库底清理目标任务和责任分解，进一步优化调整工作方案或施工组织方案，严格落实目标管理，倒排工期，细化责任，将各项目标任务精准到每一栋移民安置房，每一座（个）桥梁隧洞、路段、电站，每一户移民，每一天的工作量来进行安排部署、调度落实，能够上墙的都要制图上墙，做到总的时间可控。移民安置点建设在10月完成县城四联安置点（A8区除外）移民分房入住，完成码市安置点移民分房入住；11 月完成小圩安置点农村移民分房入住；12 月完成进东田、水口安置点移民搬迁入住。库区专项设施复改建在 12 月前，完成库区第一期“三路四桥”、第二期三条道路建设。

为压实责任，确保工期，江华县委、县政府要求挂点领导坚守第一线，解决问题不过夜。实行包乡镇县级领导、项目建设指挥长和分工管线县级领导一线工作责任制，在保安全、保质量、促进度等方面发挥好领导作用。做到县级领导带头实干，带头深入到移民村组、各项目点，全面掌握工作动态，确保研究对策在第一线，解决困难、问题在第一线。

“移民搬迁安置工作已经进入最后冲刺阶段，我们必须集中时间、精力和力量，克服疲劳厌战思想，对照进度找差距，对照节点强化责任，对照问题采取措施，以决战的勇气、必胜的信念，锁定目标，奋力冲刺，全面掀起移民工作新高潮。”这是决战时刻进军的号角，是移民工作胜利的前奏，也是移民幸福生活的序幕。

（三）“移民贷”助力移民安置房建设

如何让移民搬得出、有房住、住得好，是水库扩建过程中最大的难题和瓶颈。为啃下移民安置房统建这个“硬骨头”，2015 年 10 月，根据永州市委、市政府在江华召开现场办公会和县委、县政府的决策意见，江华农村商业银行将发放移民贷款作为压倒一切的政治任务和硬性指标，迅速出台《湖南江华农村商业银行移民安置建房专项贷款操作流程》，为库区移民“量身打造”了移民建房安置贷款。

“江华共有 2.7 万库区移民，移民安置建房专项贷款项目就是为他们‘量身定做’的。”江华农商银行董事长周忠斌介绍，移民安置建房贷款是江华第一项专门针对移民而出台的贷款政策。为切实减轻移民户的还款压力，贷款实行 5.1‰的优惠利率，在同等信用贷款的基础上下调了 20% 以上。采用“先信用、后抵押”的创新担保方式，以信用贷款形式先发放建房所需一半资金，待房屋建成后再以抵押担保发放后续资金。为缩短移民户的等“贷”时间，在风险可控的前提下，该行优化办贷流程，提高办贷效率，从移民户提出贷款申请到贷款调查、审查、投放，3天内全部办妥。

“移民贷”一经推出，以其创新的贷款模式、优惠的贷款利率和快速的办贷流程受到了政府部门的点赞和移民户的广泛好评。为确保移民贷款的发放进度能与移民搬迁和移民安置房建设同步，自2015年11月贷款开办以来，江华农村商业银行组织七个移民贷款受理网点采取“白+黑”“5+2”模式，加班加点投放移民贷款，并从全行其他网点抽调业务骨干确保办贷人员充足，为“移民贷”实行特事特办，从移民户提出贷款申请到贷款调查、审查、投放，最快2个小时即可全部办妥。

截至2016年5月19日，江华农商银行已累计投放移民安置建房贷款3054笔，金额2.5亿元，并对库区移民实现了评级授信全覆盖。该行还计划投入1.5亿元信贷资金，力争在5月底前全部投放至移民户手中，确保移民户安全度汛，如期搬迁。

（四）移民理事会，激发移民管理新活力

2015年6月9日，梅雨季节的江华县城，雨水连绵不断，笼罩在烟雨中的山城别有一番风景。上午8点，陈昭辉早早地来到县城四联移民安置点，踩着黄泥查看安置房的建设进度和监督工程质量。作为该安置点选出来的移民建房理事会成员，这是陈昭辉的职责。

“大家选我来做这个工作，就是对我的信任，我不能辜负乡邻对我的这份信任，必须让大家住上安全舒适的房子。”陈昭辉说，他们家有四套房子在这个安置点，自己家、两个兄弟家和父母家，监管好安置房的质量和进度，既是对移民负责也是对自己负责。

为了使移民安置建房工作真正做到公平、公正、公开，让库区移民满意，江华县委、县政府按照“搬得出、稳得住、能致富”的工作思路，从移民安置点选址、破土奠基到开工建设，都让移民临时自治组织——移民建房理事会全程参与。为了让理事会成员正确履行好自己的

职责，县相关部门特别邀请工程建设方面的监理专家对他们进行培训，学习房屋建设方面的监管知识。

“我主要的工作就是对房屋质量进行监督，看施工单位是否按照工程设计的要求进行施工，如果发现问题，及时向项目监理反映。”陈昭辉对于自己的工作职责了然于心。

四联安置点位于主城区的北面，东连四联公园，南接冯乘路，西接瑶都大道，北连海联产业园，占地面积 1088 亩，是全县 6 个移民集中安置点之一，建成后将安置移民 7361 人。为了更好地服务移民的工作生活，安置点将建设行政办公及社区服务中心、商业、医疗卫生、文化娱乐、教育科研等配套设施，将其打造成环境优美、功能多样、地方特色鲜明的新城区。

“这个地方靠近县城，配套设施建好后，小孩上学方便，老人看病方便，我们一下子从山里的瑶民变成了城里的市民。”陈昭辉对政府的移民安置工作非常满意。

跟县城沱江四联移民安置点一样，涔天河镇（原东田镇）、水口新镇、码市镇等 5 个移民安置点都有自己的移民建房理事会，全权处理建房的有关事务，帮助移民群众解决在安置房建设中出现的矛盾和问题。

3、大搬迁，朝美好未来出发

（一）告别家园：割不断的乡愁

“虽然我要走，其实我想留，再也看不到家乡的青山翠竹，再也听不到河岸的阵阵涛声，祖祖辈辈居住的家园，魂牵梦萦的船歌帆影……”

2015 年 2 月 19 日，农历大年初一，在江华瑶族自治县水口镇文化广场，由水口街居委会、水口商会、贝江村、大车洞村等民间自发组织举办的以“告别故土、记忆水口、留住乡愁”为主题的春节民俗文艺巡游活动精彩上演，吸引了众多瑶胞前来观看。在演出中，一名瑶族乡村歌手用深情的歌声唱出了父老乡亲离别家园的难舍乡情。

春节过后，应急度汛搬迁方案正式实施。

拆掉自己一砖一瓦亲手盖起来的房屋，甚至还要移走祖先亲人的坟茔，对移民来说，确实是一个艰难的抉择，但他们无一例外地选择了"舍小家顾大家"。

我们无法还原移民搬迁的每一个瞬间，更无法把每一个移民搬离故土的故事一一展现。在这里，我们选取万千移民搬迁中的几个画面，以此向为涔天河水库扩建做出巨大牺牲的千千万万瑶山移民表达敬意，并以此铭记万千移民心中那份化不开的乡愁——

7000 人舍家搬迁，朝美好未来出发

按照涔天河水库扩建工程建设进度，2015 年 3 月底以前，江华花江、水口、务江、贝江等 4 个乡镇 1454 户近 7000 人要全部搬离原住址，在汛期来临前，应急搬迁到临时居住地。

对于水口镇山马村下冲组 60 岁的王任生而言，他已经是第二次移民了。他原来跟父母住在海拔 800 米左右的高寒山区，下山买点日用品来回要走一整天。20 世纪 80 年代，国家出资帮助他们搬下山来。从高山搬到平地，犹如从原始社会一下就飞跃到现代文明时代，王任生心里一直怀揣着对党和政府的感恩之心。如今，国家要扩建涔天河水库，他二话不说就带领家人立即拆房。旧房屋的墙壁上，有一张 1989 年镇政府颁发的《优秀村（组）集体》的奖状，是他当年担任下冲组组长时获得的荣誉。他把奖状捡起来，很郑重地放在背篓里。他说，将来正式入住移民新居，他要把奖状挂在新房里，"经常看看，也是一种念想！"

水口镇文亮村槁梧组的郑友用，他的老房子已经拆掉一个多月了。如今，他居住在地势更高，也更为古老的房子里，这也是他全家的应急搬迁临时度汛处。郑友用也是第二次移民了。20 世纪 60 年代中期，涔天河水库第一次建设，政府建好房子，动员他们从冯河边上搬到地势较高的地方，就是他现在居住的地方。后来，由于生活不方便，郑友用与居住在周围的邻居们又陆续搬到了山下。现在，涔天河水库大坝要加高，这次他们要搬到更远的东田镇。“我们要支持国家建设，我虽然住回了原来的房子，但政府承诺给我们的，每户起点租金 400 元，多一口人加 100 元，每人每月 200 元的生活费，移民干部跟我讲了，不会少我们的。我很满意。”

务江乡务江村的刘峰原来一直在外省打工，2013 年返乡创业，在家门口搞拉网养鱼，节假日还跟人合伙买了艘观光木船，为前来游玩的游客划船、导游，收入比在外面打工强多了。这次他全家选择了涔天河镇安置点，他对移民干部说：“这几年，国家给了我们瑶族同胞很多优惠政策，我们从心里高兴。因为涔天河水库扩建，我们这里的风景会更美，旅游发展的空间更大，生意应该会越来越好，我还是干老本行，做旅游！”

花江乡黄石村长冲一组的赵志华，在拆掉祖屋前，早早为自己养的 40 多箱蜜蜂找好了家。他养蜂 40 多年了，小小蜜蜂帮他支撑起了一个家。售卖蜂蜜是他主要的经济来源，三个儿女靠他养的蜜蜂长大成人，读了书，现在都已结婚成家。他开玩笑说，他对蜜蜂的感情胜过对老伴的感情。离开老家之前，他得把他的蜜蜂安顿好，找一个环境好、花源多的地方。他说，以后的生活，还得靠蜜蜂呢！过了元宵，他把临近的老庚请来帮忙，先把蜂箱用船送到河对岸的公路边，再找来一台农用车，把 40 多箱蜜蜂送到水口镇地势比较高的鹰潭子，等安置房建好了，再搬到新的地方。临走前，他在每一个蜂箱前，对蜜蜂说了一句悄悄话，他神秘地说，这些蜜蜂对他亲，他的话蜜蜂都懂！

人们常说：亲情难舍，故土难离。若干年后，当昔日繁华永沉水底，我们也许不再记得这些村庄的模样，但我们永远不会忘记这些可敬的移民——为了美好未来，他们泪别故土。

消失的马达声

花江街，在花江河边，是乡行政机关所在地，距县城沱江镇 23 公里。花江街居委会有居民 62 户 260 多人，　半汉族　半瑶族。河边的渡口连接十多个村庄，每天几十次“哒哒哒”的轮船汽笛声，是花江居民最为熟悉的声音。

58岁的李珍清，是花江街居委会支部书记，也是远近闻名的瑶医。每天，他都要搭乘渡船过河，或者出诊，或者上山采药。轮渡的马达声，伴随他走过了漫长的瑶山岁月。

“我们这里的移民基本上都是二次移民，为涔天河水库建设做出了巨大牺牲。”李珍清谈起移民很是动情，“为了响应国家号召，支持国家行动，我们即将搬出祖祖辈辈生活的瑶山。我们相信，搬出去生活会更好。你看，居委会的搬迁速度也是最快的。先有国，然后才有家嘛。”

春节前，他带头把自己的瑶医馆拆了，并把亲朋好友请来，在即将拆除的旧居办了几桌酒席，以此记住离开家乡的日子。

“移出山区搬进城镇一心只求谋发展，民心所向迁居安定响应政策从大局。”红红的对联写着这样两句话。李珍清笑着说：“内容是我自己想的，字是请别人代写的。”

既是支书，又是移民，还是移民工作队员。别看李珍清每天乐呵呵的，有一次喝了酒，他对人说，我不笑怎么行？我是支书，大家都在看着我。其实，我跟大家的心情一样，离开家乡，我的心里也难受，也想哭！

袁友銮，69岁，生有三女一儿，如今已是四世同堂。她居住的地方在264.17米水位线以下，须度汛应急搬迁，经过县财政局移民工作队多次登门劝说，决定举家搬迁。2015年3月25日，她把在外的家人全部召唤回来，全家20口人在家门口照了搬迁前的一张“全家福”，留着永久的纪念。

潘新煌，62岁，汉族，也是二次移民，生活来源主要是帮别人打零工。“我就希望政府能培训我们，让我们有一技之长，生活好有依靠。”

韩国光，51岁，汉族，二次移民。“这里是生我养我的地方，我舍不得离开这里。”

马士红，80多岁，家里早就搬到沱江了。但是她对花江割舍不下，经常站在进城口，看见熟悉的年轻人，就喊他们送到花江。到了老屋就敲门，但大门紧锁。隔壁邻居看不下去，抹着眼泪对她大喊："回去了嘞，放心在外头了嘞！"

有一次家人不知道她来花江，以为走丢了，就报警。警察在花江找到了她，把她送回家。马士红拉着警察的手说，我就是想来这里看看。

…………

1968年，涔天河水库建旧坝时，花江街道、居委会沉入了水底。如今，这里即将再次被淹没。随着一起消失的，还有花江渡口每天几十次"哒哒哒"的轮船汽笛声。

最后的故土

2015年3月27日，水口镇文亮村边的马路旁，一栋有着近30年历史的二层泥木结构的房屋里，36岁的李艳芳正在整理家具。她将桌子、椅子、柜子等摆放在屋前，一会儿就要搬到房屋后面300多米山坡上的老房里。

和李艳芳一起忙活搬家的还有丈夫何俊辉、母亲王兰英。母亲舍不得装有剁辣椒的坛子，小心翼翼地把坛子放入背篓里。背篓看起来小，但是上方开口大，能装不少东西。锅碗瓢盆，刀铲筷子，王兰英把小背篓塞得满满的了。

王兰英今年63岁，丈夫李秋明是水口镇水电站工人，2005年就过了世。"掐指一算，今年也有80岁了。"提到丈夫，她不禁眼圈泛红。"又要搬迁了，不知道老头子能不能找到回家的路。"王兰英喃喃道，眼泪扑簌扑簌地流下来。

"咿咿呀呀……咿咿呀呀……"56岁的侄子王先富走到跟前，不停地比画着。王先富是个哑巴，他的话只有王兰英能懂。他在前面咿咿呀呀指路，说新路好走，也近些。

王兰英是二次移民，为涔天河水库建设已经搬了三次家。王兰英家原来住在文亮村槁梧组冯河边。1968年涔天河水库建坝时，住的地方即将淹没，她就搬到了后面山上。1986年，半山腰修通马路，为了方便，他们又搬到了现在的房子里。如今，涔天河水库又建新坝，安置房尚未建好，为了应急度汛，他们不得不又搬回山上的老房子里。到8月底安置房建好后，那将是他们的第四次搬家。

“这栋房子是父母亲手建起来的，我们住了将近30年，这里的一草一木、一砖一瓦都深深印在我们的脑海里，现在又要搬走，母亲很舍不得。”李艳芳说。

李艳芳是一位土生土长的瑶家妹子，在这里度过了她天真烂漫的童年和少年时光，成年后从这里出嫁，在水口镇做生意。这栋二层泥木房承载了她所有美好的记忆。

二楼的屋檐有三个燕子窝，燕子都已离开巢穴出去觅食。

“等燕子回来的时候，还能找到这个家吗？”李艳芳背着背篓离开时很为这些燕子担心。

丈夫何俊辉是江华电力公司水口镇运维班的职工，主要负责变电站运行维护和检修。“因为移民搬家的太多，这段时间特别忙，每天早上六点钟起床，晚上七八点才回家。这两天要搬家，才特意请假回来帮忙。”他们还有一个8岁的儿子，在镇里上学。

王兰英收拾好东西要走的时候，李艳芳的姐姐李艳珍和姐夫回来了。

姐姐李艳珍提议，离开前，姐妹俩跟母亲在老屋门口留个合影。

王兰英很高兴地答应了，她坐在屋前的一张大靠椅上，两个女儿依偎着母亲。“咔嚓”，她们的笑容定格在这座即将淹没的屋前。

收拾妥当后，一家人开始搬家。王兰英推着一辆堆满家什的小推车，大女儿李艳珍、二女儿李艳芳分别背着背篓一前一后向山上的老屋走去。

老屋在海拔300多米的半山腰上。蜿蜒的山路十分陡峭，王兰英走得气喘吁吁，李艳珍、李艳芳却身轻如燕。

山路十八弯，大家终于来到了老屋前。这是一栋有些年代的泥房，屋檐上布满蜘蛛网，昏暗的屋内飘出一股发霉的味道。

在堂屋中央，挂着李秋明的遗像。王兰英点起一盏油灯，慢慢凑近，用手轻轻擦拭遗像上的灰尘，嘴里喃喃地说着什么。昏暗的灯光照在她的脸上，时间在这一刻静止。

屋外，李艳珍、李艳芳背起背篓，沿路返回，继续“蚂蚁搬家”。

村里很宁静，除了偶尔经过的汽车和冯河低声的呜咽。

连同燕子窝一起，这里所有的一切即将被淹没。故土，对他们而言，将是永远的记忆。

移民干部的眼泪

2015 年 3 月 22 日，对于江华瑶族自治县农业局局长李丁凤来说，是个刻骨铭心的日子。因为这一天，她的父母兄弟将搬离故土，从此，她的家乡再也回不去了。

李丁凤是一名女干部，家里除了她和妹妹在县城工作外，年迈的父母亲以及三个弟弟都还住在花江乡黄石村，他们都是需要第一批搬迁的移民。

得知自己要离开故乡，年迈的父母连过年都高兴不起来。李丁凤说，涔天河扩建工程开工后，父母就知道自己成为移民已经不可更改，可是对故土的依恋，依然让父母本能地排斥到家做工作的移民队员，联系他们村的移民干部多次被拒之门外。得知情况后，李丁凤多次回家做家人的工作。她苦口婆心地说，我是共产党员，也是移民干部，党要求我们搬走，我们就高高兴兴地搬走，给国家让路，也给自己找出路！

年迈的父母理解了女儿的良苦用心，带着孩子们率先签了搬迁协议，还帮着移民队员做其他村民的工作。协议是签了，但当这一天真的到来时，76 岁的父亲李永孝还是老泪纵横，母亲更是把自己锁在卧室里号啕大哭。李丁凤一边努力地安慰父母，自己却也不由得泪流满面！

门外，一早就自发赶到李家的移民队员和乡亲们早就忙开了。大家齐心协力，抬的抬、扛的扛、搬的搬，不一会儿，大家都已汗流浃背。

不觉间，已到了中午时分。李丁凤的大弟弟李远珍已经准备了一桌丰盛的午餐，一是盛情招待前来帮忙的乡亲和移民队员，二是与父母姐姐以及从广东打工回来的二弟李远飞和三弟李金珍离别团聚。从此以后，他们三兄弟和父母就要分别搬到水口新镇、东田和沱江四联村去了，再聚在一起就不那么容易了。大家一边喝着酒，一边互诉离别之情。李丁凤在饭桌上动情地说："过年以来，我亲自送走了很多移民，看着车队开动，移民们依依不舍地告别故乡，我的心也会揪着疼，眼泪控制不住地往外涌。故土难离，淹没的不只是老房子，更是心灵的归宿。但为了工程的顺利实施，为了那份参与涔天河水库扩建工程的骄傲与自豪感，他们还是选择离开。"

（二）移民分房忙：幸福生活从这里开始

"我抽到县城四联南区 12 号楼 301 室了！"

2016 年 10 月 19 日上午 8 时许，40 多岁的移民户王根平从江华民族科技培训中心抽签出来，按捺不住激动，向在门口等候的 80 多岁的母亲大喊一声，母子俩的眼泪忍不住流了出来。

从 10 月 19 日至 20 日，涔天河水库扩建工程选择在县城四联安置点的 2000 多户 8000 余移民陆续参加抽签，分到自己的安置房，正式入住新居。

19 日 7 时，江华县城民族科技培训会议中心、县体育馆、县文化宫的公开抽签现场已聚集了众多前来抽签分房的移民群众。"通知大家 7 点半到，但我不到六点就来了，盼着早一点分到房子。"涔天河库区 76 岁的移民户李国荣说。

8 时整，公开抽签正式开始。

负责移民安置房分配工作的副县长李勇东现场坐镇指挥。他介绍说，为确保公正、公平、公开分房，县纪检监察、检察、公证等部门全程现场监督。

县移民局长唐震介绍，四联移民安置点项目总投资 6 亿多元，搬迁安置来自江华 9 个乡镇自主选择的移民群众近 2300 多户 8700 余移民。此次抽签分配的 2231 套安置房，都在县城四联集中安置区，为体现分配公平、公开、透明，分配分两轮进行，第一轮抓抽签号顺序，第二轮抓房号，现场经监督人员确认、移民签字确认后再进行分配结果信息登记，领取钥匙即可搬迁入住。

“县城四联目前有109栋楼，其中已建好的96栋是供首批移民分配入住的，房屋地基高，墙体屋面加有保温层，24小时供暖，1楼不会潮湿，顶楼也不会冷，都是贴心为移民建设的。”面对安置房住户的问题，县移民局局长唐震、副局长唐智及工作人员，带着住户边看房、边解答。

来自水口镇源潭子居委会的83岁老人李树华高兴地说：“我居住的土冲墙瓦房子，刮风下雨总是提心吊胆，现在好了，我选择了沱江四联移民安置点，就医看病、孩子教育都方便多了，年轻人打工也不用再去远地方，在家有收入，还可照顾老人看管孩子。”

四年来，江华县委、县政府以“11月通过水库下闸蓄水移民安置验收，满足水库下闸蓄水要求”为总目标，周密部署，挂图作战，全力抓好“建房修路、拆房清库、分房分粮”工作进度。截至2016年10月，各项工作基本实现了预期节点安排。县城四联、东田、水口、小圩、水口、花江等各类移民集中安置房1000多栋5800余套于2016年底全部交付使用，库区移民户将全部搬迁入住过春节。

12月20日，在江华码市镇涔天河水库扩建工程移民搬迁安置点，73岁的移民盘大旺通过抽签，分配到了一栋三层占地144平方米的大房子，他激动地说：“以前，我们一家7口住在山上，坡陡路窄，到镇上买粮食要走3个多小时。搭帮移民政策好，如今，我们变成了城镇居民。”这一天，共有231户瑶山移民分到了新楼房。

“让进城镇集中安置的移民户享有占天占地并拥有门面的整栋楼房，即宅基地分房，是涔天河水库扩建工程移民进集镇安置的最大特色和亮点，也是省、市、县党委政府围绕确保移民搬得出、稳得住、能发展这一目标的成功实践。”江华移民局长唐震介绍说，码市镇移民安置点占地120余亩，规划建筑总面积2万余平方米，规划安置231户900余人，计划投资近1亿元。安置小区为清一色仿瑶族吊脚楼建筑，周边商业网点、农贸市场、警务室、健身活动场所等公共设施齐全，是全县瑶族风情旅游重要景点。入住安置点的移民来自受淹乡镇几十个贫困瑶山村的近千名瑶族群众，本次抽签分配的231户均为按照自主选择拥有宅基地的形式，进行抽签分配安置房。安置房分为48平方米、96平方米、144平方米三种户型，都进行了初步装修，墙壁全部粉刷，卫生间和厨房都贴上了瓷砖，马桶和洗脸池一应俱全，搬迁群众可拎包入住。

在码市镇安置点分得一栋三层楼房的瑶胞赵华欣喜地说："新房门面暂时出租，我自己到镇上企业上班。我算了下，收入至少比搬迁前翻一番。"

水口镇新址移民安置点是涔天河水库扩建程6个移民安置点中最大的一个安置点，占地面积2180亩，总进点人口12176人，也是全省安置人口最多，占地面积最广的移民安置点。共有房源2087宗，其中一类区域房555宗；二类区域房1377宗；三类区域域房155宗。挂点该镇移民搬迁和安置点建设的副县长李勇东亲自担任安置点建设指挥长，为了安置点建设，他和指挥部工作人员租住在当地的一座民房内，扎扎实实一干就是5年。他们以安置点为家，为了工程建设可谓殚精竭虑，付出了常人难以想象的辛劳。

2016年12月30日，水口镇完成委托代建一层的分房抽签，分配房屋155宗。

2017年元月6日，完成555宗临街门面房屋的抽签安置。

1月13日，来自涔天河水库扩建工程水淹区的水口、涔天河及小圩等乡镇的最后一批移民抽取安置点提供的1299套"幸福房"。水口安置点抽签分房结束的同时，也标志着涔天河水库扩建工程移民房屋抽签分配的结束。

（三）移民学校大搬迁：不让一个移民孩子辍学

2017年1月13日，刚刚拿到水口镇新址移民安置房钥匙的贾冬莲奶奶，脸上的笑容一直没断过。她说："我分到的三层楼房还带简单装修，收拾收拾就可以在新房过年了。"更让贾奶奶高兴的是，新房对面就是外孙女就读的水口镇中心小学。灰色搭配米黄，辅以瑶族红点缀，飞扬的翘角、瑶族长鼓状立柱，呈现在学生和家长眼前的，是一所瑶族风情浓郁的学校。

“隔条马路，就能上这么漂亮的新学校，好！真好！”贾奶奶连声说。

分新房搬新校，是包括贾奶奶在内的涔天河水库扩建近3万移民最近经历的大事。

涔天河水库扩建工程淹没学校7所，涉及师生3000多人。

水口镇中心小学就是其中一所水淹学校。2016年11月17日以前，校长蒋才国和810名学生还在两三公里外的旧校里。

“现在那里已沉入水底，成为水库的一部分。”蒋才国说。

2017年新年来临之际，在这所总投资6650万元、规划36个教学班的新的水口镇中心小学，看到的是装备齐全的班班通多媒体教室、实验室、计算机教室，和正在落地的少年宫项目。运动场已经铺设完毕，只等开年便可扫尾。老校区的观赏苗木与新购入的绿植都已移植到位，开春后，绿化工程将启动实施。

“新的学校必须要有新的面貌，我们将用高质量的教育教学水平，搭配这所美丽的新校园。相信未来的水口镇中心校将成为江华乃至永州的名校！”年轻的校长蒋才国对此充满信心和期待。

与水口中心小学一样，水口中学、江华瑶族小学、花江中心小学、濠江完全小学、贝江中心小学、务江中心小学等移民学校，也陆续开始整体搬迁，2016年11月16日前，将全部搬入新校就读。

在学校搬迁建设过程中，县教育局按照县委、县政府的安排，派出七个工作小组，帮助学校开展应急度汛和临时安置工作。花江中心小学校长曾宪英介绍说：“除按家长要求的一年级、二年级部分同学分别转入县城为人小学、东田中心小学跟班就读外，其余都已经安排在务江中心小学和东田中学开班就读。同时，学校还安排了专职的生活老师，管理学生的食宿，保证学生有饭吃、有住宿，能上好每一节课。”

思源实验学校是设在县城四联移民安置点的九年制学校，移民子女在这里可以完成学前班、小学、初中的全部学业，以后将扩建到高中阶段教育。搬迁到新的思源实验学校后，移民学生家长岑造成激动不已：“原来还考虑孩子读书问题，今天孩子们学习得到了很好的安排，悬着的心总算放了下来。”

为了支持涔天河水库扩建工程，3万移民搬出祖辈生活的瑶山，对于移民的孩子，在新的环境里学习生活，他们的明天将更加美好！

4、移得出，稳得住，好起来

库区移民祖祖辈辈依靠山林资源和传统谋生技能过着自给自足的小农生活，部分年纪偏大的移民对于集镇样样都要花钱的生活方式心存疑虑，担心成为“劳作无地、就业无岗、保障无份、创业无钱”的群体，他们觉得自己外迁到新的环境之后，失去了自食其力的资源条件，打工无人要，创业无门路，不仅不能养活自己，还担心会成为家庭的累赘。

为确保移民移得出、稳得住、好起来，确保移民安置区长治久安，江华县委、县政府通过各种途径对移民给予扶持，把帮助移民发家致富、帮助他们同步实现小康作为各级各部门义不容辞的政治责任。

（一）固本强基，建立健全社会保障体系

确保移民充分享受国家现有的各项社会保障政策。对符合城乡低保条件的全部列入参保对象，做到应保尽保；为移民提供城乡医保、大病医疗救助、新农合等保障措施，使移民群众病有所医；孤寡老人按政策及时纳入敬老院集中供养，为困难移民群众解决后顾之忧。

确保50岁以上年纪偏大的移民和18岁以下的移民每人每月有300元的基本生活保障。根据调查，移民搬迁安置人口中，18岁以下的有5957人（其中农业人口4766人，非农人口1191人），50岁以上的有6712人（其中农业人口5370人，非农人口1342人；60岁以上的有3879人），按每人每月300元的基本生活保障标准测算，这两个群体的12669名移民每年需要扶持资金4560.84万元。目前已经明确的扶持资金来源主要有三个方面：国家对移民中的农业人口按每人每年600元的标准给予后期扶持，这两个群体中的10136名农业人口每年可获得后期扶持资金608.16万元；按照长效实物补偿安置方式，移民中的农业人

口人均每年补偿500公斤中晚籼稻，按国家发布的中晚籼稻最低收购价格折算现金补偿约1300元/年，这两个群体中的10136名农业人口每年可获得补偿资金1317.68万元；3879名60岁以上的老年移民每人每月可以拿到55元基础养老金，每年可拿到养老金256万元。上述扶持资金每年共计2181.84万元，缺口资金每年达2379万元。为解决这笔缺口资金，按照责任分担机制，以初步设计报告规划到江华、道县、江永县、回龙圩管理区安置的移民人数为基数，按每人每年1000元的标准分摊筹集移民基本生活保障金，由市财政负责征收、监督管理，下拨到江华专款专用。据测算，初步设计报告规划到江华安置移民13211人，每年需筹集资金1321.1万元；道县规划安置移民7840人，每年需筹集资金784万元；江永县规划安置移民3790人，每年需筹集资金379万元；回龙圩管理区规划安置移民749人，每年需筹集资金74.9万元，“三县一区”每年共需筹集资金2559万元，以此来共同解决移民基本生活保障问题。

同时，将涔天河水库电站实现的税收地方部分全部用于移民后期生活扶持和产业发展。

（二）因人施策，确保移民就业

移民搬迁之后，生产生活如何安排？如何规划他们未来的发展？在实施移民搬迁的过程中，江华县委、县政府就开始同步考虑移民搬迁户的就业、创业等后续发展，将江华工业园、海联产业园区内的企业纳入到移民就业创业中来。从2014年开始，县人社局等部门针对移民无技术、生产难发展、创业缺资金等现状，对移民进行计算机、中式烹饪、电焊等技能培训和菌类、果树、山羊、牛等种养殖技术培训。同时，给予愿意发展种养殖或开办企业并具有一定诚信的移民，每人提供两年内免息的5万元、8万元创业贷款。

同时，在永州湘源农业开发公司、同丰粮油食品公司、九恒数码集团等近10个企业挂牌成立了移民创业就业培训和就业基地（点），形成了政企合作助移民创业、就业的良好氛围。并建成现代农业观光园、制香产业园、生态农业园等为移民群众提供10000个就业岗位，实现移民可在家门口创业、就业。

据调查，移民搬迁安置人口中，18—50岁的青壮年移民有12921人。对这一群体，江华县委、县政府因人施策，有针对性地给予就业帮扶，确保有就业能力和就业意愿的移民都能够实现就业。一是对目前已有就业岗位的移民，将逐个建立就业档案，实行台账式跟踪服务，组织开展在岗技能提升培训，提升职业技能和职业素养，帮助他们实现稳定就业。二是对有劳动能力、有培训就业愿望且目前未就业的移民，将采取订单、定向、定岗培训相结合的形式，使他们成为有技术、有能力的合格产业工人，促进其尽快实现就业。近年来，随着江华一批在建工业项目的相继建成投产，可形成产业工人一万人以上，移民在家门口就有事干、有钱赚。三是对移民子女的就学实行动态跟踪，通过出台奖励措施，激励移民子弟发愤学习，积极进取，通过就学深造来改变自身命运和家庭命运；对移民的子女完成义务教育后未能继续升学的，实行劳动预备制培训，在他们就业前追加一至三年的职业技术培训和相关教育，使他们在取得职业资格证书和毕业证“双证”后再进入就业岗位。四是对有创业愿望且具备一定创业条件的移民，将组织开展创业培训，培育一批有头脑想干、有胆量敢干、有能力会干的自主创业者。

2014年2月8日，开春上班的第二天，由江华瑶族自治县人民政府主办，县人力资源和社会保障局、县经济开发区、水口镇等承办的首场移民转移就业暨“春风行动”企业用工现场招聘会在江华县城体育馆内启动。几天后的2月14日，“春风行动”移民转移就业企业用工现场招聘会走进瑶山，把招聘会开到移民家门口。

此后，以帮助移民就业为主的“春风行动”企业用工现场招聘会每年召开一次。到目前，县内各单位、各企业已为移民提供就业岗位12000多个，很多移民找到了比较稳定的就业岗位。

2017年5月2日，湖南省委书记、省人大常委会主任杜家毫在省移民局长李新连，永州市委书记李晖、市长易佳良，市委常委、江华县委书记罗建华，县长龙飞凤等领导的陪同下，亲临江华视察涔天河水库扩建工程移民安置点建设。杜家毫先后来到移民赵大春、冯妹子、赵广龙、盘春香家中，与他们一起拉家常，了解移民搬迁后的生产、生活和就业情况。看到小区内各类商店生意红火，移民的子女能就近在移民学校就读，多数家庭都找到了稳定的工作……他满意地对随行的市县领导说，要进一步完善移民安置小区的配套建设，让更多的移民能实现家门口就业，把搬迁后的生活过得更美好。

（三）搬不丢的瑶医馆，过来看病的人更多了

李珍清，60 岁，花江乡黄石村人，著名瑶医，曾多次应邀参加全国瑶医瑶药研讨会。因为花江乡位于淹没影响区，2015 年 3 月，他从花江搬到了东田镇（现为涔天河镇），2017 年 3 月正式入住涔天河镇移民安置点。

居住在一起的大多是务江、花江、水口、贝江等乡镇的移民，对李医生都很熟悉。在他们的印象里，城里大医院大夫开的那些七七八八的药片，都不如李医生的几副中药，要是遇到跌打损伤、虫蛇叮咬和别的一些疑难杂症，李医生的草药、膏药、针灸、推拿才是真正最管用的。

因为都是乡里乡亲，彼此知根知底，李珍清的瑶医馆因为搬迁东搬西移，但乡亲们遇到病痛都还是找上门来。凭着精湛的医术和良好的口碑，李珍清的瑶医馆生意一直很好。说起这次水库扩建搬迁，李珍清总是很激动，他说："我们这里的移民基本上都是二次移民，为涔天河水库建设做出了巨大牺牲。但我相信，搬出来生活会更好。你看，现在过来看病的人多了，出诊也方便了。"

他有些遗憾地说："现在忙了，上山采药也没有时间了，明年准备在旁边的田地种些药材，我也要学着当城镇人。"

（四）从小木屋到大洋房

"以前住在山里的小木屋里，每次下雨都是大雨大漏、小雨小漏，让人提心吊胆的。现在好了，住进了县城的大洋房，舒适又卫生。"住进江华县城沱江镇四联村移民安置点的盘财仁兴奋不已。

“这是政府给我建的新楼房，面积有130多平方米。”记者随盘财仁走进其新房，见到房子里有客厅、卧室、书房、厨房、卫生间等，彩电、电脑、冰箱、洗衣机等家电也一应俱全。

今年64岁的盘财仁是江华涔天河镇天竹村村民。1966年涔天河水库开工建设，他家第一次由地势低的地段搬到了天竹村地势较高的地段。虽然环境有所改善，但交通不便，住房条件仍然很差。这次水库扩建移民搬迁，他选择了到交通方便的县城四联移民安置点安家。

“以前住在山里，就医、上学、交通都不方便，现在不仅就医、上学就在家门口，小区内还修建了休闲广场，方便我们散步、娱乐和健身。”盘财仁说，“搬迁搬来了幸福新生活。”

2017年1月18日，《湖南日报》记者唐善理、通讯员黄志东记录下了这位移民搬进新家时的喜悦心情。

（五）家门口就业，只为不再漂泊

2016年2月16日，农历正月初八，江华瑶族自治县在县民族体育馆举行2016年“精准脱贫，关爱移民就业”暨“春风行动”企业用工现场招聘会，30000余名移民和扶贫对象赴会选岗，这是江华系列移民暨精准脱贫招聘会的第一场。

“正月初七我收到送岗短信，今天招聘会就在四联安置点附近，我成功应聘创晨电子厂，培训后就可以到县城工业园区上班，移民搬迁与家门口就业两不误，感谢政府。”家住务江乡的蒋建宏是涔天河库区去年七千余移民先期度汛搬迁户之一，再过几个月就可以住进装修好的新家了。

“一共有172家企业参与招聘，基本上都是县工业园区的企业，仅一个上午就有4130人达成用工意向，提供政策咨询服务21300人次。同时发放维权政策宣传单2000多份，深受移民群众和农民工的欢迎。”江华人社局局长唐长军介绍说。

参加活动的有县经开区的48家规模企业及县内外其他用工单位，共计172家，提供车间生产、机械维修、仓库管理、销售业务、保安、餐饮服务等各类就业岗位3600多个，涉及电子、建材、能源、传媒、服装、医疗等多个行业。此次招聘会有九恒集团、海螺水泥、同丰粮油、协合风电等多家大型企业参加此次招聘会，现场共发放宣传资料30000多份，宣传标语200余条，咨询点30个，组织入场求职人数达到20000人次，提供政策咨询人数21300人次，达成就业意向约4130人，其中建档立卡贫困对象1700余人。

此次首场招聘会提供了近5000个就业岗位，供涔天河库区移民、精准扶贫对象、返乡农民工、高校毕业生、下岗失业人员及复员退伍军人等报名应聘，力争引导40000名返乡农民工创业就业，扶持3000名库区移民实现转移就业，帮助每50户农村困难户中每户至少有一人实现就业。除此之外，该县还将在有条件的乡镇举行现场招聘会，送岗上门。

洋涓村洪冲组青年移民盘超的妻子原来在广东打工，现在想在江华县城找工作，县科技局移民队员得知情况后马上联系湖南凯盈电子科技有限公司的马总，马总表示请她直接过来上班，她去公司了解情况后报了名。洪冲组一青年移民想到县城找个工作，移民队员周灼明、刘建东积极联系寿域路加油站有关领导，介绍该移民亲自去加油站了解情况，并落实了就业岗位。有人对移民队员说："移民找工作的事你们也管？"移民队员说："就业是事关移民切身利益的头等大事，帮助移民就业也是我们的光荣，能为他们找到满意的工作出一份力我们感到非常开心！"

"政府连我们工作都想到了。现在我在离家不远的海联产业园找到了工作，不仅能管孩子，原来最害怕搬出来没事做的顾虑没有了，心也安了下来。"10月25日，移民黄红涛在入住四联安置点的第二天就找到了工作，他按捺不住喜悦的心情，逢人就告诉这一好消息。

（六）科技培训，提高移民致富本领

"听了专家理论联系实践的课收获很大，有了一门技术走出大山再就业的底气更足了，吃住还免费，感谢政府给我们这么好的培训机会。"

参加了县移民局组织的实用菌培训后，来自花江乡大田村26岁的移民盘春燕高兴地说。在盘春燕的笔记本上，密密麻麻地写了5页培训记录，约有2000多字。

为提高移民的科技种植水平和自身致富能力，促进移民增收致富，2014年8月27日，由江华移民局、永州潇源农业开发有限公司联合主办的移民食用菌技术培训班在沱江镇德桥河村举行，来自花江、务江等地的30多名库区移民参加了培训。培训中，邵阳市食用菌协会会长伍名光就食用菌基础知识、人工栽培食用菌历史、食用菌原种生产、食用菌栽培袋生产流程、食用菌母种制作、平菇栽培技术、香菇栽培技术、木耳栽培技术八个方面内容进行授课。这次培训，采取理论学习、现场实践等形式进行，并组织移民到永州潇源农业有限公司现场参观学习。通过培训，移民充分了解食用菌发展现状和前景，较好地掌握了食用菌菌袋配制、灭菌、接种和放袋温度、湿度、光度管理等栽培技术。

江华森林植被和森林覆盖率高，资源丰富，有着得天独厚种植食用菌的条件。自2014年以来，县移民局、县科协等部门组织移民开展食用菌种植培训，从广西农大、湖南农大等高校及食用菌大公司聘请专家现场授课，重点推广食用菌地载、大棚层架式栽培、液体灭菌接种、生料发酵等新技术，推广双胞蘑菇、秀珍菇、姬菇、香菇等珍稀食用菌新品种，先后举办食用菌栽培与管理授课培训班5期，组织现场观摩教学培训10场次，共培训移民300多人次。通过培训、引导，移民种植大户已发展到26户，有专业合作社2个，年种植香菇300万袋，平菇种植100万袋，受益移民2300人。库区移民种植食用菌已具备丰富的实践经验，掌握了从制种到管理全套技术，形成了产品销售网络，是库区移民增加经济收入的重要产业。

贝江乡黄沙村移民张刘田，2014年参加食用菌培训班以后，掌握了过硬的食用菌种植技能，他通过两年半的种植发展，积累了一定的种植经验，如今已是食用菌供应批发的小老板，产品远销广东深圳、珠海等地，年收入达20多万元。

针对库区移民妇女无技术、缺技能等现状，组织科技、农业、畜牧等部门开展果树种植管理、牛羊养殖、水产养殖实用技术培训和计算机、电焊、糕点等技能培训，让移民妇女学到致富技术与本领。同时，采取“一帮一”“一带多”的技术传培方式，让库区3000多人次移民妇女接受了实用技术培训，近2000人次参加了新技术培训，涌现了300多户以妇女为主的科技示范户。同时，派出100名科技专家，对全县53个库区移民村进行了技术包干，通过开辟“网络课堂”“流动课堂”“研讨课堂”“实践课堂”四类课堂，让移民妇女搭乘“科普大篷车”致富。务江乡务江村移民易菊英通过参加县移民局、县科技局、县科协举办的科技培训，承包了30多亩水田放养大闸蟹，种植莲藕、茭笋，开发立体生态种养殖，产品供应县内及周边县区各大超市，年纯收入达到10多万元。

（七）移民安置通过国家水利部验收

2017年4月10日至12日，国家水利部水库移民开发局、长江水利委员会、省水库移民开发管理局、省水利厅、省发展和改革委员会等组成的验收组，对涔天河水库扩建工程正常蓄水位313米高程以下移民安置进行验收。验收组通过深入移民安置点实地考察、核实，同意通过涔天河水库扩建工程正常蓄水位移民安置验收。

涔天河水库扩建工程正常蓄水位高程313米，移民搬迁涉及江华境内原务江乡、花江乡、水口镇、清塘乡、小圩镇、贝江乡、湘江乡、码市镇、东田镇等9个乡（镇）的54个村、5个居委会，及江华国有林场的2个分场。涔天河水库扩建工程启动以来，江华严格落实目标管理，倒排工期，全力推进移民安置点建设和专项设施建设。到验收时，已在县内四联、东田、水口、小圩、码市等6个移民安置点，搬迁入住6666户28431人。同时，农村移民生产安置措施已经落实到位，专项设施施工进度及保障措施达到保通保建要求，防护工程建设及浸没处理项目已经完工，移民安置补偿资金基本发放到位，库底清理任务已经完成并通过初步验收，库区度汛方案、责任措施已经落实到位。

在移民安置项目启动晚于大坝工程两年的情况下，江华县委、县政府在省市党委、政府的大力支持下，全县上下砥砺前行，克服资金缺、人才少、雨水严重、设计阻工、地质条件差等不良因素影响，采取边设计、边招标、边施工，政府统建、移民建房理事会代建，代付材料款及民工工资等超常举措推进项目建设，实现了与大坝工程建设同步。完成了涉及 7 个乡镇 59 个村（居委会）240 个组 6642 户的移民安置房屋抽签分配。这些工作的超常推进，是移民安置顺利通过水利部移民局验收，水库按时下闸蓄水的最有力保障。

成绩来之不易，经验弥足珍贵。江华县委、县政府在总结移民安置工作时，归纳了三个方面的经验——

一是来源于县委政府的坚强领导和责任担当。自涔天河水库扩建工程启动以来，县委政府始终坚持把涔天河水库扩建移民工作作为全县的头等大事来抓，作为压倒一切的中心工作来抓，举全县之力、集全民之智，组织开展了“移民应急搬迁安置平安战、移民安置点建设攻坚战、库区专项设施复建突击战”三大战役，最大力度加快征地拆迁进度，最大限度搞好移民安置工作。始终坚持“人本移民”，把保护移民利益摆在第一位，把库区移民安置作为群众脱贫摘帽奔小康的重大机遇和政治使命来谋划和实施。不管是向国家、省市据理力争，优化安置方式，还是坚持与新农村建设、新型城镇化建设和民族风情旅游发展相结合的“三结合”思路，高起点、高标准规划建设安置点；还是担负巨大资金压力制定移民建房扶持政策，无处不体现了县委、县政府敢突破、敢创新、敢担当的执政为民理念，做到了政策制定照顾移民，建设标准高于同类水平，执行口径公平统一，千方百计争取移民利益最大化。始终坚持强化移民工作的组织领导，建立“县委政府统一领导，县级领导包乡镇、县直单位包村、干部包户，职能部门各负其责”的移民工作领导体制和“十包”责任机制，选派精兵强将，明确责任目标，细化任务措施，实现了征地拆迁和移民安置工作平常时间有人推、关键时刻有人突、攻坚阶段有人冲的组织保障格局。始终坚持“廉洁移民”，资金使用、政策执行坚持做到公平公正、公开透明，严格资金发放程序，强化资金监管审查，坚决从源头杜绝违法违规行为发生，真正把移民工程建成廉洁工程、民心工程。

二是来源于广大移民群众的信任和拥护。涔天河水库扩建工程移民安置规划经历了项目建议书—可行性研究—初步设计—实施规划四个阶段，这个过程既是县委政府尽最大努力尊重移民意愿，争取移民利益最大化，实现移民安置方案最优化的过程，更是县委政府与移民群众相互信任支持，党群、干群关系不断融洽的过程。在这过程中，我们的移民群众始终保持了服从国家行动，服务水库扩建的大局观和荣誉感。即使在外迁外县去向不变，移民工作陷入僵局的初设阶段；在大坝下河填筑不可逆转，应急搬迁势在必行的导截流阶段；在安置点尚未建成，必须全面拆除库区房屋的下闸蓄水验收阶段，移民群众没有出现反对水库扩建的声音和破坏水库扩建的违法行为，更多体现的是广大移民群众的理解和信任。在这过程中，移民建房理事会充分发挥了党委政府联系移民群众的桥梁纽带作用，进一步坚定了移民群众重建家园的信心和决心，为加快安置点建设等各项工作的快速有序开展，积淀了深厚的群众基础。正是有广大移民群众的理解和信任，有如此深厚的群众基础，县委政府才能够集中时间、精力、力量抓好建设；才形成了其他水库没有的移民主动要求加快搬迁步伐，积极参与项目建设，进而促进整个水库工程建设的江华移民工作氛围。

三是来源于广大干部职工的坚韧意志和无私奉献。全县广大党员干部身先士卒、勇挑重担，扎根基层、尽心工作，充分发挥了先锋模范作用。在连续多年的移民安置持久战中，无论是四大家主要领导，还是分管联系领导，都亲临一线，既当指挥员又当战斗员，直面矛盾和问题，勇当征地拆迁和移民安置工作的坚强后盾。广大干部职工把移民当亲人，与移民结对子、同劳动，四年如一日走村串户、下地入田，移民在哪儿，工作就开展到哪儿；对于进不到门、见不到人的移民对象，更是想尽一切办法，动用一切社会资源，创造一切碰面机会，甚至分赴全国各地，点对点开展工作、面对面争取理解支持。特别是在协议签订、应急搬迁、安置点建设和库区专项复建、库底清理的各个攻坚阶段，涌现出一大批想干事、会干事、能干事，敢担当、敢碰硬的干部职工，展现了江华干部职工在关键时刻特别能吃苦、特别能战斗的良好素质。

2017 年 2 月 13 日，在江华县委召开的经济工作会议上，县人大常委会主任、涔天河水库扩建工程指挥部常务副指挥长、扩建办主任黄志坚代表县委、县政府做了题为“坚决夺取移民搬迁安置工作的全面胜利”专题报告，他在报告中说：“县委政府的坚强领导，社会各界的大力支持，全县上下的齐心协力是做好移民工作最基本的保障；思想认识不断深化，干部信心不断增强，群众基础不断巩固是我们工作最根本的突破；超常理念的引领，工作思路的创新，体制机制的健全是我们工作最有效的抓手；全县上下一盘棋，一条心，一股劲是我们工作最宝贵的经验；工作推动的加快，干部形象的改变，社会满意度的提升是我们工作的最大欣慰。这些，必将成为今后我们工作的宝贵财富，必将进一步激发库区群众排除万难建设家园、创造更加美好生活的满腔热情；进一步激发全县人民推动江华经济新跨越，实现赶超发展、建成全面小康的昂扬斗志。”

5、路，在瑶山延伸

如果说，涔天河水库扩建工程是湘南水利建设的新高度，那库区道路复建更是瑶山交通建设得以根本改善的一次大提速！

逢山过山，遇水架桥，是这次库区道路复建的难点，也是这次库区道路建设的亮点。

库区道路复建工程常务副指挥长、江华人大常委会副主任廖家益介绍说：“整个道路复建工程包括七条公路、四座独立桥梁、一座钢索桥，总投资 4.93 亿元。项目自 2015 年 3 月开工建设以来，累计完成投资 4.3 亿元，占合同金额的 88%。公路建设里程 89 公里，已完成全部挡土墙、涵洞、水稳层施工，完成混凝土路面 73 公里；桥梁工程共 15 座，已全部完工，周家岭吊桥正在进行钢构箱梁施工，整个道路复建工程预计

2017 年 9 月 30 日完工。”

为如期完成库区道路复建目标任务，使库区交通尽快恢复，让库区群众出行更安全、快捷，江华结合交通建设三年大会战，组建了由县委专职副书记任指挥长的道路复建工程指挥部，吴恢才、龙赋云先后担任指挥长。整个道路复建工程分 10 个标段，由中南建设集团有限公司、核工业长沙中南建设工程集团公司、湖南发通路桥建设集团有限公司等 10 个承建单位同步开工建设。

开工以来，由于长时间的雨季和连续两年的暴雨洪水，整个库区道路复建工程进展缓慢，花江大桥等部分标段受暴雨山洪影响，造成巨大损失。永州市副市长、市涔天河水库扩建工程协调领导小组执行副组长贺辉紧急约谈库区道路承建单位的负责人，他先要“老板们”把施工进度跟不上的原因摆出来，然后表态说，如果是市里、县里的部门不配合、不支持的问题，可以随时向他报告；如果是承建公司资金跟不上、劳力跟不上、技术力量跟不上等问题，建议老板主动让贤、趁早走人，因为库区的移民等不起，永州和江华的发展等不起！

2016 年 3 月，江华三年交通大建设指挥部牵头，组织各施工合同段对影响省道 S355、X081 等涔天河水库扩建道路改复建工程施工的问题进行了全面梳理，对相关单位和乡镇交办了 82 项任务，限期解决。县委办督查室、县政府督查室组成联合督察组，跟踪督查每一标段工程进展情况。

“我经手过这么多的工程，能够以这样的速度和力度为我们提供服务解决问题的，只有江华。”省道 S355 二标段项目经理彭本辉竖起大拇指这样说。江华服务好、解决问题快，这已经是 S355 和库区道路复建施工方的共识。

2016 年是湖南“一号水利工程”涔天河水库扩建工程关键之年，11 月涔天河库区道路复建（X081 等）控制性工程、S355 江华分水岭至白芒营公路水淹段能否实现桥梁完工并顺利拉通路基，是确保 8 月 2.7 万移民能否按时搬迁入住和 11 月涔天河水库扩建工程能否关闸蓄水，“保畅通、保通水、保通讯”的关键之所在。

为此，江华三年交通大建设指挥部，切实优化施工方案，制定雨天赶工计划，紧扣时间节点倒排工期，确保不因人、因资金、因材料、因设备影响工期。江华县委督查室、县政府督查室牵头组织专项督查组对82项影响施工的具体问题解决情况进行每周一督查一通报，对作风不实、落实不快的责任领导全县通报批评，全力督促问题解决。各责任领导一线指导、一线督查、一线解决问题，各责任单位全力以赴，全员参与，全部取消节假日休息，深入群众做过细思想工作。

同时，电力和通信部门安排专业队伍驻守施工现场，快速反应，贝江便民服务中心将辖区内的房屋拆迁任务分解到人，主要领导承担房屋拆迁的群众工作，将完成任务的决心、对移民群众的爱心和做通工作的耐心融入实际工作中，仅10天时间完成了贝江大桥周边27户群众的房屋拆迁任务。

江华以过硬的作风，为涔天河水库扩建道路改复建工程创造了优良的施工环境，获得了一致好评。各施工单位积极响应江华县委、县政府的号召，组织劳动竞赛，优化施工方案，落实雨天赶工措施，迅速掀起赶工高潮。

这一年，是库区道路复建工程全力攻坚、啃下“硬骨头”的关键一年。短短一个月时间，S355桥梁、隧道工程全面铺开，全线有23座桥梁、2段隧道同时施工，约160个桥墩桩基开挖成孔；库区道路复建工程15座桥梁已基本进入承台修筑或桥墩浇筑阶段，部分桥墩已完成系梁和盖梁等环节，其中蒋家河中桥已实现主体竣工。

2017年上半年，完成投资11200万元，占年度投资的74.7%。

9月15日，涔天河水库扩建工程X081道路复建工程中的第一座大桥——务江大桥建成通车。至此，库区131公里复建公路已经完成89公里路段的路基建设，其中48公里完成混凝土路面浇筑；15座大桥已有12座具备通行能力，其余三座桥梁正在抓紧施工。连接湘粤，被誉为贯穿江华岭东、岭西交通“大动脉”的355省道钩挂岭隧道，以每天三米的进度掘进，预计2018年4月完成施工，到时此路段由盘山公路绕行一个小时将缩短为5分钟！

一场改善瑶山交通的大会战即将落下战幕。

放眼瑶山，在绿水青山之间，天堑峡谷虹桥飞架，玉带一般的公路将库区各个乡镇连接，一个安全、便捷、高品质的库区交通网络，成为千里瑶山经济发展的生命线，走向富裕的黄金走廊！

6、展望：涔天河，一幅迷人的山水画卷

高山、湖泊，森林、峡谷，无边的水域和星罗棋布的岛屿、半岛，点缀其中的木楼、瑶寨，曼妙的瑶族歌舞……独特自然风光和奇异民俗风情，构成了涔天河库区美丽不可匹敌的迷人画卷。

随着铁路、高速公路、高铁、水运、航空等交通网络的日益完善，地处华南之南和粤港澳后花园的永州江华涔天河，理所当然将成为湘南地区最具竞争力的核心旅游景区！

库区道路复建的高标准规划，高效率建设，更加速了这一理想变为现实的进程。

2016 年 5 月，由重点移民乡镇原务江乡、花江乡与东田镇合并而成的涔天河镇入选“湖湘风情文化旅游小镇”。涔天河镇位于江华县城东 9 公里处，坐拥涔天河水库，境内拥有天河瑶池、生态瑶寨、溪江晓雾、清华观等景点，旅游资源十分丰富，是规划建设中的涔天河旅游度假区的主要入口和重要的游客服务中心。

2016 年 12 月 29 日，依托水库打造的总投资约 5 亿元的江华水口镇“瑶都水街”项目开发、涔天河游船项目开发和相关景区景点委托运营管理项目正式签约，为涔天河水库综合开发率先走出了坚实的一步。按照规划，从 2017 至 2019 年，将重点打造潇湘天湖核心景区，开通天湖水上旅游项目，建设天堂瑶寨、瑶山部落、花江瑶林等民俗风情体验项目；从 2020 至 2024 年，重点开发高端度假和会议度假旅游，打造天湖国际会议中心、天湖体育公园等；从 2025 至 2029 年，开发旅游度假地产。

2017 年 2 月，从湖南省旅游发展委员会“迎老乡、回故乡、建家

乡”共建新湖南工作推进会上传来喜讯，在面向国内外商会代表进行2017湖南省重点旅游中的体育旅游类招商项目推介时，涔天河旅游度假区项目上榜湖南2017总投资额近2000亿元的重点旅游招商项目，总投资达60亿元。

涔天河旅游度假区旅游项目以涔天河水库扩建工程为依托，项目总投资60亿元，规划面积135平方公里，开发湖泊观光、高端度假、风情体验等诸多项目，将打造成为永州的核心发展战略区。根据《江华涔天河旅游度假区总体规划》，将以“神州瑶都”品牌为依托，以涔天河的水、岛、湖资源为基础，以瑶族原生态文化为灵魂，将浓郁瑶族文化风情融入潇湘天湖，打造集湖岛观光、运动休闲、滨水娱乐、瑶乡文化体验、会议休闲度假、栖湖度假地产于一体的国家级原生态瑶族风情湖泊旅游度假区。

2017年4月30日，永州市委书记、市人大常委会主任李晖在实地调研涔天河镇东田移民安置点时指出，要把移民安置点打造成4A级景点，让搬离库区的群众享受到旅游带来效益。江华县委迅速落实，明确由县人大常委会主任、县涔天河水库扩建工程指挥部常务副指挥长、扩建办主任黄志坚负责，牵头组织县内外多名文化学者和美术设计人才，围绕突出瑶族文化主题、展示瑶族民俗风情、追溯瑶族迁徙历史这三大主题，对安置点中心广场、主要街道、房屋外墙立面等景区景点进行全方位的文化创意设计，把瑶族精神和瑶族文化元素注入其中，提升涔天河旅游风情小镇的文化品位和旅游形象。

5月4日，“瑶都水街·中国爱情小镇”项目开工仪式在水口新镇举行。市委常委、江华县委书记罗建华，县领导龙飞凤、龙赋云、黄志坚、易恢节、李勇东、黎氢及市民宗委、市旅游外事侨务局、市文体广新局负责人、桂林开元旅游投资管理有限责任公司相关负责人出席项目开工仪式。瑶都水街项目位于江华最大的移民新镇水口镇，占地165亩。总建面积13万多平方米，按国家4A级旅游景区标准规划设计，一期近1300米景观河道贯穿水街，规划建设瑶家愿望塔、爱情博物馆、油杉林、桃花岛、三十六鸳鸯池、四大爱情城楼等40多组旅游景观。项目依托涔天河水库扩建后的美丽风光，以瑶族文化、瑶族风情为特色，以解决移民就业创业为抓手，着力打造“湘南闲情康养度假旅游胜地”、国家4A级景区。项目建成后，这里将成为全国最具瑶族风情的旅游知名目的地，永州旅游将再添一张靓丽的名片，瑶族文化传承将再获一个重要的载体，广大移民将再得一个就业创业的基地，库区群众将再创一个致富奔小康的新产业。

加速推进以涔天河库区为核心景区的旅游项目建设，是江华县委、县政府落实市委、市政府打赢旅游升温战役、打胜移民安置战役的重大举措，是把江华的资源优势、文化优势转化为经济优势的强力攻坚，更是落实“移民安置、旅游服务、景区游览”协调发展，促进移民群众增收致富的生动实践。

新的蓝图，描绘出瑶山大地波澜壮阔新的画卷；

新的目标，开启了瑶山儿女奔向全面小康社会新征程！

第八章　灌区：湘南“北大荒”的嬗变

2015年10月29日上午，湖南省涔天河灌区工程开工仪式在江华瑶族自治县东田镇蒋家寨村灌区左总干渠首举行。湖南省副省长戴道晋宣布湖南省涔天河灌区工程开工，水利部建设与管理司司长孙继昌发表讲话，湖南省政府副秘书长曹英华、省水利厅厅长詹晓安、省移民局局长颜向阳出席，永州市委书记陈文浩致辞，永州市委副书记、市长易佳良主持开工仪式。

涔天河灌区工程设计总投资40.18亿元，总工期42个月，设计灌溉面积111.46万亩，可改善区域内16.73万人的生活用水条件。工程建设内容主要包括：左总干渠及所属左干渠、白芒营提灌干渠，右总干渠及所属东干渠、西干渠，以及支渠等灌区骨干渠系和配套工程等。工程将新建干渠以上渠道240公里、支渠169.6公里。

孙继昌在讲话中强调，涔天河灌区的正式开工是湖南省贯彻落实中央兴水惠民决策部署、加快节水供水重大水利工程建设的又一盛举，也是今年开工建设的第27项节水供水重大水利工程，标志着2015年国务院《政府工作报告》提出的“再开工27个重大水利工程项目”任务全面完成。他希望当地各级政府加强对工程建设的组织领导，扎实做好征地拆迁和移民安置工作，及时解决工程建设中出现的问题，为工程的顺利实施创造良好的条件。希望湖南省水利厅加强对工程建设的协调指导，强化质量监控、安全监督和廉政风险防控，严格工程验收管理。希望项目法人及参建各方全面落实项目法人责任制、招标投标制、建设监理制，严格合同管理，严把工程质量安全关，强化资金管理，周密组织，精心设计，科学施工，加快建设，努力把涔天河水库灌区建成优质工程、阳光工程、民心工程、放心工程。

陈文浩在致辞中指出，涔天河水库灌区项目的开工建设，是造福三湘人民的惠民工程、德政工程，也是永州加快发展的一个重大机遇。建设好、利用好涔天河水库灌区工程项目，是省委、省政府交付给我们的一项光荣政治任务，也是630万永州人民的热切期盼。我们将举全市之力，继续发扬善打硬战、强力执行的优良传统，按照省委、省政府的要求，牢固树立改革意识，始终坚守使命担当，切实把灌区项目打造成优质工程、富民工程、高效工程、安全工程和廉洁工程。我们相信，有国家各部委、省委省政府及省直部门的关心、支持和帮助，在全市人民的共同努力下，涔天河水库灌区工程一定能优质高效如期竣工投运，锦绣潇湘、和美永州的明天一定会更加绚丽多彩！

1、瑶山“幸福渠”：曾经的光荣与梦想

无论是1958年拟定的《潇水流域规划报告》，还是2010年国家发改委最终批复的《涔天河水库扩建工程项目建议书》，灌溉，始终是涔天河工程建设的首要目标和主要功能。

在涔天河取水灌溉的规划问题上，省水利水电设计部门和当时的零陵地委、江华县委曾经有过争论和分歧。1969年10月，湖南省革命委员会主任黎源到涔天河水库工地视察，明确支持地方的意见，他指示：“东方红水库（1966年9月更名），以灌溉为主，左岸库内取水8个流量，引水高程为248米，自流灌溉，下游引水坝不修。”方案确定后，成立了涔天河灌区工程指挥部，张育文任指挥长，受益各县也成立了分指挥部，组织施工。

1969年10月24日至26日，零陵地区革命委员会在道县主持召开涔天河水库工程建设工作会议，正式揭开了涔天河灌溉渠工程建设的序幕。江华、江永、道县三县八万民工群情振奋，舍家别乡，在从江华雾江到道县盆地绵延70多公里的渠道线上，展开了移山凿石、引渡开渠的大会战。

不能忘记，江华两万多劳动大军在黄泥渡隧洞出口与西河渡槽进口段展开的修渠大会战！这些来自全县各地的劳动者，从自己家里拿来树尾、稻草，搭起一间间简易的工棚。他们说：“修水库，为自家，不能什么靠国家。”新圩公社民工许光林脚有残疾，报名参加修渠时大队没有同意，他深夜从家里出发，步行三天来到工地，一定要参加修渠会战。这位编外的劳动者，他一颠一瘸的身影深深地感动和激励着工地上的所有人。他们给自己加任务，一天要完成一天半的工作量。鲤鱼井公社的几对夫妻民工，早上五点多上渠道，中午不休息，吃饭在工地，晚上披星戴月赶回家，10 天做了 20 天的事。他们说：“在自家门前为自己修渠道，拼命也要多干些。”

不能忘记，道县 5 万修渠大军立下的丰功伟绩！为了完成四条干渠和一个中型水轮泵站的建设任务，民工自制了 3 至 5 吨的大石滚 32 个，石、木夯锤 550 个，棒槌 1300 多个，打板 7500 多块。11 月 23 日，蚣坝营共产党员杨惠学、余祚金带领 11 人的团员青年突击队，一天挑土填方达到 83.5 方，创造了人均日挑土填方 6.4 方的工地记录。摩托岭渠段险象环生，开挖十分困难。顾家大队民工连就敢啃这块硬骨头。他们长时间在水下施工，运土要爬上高达 20 多米的山坡。低温潮湿寒冷，坡长路滑艰险，没有机器抽水，他们就用水桶一担一担地挑。雨天坡陡路滑，行走困难，他们就扎起层层楼架，将土石一桶桶往上吊。在晏家田水轮泵站工程，道县审章塘公社的民工营自己解决物资材料，搭起 4500 平方米的工棚，靠人工力量开山凿石修建了一条长 6 公里的简易公路。在突击围水中，二百多人筑起人墙，挺立河中，不惧严寒，脱掉身上的衣服在水中工作五六个小时……

不能忘记，至今让人惊艳的西河渡槽当年崛起的壮举！1969 年 10 月，零陵地区林业基建队和道县 400 多名民工安营扎寨，揭开了规模宏大的涉水架桥大会战。要在荒郊野外修建一座长 1000 米、高 30 米的大渡槽，困难可想而知。建造这样一座大渡槽，不说他们以前从未干过，就连见也没见过。他们靠板车和肩膀将水泥、钢材等材料运到工地。晚上没有电灯照明，昏暗的油灯伴随他们度过一个个长夜。在渡槽排架的浇筑中，老工人赵跃凡的拼命精神令人感动。这位干了几十年木工的老师傅，在天寒地冻、风冷水冽的季节，深夜 12 点带着木工班突击完成水下模板安装任务。为了不影响第二天混凝土的浇筑，他跳入基坑，站在齐腰深的水中，连续工作四个多小时。回到岸上时，他的两只手已经被冻得青紫，双脚几乎迈不开步，一身冷得直打哆嗦。槽身预制件的钢筋扎制是渡槽建设中工作量相当大的一项任务，190 多吨钢材的框架扎制，林基队两名职工每天早出晚归，没有节假日，不休礼拜天，他们苦干 6 个月才完成任务。1970 年 8 月，渡槽的排架浇筑完成，槽身预制件也制作完毕，最后的吊装开始了。随着工地总指挥一声声口哨发出的指令，槽身徐徐升空，安全稳妥地被放到排架上。槽身在延长，一座钢筋混凝土的人间天河，在西河两岸间腾空飞渡，为西河增添了一道亮丽的风景。

不能忘记，危险而又艰难的隧洞施工！渠首 1040 米的黄泥渡隧洞，地质复杂，施工难度相当大。零陵地区水利建设连（水建公司的前身）担任隧洞施工任务，开工以来，隧洞先后出现大小塌方 16 次之多。一次，600 多方水泥石从洞顶轰然垮塌，地动山摇，近百名正在隧洞施工的工人被封堵在洞中，情况万分危急，一场持续近 8 个小时的生死大营救惊心动魄地展开。涔天河水库工程指挥部迅速组织 60 多人的抢救队，全力营救被困工人。抢险队员不顾个人安危用锄头铁铲挖开一个洞口，用绳索将受困工人抢救出来。

…………

1971 年春，涔天河水库灌区工程全面建成。主体工程开挖土石方 183.85 万方，石方 27.86 万方，浇筑混凝土和钢筋混凝土 8.58 万方，投入劳动日 291.2 万个。这个从涔天河水库引水灌溉，以总干渠、中干渠、西干渠、东干渠为骨干，以库、坝、塘、井、泵等小型水利设施为基础的中型灌区，建成小型水库 16 处，河坝 196 座，山塘 87712 口，机械提灌 56 处，中型水轮泵站 1 处，小型水轮泵站 49 处，支渠 13 条。这些星罗棋布的水利设施依托涔天河水库和 72 公里的主干渠，形成了比较完备的灌溉体系。依靠这个灌溉体系，江华、江永、道县三县 10 多个乡（镇）10几万亩农田的灌溉和农业发展条件得到改善。

但，这与水库当初设计的灌溉面积相比，其应有的效率仅仅是十分之一。

时隔46年后，一个令人激动的更加宏伟、瑰丽的梦想再一次成为现实!

2、扩建，建设湖南最大的灌区

湘江上游潇水流域土地肥沃，气候温和，雨量充沛，光热充足，极适宜农作物的生长，是湖南的主要商品粮、优质稻米基地之一，被誉为“湘南洞庭湖”。

由于水资源紧缺，该区域旱灾频繁，近20年，连续干旱60天以上的干旱年有6年，1989、1992、1996、1998、2003、2007年，一般干旱期在7—9月。1989年夏秋冬三季连旱，全区60%的中小水库干涸，71%的溪河断流，农业受灾面积58万亩，减产粮食1.42亿kg，43万人饮水困难，其中道县95%的小二型水库干涸，91%的山塘露底开坼，63条长5公里以上的河流有48条断流，15万人饮水困难。1990年湘南大旱，江华小型水库只有一座未干涸，山塘全部干涸，溪河只剩下3条未断流；1998年干涸小水库37座，溪河断流151条，山塘干涸960口；2003年干涸水库45座，山塘1300口，溪河断流180条，饮水困难15.4万人。

20世纪70年代建成的涔天河水库，采取的是低坝方案，设计灌溉面积为10万亩，保灌面积仅为8.5万亩。

涔天河水库扩建后有足够的调节库容，可充分利用潇水上游的水资源，改善永州南部四县的灌溉条件，减少旱灾损失。与其配套建设的涔天河灌区工程，是国务院2014年确定的172个重大水利项目之一，是2015年国务院《政府工作报告》提出的“再开工27个重大水利工程项目”之一。灌区工程建设任务以农业灌溉为主，兼顾改善当地农村生活供水条件。灌区涉及江华、江永、道县、宁远四县41个乡（镇）2个农林场 242 个村，设计灌溉面积 111.46 万亩，建成后将成为湖南省最大灌区，可改善现有耕地的生产条件，对保障国家粮食安全、发展农村经济、增加收入、保证人畜饮水安全、减少干旱灾害、实现省内耕地占补平衡等具有重大意义。同时，还将改善灌溉范围内 16.73 万人的生活用水条件。

根据省发改委批复的初步设计报告，涔天河灌区建设内容主要包括左总干渠及所属左干渠、白芒营提灌干渠，右总干渠及所属东干渠和西干渠，以及支渠等灌区骨干渠系和配套工程等。新建干渠以上渠道 240.04 公里，支渠 169.61 公里；渠道电站 3 处，总装机容量 12 兆瓦；提灌站 1 处，渠首设计流量 4.8 立方米每秒。工程概算总投资为 40.18 亿元，总工期 42 个月。

2009 年 2 月，湖南省水利水电勘测设计研究总院（以下简称“省水电院”）编制了《涔天河水库扩建工程灌区规划报告》，水利部水利水电规划设计总院 2010 年 3 月 19—21 日在北京对该报告进行了审查，并提出了审查意见，省水电院根据审查意见进行了修改，水利部以“水规计［2009］635 号文”予以批复。

2010 年 4 月，省水电院编制了《涔天河水库扩建工程灌区项目建设书》，水利部水利水电规划设计总院 2010 年 8 月 21—23 日在北京对该报告进行了审查，并提出了审查意见（初稿），省水电院院根据审查意见对灌区部分进行了修改，得到水利部的批复。

2015 年 3 月 4 日，《涔天河水库扩建工程灌区可行性研究报告》经国家发改委评审通过。

2015 年 10 月 29 日，涔天河灌区工程正式开工。

涔天河灌区以潇水为界包括左灌区、右灌区两部分，左灌区在涔天河水库左岸取水后，沿潇水左岸布置左总干、左干渠至乐海水库，左总干在 0 + 017 向左低干渠分水、在 4 + 261（即左总干渠尾）设置集中提水站（白芒营提灌站）向白芒营供水；右灌渠在水库右岸取水后布置右总干渠及东干渠、西干渠，连接水市水库、半山水库及谢河洞水库，联合向右岸灌区供水。按照涔天河水库渠首引水高程 280 米、除白芒营提灌区外灌区内分散提水扬程不超过20米控制，包括江华、江永、宁远、道县四县部分区域，南至江华县的大石桥、西至江永县的允山、东至宁远县的冷水铺、北至宁远县的双板桥和道县的唐家，共涉及41个乡镇。

为推进灌区工程建设如期完成，省市委、省市政府同意由湖南涔天河工程建设投资有限责任公司作为项目法人，负责项目前期工作、工程建设和运行管理。

2015年11月，涔天河公司组建了子公司永州涔天河灌区工程建设有限责任公司，履行灌区工程的项目法人职责。李祥红任总经理，金锦云、王四清、孙宗祥、何学春、陈红星任副总经理，孙宗祥兼总工程师，黄克峰任总经理助理。灌区公司设二室八部，共有员工60人（含聘请专家5名）。

围绕灌区工程全面建设目标，永州市和灌区四县均成立了灌区协调工作领导小组。按照“四统四分”模式：即统一政策标准、统一设计、统一概算、统一高程检测；分别规划组织、分别筹资、分别组织施工、分别工程监理。灌区四县和永州市涔天河水利水电管理局分别成立所辖灌区工程项目法人机构，负责支渠、老灌区改造、排水沟整治和田间工程建设；永州涔天河灌区工程建设有限责任公司负责干渠及三个渠首电站的建设。

永州市委常委、市涔天河水库扩建工程协调领导小组执行副组长舒平表示，在省委、省政府和永州市委、市政府领导下，在省水利厅等省直部门支持下，项目法人及参建各方全面落实项目法人责任制、招标投标制、建设监理制，严格合同管理，严把工程质量安全关，强化资金管理，周密组织，精心设计，科学施工，加快建设，努力把涔天河灌区建成优质工程、阳光工程、民心工程、放心工程。

湖南最大的灌区工程，在广袤的湘南大地拉开了战幕！

3、推进！推进！建造湘南“红旗渠”！

涔天河水库灌区位于南岭山脉中段，以东为九嶷山，西为都庞岭，北为紫金山，南为姑婆山，即东至宁远县的九嶷山，与新田县、蓝山县接壤，西至道县的都庞岭，与广西接壤，北至道县、宁远县的紫金山，与双牌县接壤，南至江华的姑婆山，包括江华西部和北部。整个灌区四周被高山环抱，中间为一片较平坦低山丘陵地形，称道州盆地。潇水由南向北穿过腹地，将灌区分为左右两片。左右干渠从周边高山坡脚引向灌区下游，控制整个灌区。

2015 年 10 月 29 日，涔天河灌区工程正式开工。

2016 年 7 月 19 日，永州市委常委、副市长蒋善生在道县主持召开涔天河水库扩建灌区工程建设专题会议，督促工程施工进度，协调解决工程施工中遇到的问题和困难。市发改委、财政、国土，林业、水利、协调办等单位相关负责人，道县、宁远、江华、江永等县区相关负责人以及施工方、设计方代表参加会议。蒋善生指出，涔天河水库扩建灌区工程是涔天河水库扩建工程的配套工程，是一项具有显著经济效益、社会效益和生态效益的利民工程，灌区建设对保障粮食生产、安全饮水、经济发展具有十分重要的意义。他要求市有关单位、灌区涉及的县区要将思想和行动迅速统一到市委、市政府的安排部署上来，坚定任务，明确目标，以搞好灌区工程建设为己任，把灌区工程建设工作当作当前一项重要工作来抓；要千方百计补齐短板，突破瓶颈，把各项工作稳步推进；要进一步压实责任，积极行动，相互配合，形成合力，确保灌区工程按照时间节点完成建设任务。会上，市发改委、财政、国土、林业、水利等单位相关负责人，道县、宁远、江华、江永等县区相关负责人以及施工方、设计方代表分别作了表态发言。

8 月 3 日，市委常委、副市长蒋善生与市人大常委会副主任李俊湘，市政府副秘书长、市协调办主任黎世民深入道县、宁远调研涔天河水库扩建工程建设进展情况，就灌区支渠工程建设、防洪度汛等重点工作进行安排调度。他指出，灌区工程所在地的党委、政府一定要把灌区建设工作当作一项重要的工作来抓，要坚定目标任务不动摇、突出重点难点不懈怠、加强协调配合不推诿，确保工程按时间节点加快推进，完成预期目标。

2016年10月10日，涔天河灌区工程宁远黄龙头支渠开工！黄龙头支渠为宁远境内新修的5条支渠之一，桩号从东山村的40 + 956米至黄龙头水库止，渠线全长9公里，设计流量1.7，涉及东溪街道的东山、周家、黄龙头等8个村，该项目投资1745万元，由山东省水利工程局有限公司承建，建设工期为15个月，项目建成后，将全面改善灌区沿线东溪街道和文庙街道4万多人3.5万亩农田用水条件，提升农业生产效益，加快现代农业发展步伐，助推灌区精准扶贫和全面小康进程。

涔天河水库宁远灌区工程总投资近8个亿，涉及10个乡镇，可解决26.8万亩土地、32.8万人人畜饮水、土地灌溉问题，黄龙头支渠是全市四县代建工程第一个开工项目。

2016年12月28日，涔天河灌区工程右总干渠二标段虎板石隧洞在道县审章塘乡开工建设，这标志着涔天河灌区工程右总干渠二标段建设从临建转入了正线施工阶段。右总干渠二标段为道县境内总干渠，灌区全长26.231公里，涉及道县4个乡镇17个村，灌溉面积40余万亩，受益群众13万人。主要工程有渠道16.342公里、隧洞9处，其中虎板石隧洞长4787米，是灌区右总干渠二标段重点控制性工程，采取进出口对打，无施工支洞，单口掘进长。它属城门形，底宽4.6米，隧洞进口底，板高程271.317米，出口底板高程269.724米，设计为无压洞。该工程还包括渡槽9处、分水闸1处、退水闸4处、节制闸5处、渠下涵31处、人行桥15处、退水渠602米；计划工期为38个月，合同投资2.06亿元。该标段为涔天河水库扩建灌区工程的控制性工程，也是整个灌区工程中施工最复杂的标段，由中铁五局建设。

“涔天河灌区工程工期紧、任务重，到2017年4月底，必须确保向老灌区供水，目前，各项工程现已进入繁忙的施工黄金期，如果工期延迟一天，就会给国家造成重大损失。为此，公司在参建单位中开展‘比质量、比进度、比安全、比文明’的劳动竞赛活动。”涔天河灌区公司常务副总经理金锦云在项目现场督战时，一再强调工期和质量。

在灌区渠首建设工地，工程技术人员为解决复杂地质环境下的施工难题，经过攻关，创造性采用科学设计结构形式，有效解决左岸灌区隧洞建设和通水难题。金锦云说：“为确保渠首工程通水后期安全顺利施工，技术人员放弃休假，坚持在一线指导。”

工地负责人王忠杨介绍说，为确保灌区工程2017年4月20日通水，7月具备发电条件，左岸渠首电站项目27名工作人员，元旦、春节都没有休假，加班加点赶进度。现在每天实行两班制，早上7时30分开工，晚上12时才收工。

今年47岁的林战是怀化会同县人，正在为电站厂房底板浇筑混凝土，做前期预埋压力钢管管道作业，身上工作服沾满泥浆。他说：“今年春节是我在涔天河水库扩建工地过的第二个春节，说不想家里人是假话，但为了工程早日完工，放弃与家人团聚，值得！”

在涔天河灌区工程左岸灌溉洞（压力洞）工地，这里的建设同样热火朝天。由于洞内潮湿，46岁的工人李道义身上湿漉漉的，去年5月，他从湖北恩施老家来到工地，还只回去过一次。“我们每天22人在洞内施工，三班倒，24小时作业。”左岸灌溉洞去年11月1日开工，长180米，已完成120米。

59岁的工人蒋团云是当地涔天河镇蒋家寨人，但他也只在除夕那天，匆匆回家吃了个年夜饭，就赶回工地。他对记者说：“工期紧，必须服从工作安排。”

35岁的张伯湘，是中铁五局湖南涔天河灌区右总干渠项目经理。该项目作为中铁五局在湖南省的头号水利项目，标段集中了全灌区工程最长隧洞工程以及最高、最长的渡槽工程。在张伯湘的带领下，中铁五局的建设者牢固树立“开局就是决战、起步就是冲刺”的拼搏精神，从进场之初就实行“白＋黑”“5＋2”的工作模式，勇当先锋，主动作为，至今已得取得涔天河灌区干渠工程“六个第一”的佳绩。

截至2017年3月，左总干渠形象进度完成47.2%；右总干渠形象进度完成10%。左干二标、东、西干标均有序推进。左岸渠首、跌水电站形象进度达到75%。

2017年3月30日，副市长、市涔天河水库扩建工程协调领导小组执行副组长贺辉在江华主持召开市协调领导小组会议，安排部署灌区工程、移民安置及库区防汛安保工作。市政府办、市涔天河协调办等市直单位负责人，江华、江永、道县、宁远四县分管灌区建设的领导参加会议。贺辉要求，必须坚定今年省政府下达的10亿元灌区工程建设投资计划任务目标不动摇，细化目标，精准施策，强力推进工程建设；市直各相关部门要加强沟通、协调，抓好资金的筹措和调度，做好支持和服务工作；各县和参建单位要坚持以问题为导向，以解决问题为根本，在保证工程质量和安全的前提下，科学施工，加快灌区工程建设，圆满完成各项任务。

2017年4月20日，灌区渠首电站成功向老灌区供水！

渠首电站通水，这对灌区建设无疑是一个巨大的促进和推动。在灌区所涉及的4县建设工地，参建单位的建设者或在浇筑混凝土，或在捆绑钢筋，或在焊接钢管，他们个个汗流浃背但精神抖擞。来自衡阳的江华片灌区水电技术工人李铁说："灌区渠首水电站已成功通水，为确保渠首电站机组按时发电，我们决不能拖后腿！"

2017年初，省发改委下达涔天河水库扩建工程灌区中央预算内投资计划为5亿元，灌区公司通过任务分解，预计年底能够圆满完成投资任务。但随后，省人民政府下达2017年湖南省重点建设项目责任目标任务书，要求涔天河灌区工程2017年度投资任务额为10个亿，是原任务的一倍！这是涔天河灌区公司面临的巨大挑战。

为确保下半年能顺利完成任务，加快工程建设步伐，调动各参建单位"你追我赶"的建设积极性，涔天河灌区公司开展了为期半年的"保任务、保质量、保安全、大干下半年"劳动竞赛活动。要求设计、监理和施工单位根据劳动竞赛活动安排，对目前任务未完成部分迅速进行了分解细化，并责任到人。为跟进各参建单位提供的投资和施工计划完成情况、对各参建单位在此次劳动竞赛中的表现有一个综合评判，以及对工程建设过程中可能会遇到的一些问题提供技术保障，灌区公司成立"大干下半年劳动竞赛领导小组"，下设工地督查组、环境保障组、技术保障组、质量安全组等。以确保达到"保任务、保质量、保安全"的活动目标，为竞赛考评提供有效依据。

2017 年 7 月 7 日，涔天河公司董事长兼灌区公司总经理李祥红在湖南涔天河水库扩建工程灌区工程“保任务、保质量、保安全、大干下半年”劳动竞赛活动动员大会上指出：“各参建单位一定要统一认识、统一决心、统一措施，进一步严明工作纪律。充分认清当前形势，沉下心来搞工程。并深刻分析当前工程存在的问题和困难，精心组织、严格奖惩。迅速掀起‘保任务、保质量、保安全、大干下半年’劳动竞赛活动高潮，取得全面胜利，向党的十九大献礼！”

这无疑吹响了灌区建设全线推进的号角！

“天河瑶池无穷碧，引来清泉润潇湘。”注目湘南大地，一条源自千里瑶山的“红旗渠”，带着湘江源头的清波浪花，带着瑶山儿女的款款深情，带着无数工程建设者的殷殷期盼，正一路欢歌，向着无边的原野奔涌而来！一个硕果满园、稻花飘香的“鱼米之乡”，正傲然崛起在美丽、富饶的潇湘大地！

尾声：天河安澜，丰碑永铸

2017年7月1日18时36分，随着现场指挥长一声令下，涔天河水库扩建工程电站首台机组正式发电，启动平稳并正常运转。这标志着涔天河水库扩建工程电站首台机组顺利启动，具备了发电条件。

湖南涔天河投资建设有限公司董事长李祥红介绍说，首台机组开始发电，每小时发电量是5万度电，一天大概能发120万度电。首台机组开始发电后，涔天河厂房洞群工程土建工程基本结束，其余三台机组预计今年10月全部实现并网发电。

也就在这一天，湖南入夏以来暴雨造成的洪灾席卷全省大部分地区。7月2日20时20分，湘江长沙站水位达到了39.49米，比1998年出现的历史最高水位还高出了0.31米。暴雨造成14个市州117县、市、区一共1196个乡镇334.52万人受灾，全省紧急转移人口26.32万人，农作物受灾面积23.83万公顷，倒塌房屋5141间。据初步统计，到2017年7月8日10时，全省共有1223.8万人受灾，83人死亡或失踪。

6月25日至7月3日，永州市遭遇历史罕见洪灾。7月1日至2日，雨势达到顶峰。在不到36个小时的时间里，全市降水量平均达到90.8毫米。北五县区水库山塘全部溢洪，潇湘两水全线告急。冷水滩、零陵、祁阳、东安、金洞、经开区6个城区进水。

湘江永州境内，里程最长的祁阳段，全线100.8公里水位持续上涨，祁水、白水、黄花河、昌木套河等支流全线告急。

7月2日晚至3日早上，洪峰过境永州。往日柔情温婉的母亲河，涌起如墙巨浪，碾压一切。7月2日20时，湘江老埠头站最高水位达107.32米，洪峰流量13700立方米每秒；7月3日6时左右，湘江祁阳站出现洪峰，水位 89.11 米，超警戒水位 6.11 米，比 1976 年历史最高水位还高 0.6 米；湘江冷水滩站水位也突破警戒线，创历史最高值……

洪灾来袭，涔天河水库扩建工程的防洪效果得以凸显。

期间，涔天河流域累计雨量 143 毫米。强降雨形成的入库洪峰于 7 月 2 日 20 时出现，流量达 1302 立方米每秒。按照省、市防指的调度命令，7 月 2 日 8 时起，涔天河水库将下泄洪水控制在 170 立方米每秒。7 月 4 日 14 时，水库完全停止泄流。水库充分发挥拦洪削峰作用，长时间拦截 1000 多立方米每秒洪水，库内坝前水位从 7 月 2 日 15 时的 EL281 m 高程上升到 7 月 4 日 11 时的 EL286.1 m 高程，在短短一天多时间，即拦截洪水 1 亿立方米，相当于拦下了一个大型水库的水量，极大减轻了下游防洪压力，为永州市抗洪救灾工作争取了主动权。

7 月 12 日，湖南省水利厅巡视员王跃生在开展防汛救灾工作督查时，盛赞在建的涔天河水库扩建工程为全省防洪减灾工作做出重要贡献。

9 月 23 日，也就在洪灾过后两个月，涔天河水库扩建工程电站首台机组成功并网发电。电站厂房 2014 年 5 月开工建设，装设 4 台单机容量为 50 兆瓦的混流式水轮发电机组。电站总装机 20 万千瓦，多年平均发电量 4.576 亿千瓦，是永州市目前装机容量最大的水电站。首台机组从 2016 年 12 月到 2017 年 8 月，经过设计、监理、安装、调试、实验、验收等各种程序，具备并网条件。首台机组发电以后，每天每小时发电量为 5 万度电，一天大概能发电 120 万度。这标志着工程建设即将产生经济效益，进入发电运行阶段。

永州市委常委、江华县委书记罗建华，副市长、市涔天河水库扩建工程协调领导小组执行副组长贺辉等领导出席仪式。贺辉表示，涔天河水库扩建工程经过多方努力，圆满完成了各个时间节点的工程建设任务，顺利实现了机组并网发电的目标。目前，扫尾工程和灌区配套建设任务仍然艰巨，工期紧迫，各参建单位要继续发扬“敢打硬战、能打硬战”的涔天河建设精神，按时保质完成工程各项建设任务。

涔天河工程建设投资有限公司董事长李祥红对此充满信心，他说：“接下来我们要完成三号机组的安装调试，跟着是二号机组，最后就是一号机组并网发电，2018 年我们四台机组全部投产的话，年发电量将在 4.5 亿左右。”

天河安澜，大灾无忧。

每天清晨，当第一缕阳光从白雾弥漫的涔天河水库大坝透射出来，家住涔天河镇移民安置区的罗运生已为自己新开的“华运大酒店”购进了新鲜的食材，这是渔民刚从涔天河水库打捞上来的第一批河鲜。他在店铺门口挂着的“今日菜谱”的黑板上写上：“涔天河大鲤鱼：每斤 30 元；河虾：每斤 25 元……”

县城四联移民安置点。移民赵四莲一家吃好早餐，看到在瑶都大酒店上班的女儿搭上开往县城中心的 6 路公交车，自己牵着赵青苗的手走向附近的思源实验学校。赵青苗在学校读一年级，小青苗第一次在作业本上写上“赵青苗”三个字的时候，赵四莲告诉她，这名字是财政局的陈阿姨、汪阿姨、陈叔叔帮你取的……

住在水口移民新镇的花江长冲一组的赵志华，在楼顶建了一个蜂场，把从老家带来的 40 多箱蜜蜂安顿好，看着蜜蜂飞来飞去忙碌地采蜜，老赵的脸如花朵绽放……

对于万千移民来说，故园未曾远去，生活仍旧继续。大山，林涛，山水，江河……总装在他们心里，留在他们的梦里！

附　录

湖南涔天河水库扩建工程大事记（1988—2017）

1988 年 12 月，湖南省委书记熊清泉就湘南严重干旱到灾区视察指导，提出涔天河水库扩建的设想。

· · ·

1989 年，零陵地区发生特大旱灾。湖南省委书记熊清泉抱病视察零陵旱情，向党中央、国务院呈送《一份早应呈送的报告》，正式提出了扩建涔天河水库的议题。

· · ·

1990 年，涔天河水库扩建工程被列入湖南省“八五”计划。省政府向国务院报送《关于上报涔天河水库扩建工程项目建议书的报告》。

10 月 22 日，湖南省长陈邦柱带领省有关单位负责人在零陵地委书记秦光荣的陪同下，就涔天河水库扩建工程到库区乘船视察上游部分淹没地带，并听取省水电勘测设计院技术负责人关于扩建工程的情况汇报。是月，零陵地区成立涔天河水库扩建工程筹备领导小组。

· · ·

1991 年 2 月 28 日，省、地在江华召开涔天河水库扩建工程移民安置工作研讨会，出席会议的有湖南省水电厅、湖南省水电勘测设计院、零陵地区涔天河扩建筹备组及江华水口镇、花江乡和贝江乡的负责人。

· · ·

1992 年，涔天河水库扩建工程《项目建议书》由国家计委批准。

2 月 17 日，湖南省水电勘测设计院在长沙召开《涔天河水库扩建工程可行性研究报告》审议会。

3 月 4 日，湖南省水电勘测设计院总工带领 15 位工程技术人员就审议会提出的务江滑坡对扩建影响问题来涔天河水库实地考察，结果认为滑坡对扩建工程影响不大。

11 月 29 日，水利部部长杨振怀、长江水利委员会主任魏廷峥在湖南省副省长王克英、水利厅副厅长刘红运、零陵行署专员颜永盛等陪同下视察涔天河，听取了扩建工程的情况汇报，对涔天河水库扩建工程提出了设想和建议。

· · ·

1993 年大旱，湖南省委书记熊清泉在零陵地区视察旱情，直书中央领导，提出扩建涔天河水库的建议。国务院副总理朱镕基做出“抓紧前期工作，争取尽快上马”的批示。

9 月，湖南省水利设计院研究完成《涔天河水库扩建工程可行性研究报告》编制。

1993 年至 1997 年，零陵地区行署安排专门经费给江华进行开发性移民试点工作。

· · ·

1994 年 3 月 23 日至 26 日，《涔天河水库扩建工程可行性研究报告》审查会在长沙召开，水利部水电规划设计总院会同湖南省在长沙共同主持审查了可行性研究报告，并以水规〔1994〕0037 号《关于报送涔天河水库扩建工程可行性研究报告的函》呈报水利部，请求国家予以立项实施。

3 月 19 日，水电部规划设计总院副院长率国家计委国际咨询公司副处长、工程师李志超及该院专家团一行 19 人、长江水利委高工 3 人及省水利厅、设计总院 20 余人在零陵地区行署专员卞翠屏、地委副书记郑邦淳等陪同下来涔天河水库进行实地考察，听取了湖南省水电勘测设计院高工黄国兴的情况介绍，察看了大坝地址。次日，审查会“坝址考察组”对新老坝址、库区滑坡地质、新电站地址及工程开工石料场进行了考察。

6 月中旬，国家水电规划设计总院对省水电勘测设计院《关于扩建涔天河水库可行性研究报告》的补充报告进行论证，由原则性同意可行性报告改为基本通过。

7 月，湖南省水电勘测设计院派出技术人员到涔天河水库进行实地勘测和初步设计。

· · ·

1995 年 3 月 9 日，湖南省委书记王茂林在零陵地委、行署领导陪同下，专程来到涔天河水库考察扩建工程情况，并带来了好消息：涔天河水库扩建工程近日由国家正式批准，列入国家“九五”计划。李鹏总理答复：“重点考虑，力争早日立项”。

· · ·

1996 年，国务院将涔天河水库扩建工程列入“九五”计划。

· · ·

1998 年 10 月，湖南省水利设计院编制完成《涔天河水库扩建工程（枢纽部分）初步设计报告》和《灌区可研报告》，1998 年底报水规总院提请审查。

· · ·

2000 年，水利部有关负责人听取涔天河水库扩建工程汇报后指出，涔天河可以在湖南皂市水库的投资高峰期过后上马。

· · ·

2006年，湖南省重新启动涔天河水库扩建工程项目前期工作。

3月，全国人大会议期间，湖南省委书记张春贤、省长周伯华向水利部主要领导汇报了涔天河水库扩建工程，要求列入“十一五”建设规划，引起高度重视。

是年，水利部以水规计办字〔2006〕27号文件明确涔天河水库扩建项目列入国家“十一五”水利发展规划。

· · ·

2007年，水利部同意重新启动涔天河水库扩建工程前期工作。水利厅编制完成《涔天河水库扩建项目建议书（枢纽工程）》及《涔天河水库灌区规划报告》。

· · ·

2008年3月，永州市委副书记、市长龚武生等全国人大代表向第十一届全国人大一次会议提出关于请求国务院及有关部门立项扩建湖南涔天河水库工程的建议（第3379号建议）。

5月26日，湖南省委副书记、省长周强带领省直有关部门负责人，在永州市委书记黄天锡，市委副书记、市长龚武生的陪同下，就涔天河水库扩建工程项目来涔天河水库现场调研。

6月，湖南省委书记张春贤在永州市防御“6·13”特大洪灾汇报会上讲话指出，涔天河水库扩建宜快则快，要加快前期论证和工作，并要求从各渠道支持该项目。

7月，水利部和国家发改委以水规计办字〔2008〕64号文答复，明确将涔天河水库扩建工程列入水利部和发改委共同编制的《全国大型水库建设规划（2008 ~ 2012年）》。

2008年，湖南省政府正式以湘政〔2008〕47号文向国务院申报涔天河水库扩建工程项目，同时以湘政函〔2008〕239号、湘政函〔2008〕240号向国家发改委和水利部发出申报函。

7月，湖南省水利厅听取项目专门汇报，要求当年12月前完成《可行性研究报告》，2009年6月前完成《初步设计报告》。

12月13—16日，《湖南省涔天河水库扩建工程项目建议书》审查会在北京召开，原则通过涔天河水库扩建工程项目建议书的开发任务和总体方案。

· · ·

2009年1月21日，在北京水规总院对长株潭河段补水和正常水位专题报告再次进行审查，敲定水库以“灌溉、防洪为主，兼顾发电、长株潭河段补水、航运等综合利用”的开发目标，明确了313 m正常水位工程规模。涔天河水库扩建工程项目建议书阶段水利部技术审查完成。

2月8日，湖南省委书记张春贤在省委常委、省委秘书长杨泰波、永州市委书记黄天锡、市长龚武生和省直有关部门负责同志的陪同下，来涔天河水库现场调研。

2月18日，湖南省副省长徐明华带领省水利厅及扩建指挥部负责人分别向水利部正副部长，水规总院院长衔接涔天河水库扩建工程情况。

2月26日，水利部部委会正式通过涔天河水库扩建工程项目的申报。向国家发改委提交《关于报送湖南省潇水涔天河水库扩建工程项目建议书审查意见的函》。

3月，全国人大会议期间，永州市委副书记、市长龚武生专门约请周强、秦光荣、徐宪平等领导一起，在北京专题向国务院副秘书长、国家发改委副主任和国土资源部副部长汇报涔天河水库扩建工程前期工作，争取支持，促成涔天河水库扩建工程和涔天河流域国土综合整治项目分别纳入2009年国家发改委和国土资源部计划笼子。

4月，湖南省发改委向国家发改委报送《关于请求审批<湖南省潇水涔天河水库扩建工程项目建议书>的请示》（湘发改〔2009〕96号）。

6月1日，湖南省政府下发《关于禁止在涔天河水库扩建工程淹没区和枢纽工程施工区新增建设项目和迁入人口的通告》（湘政函〔2009〕108号）。

6月11日，湖南省政府办公厅下发《关于成立湖南省涔天河水库扩建工程协调领导小组的通知》（湘政办函［2009］103号），成立以常务副省长于来山为组长的协调领导小组。

8月18日，中国国际工程咨询公司向国家发改委提交《关于湖南省潇水涔天河水库扩建工程项目建议书的咨询评估报告》。

· · ·

2010年1月18日，由国家发改委、水利部等部门组成的调研组在永州市领导龚武生、袁满娥、周小驹、刘尤碧、荣燕明、廖秋文的陪同下，实地考察涔天河水库扩建工程情况，并认真听取了有关单位关于涔天河水库扩建工程前期工作的情况汇报。

7月19日，湖南省文物局下发《关于涔天河水库扩建工程选址意见的函》（湘文物保〔2010〕36号）。

8月20日，国家发改委主任会议通过涔天河水库扩建工程立项。

8月21日，下发《国家发展改革委关于湖南省潇水涔天河水库扩建工程项目建议书的批复》。

8月25日，永州市政府召开第68次常务会，专题研究涔天河水库扩建工程。

10月27日，国家水利部、湖南省水利厅共30多名水利专家实地考察调研涔天河水库扩建工程。

28日至30日，湖南省潇水涔天河水库扩建工程可行性研究报告审查会在长沙举行，经过与会专家的严格评审，会议最后通过了《湖南省潇水涔天河水库扩建工程可行性研究报告初审意见》。

10月18日，湖南省水利厅向国家水利部报送《关于审查<湖南省潇水涔天河水库扩建工程可行性研究报告>的请示》（湘水计〔2010〕202号）。

12月28日，湖南省发改委向国家发改委报送《关于请求审批<湖

南省潇水涔天河水库扩建工程可行性研究报告 > 的请示》(湘发改〔2010〕481 号)。

· · ·

2011 年 1 月 5 日，湖南省水利厅下发涔天河水库扩建工程《水工程防洪规划同意书》。

2 月 21 日，水利部、湖南省政府联合下发《关于湖南省潇水涔天河水库扩建工程建设征地移民安置规划大纲的批复》。

3 月 7 日，水利部水利水电规划设计总院向水利部报送《关于报送湖南省潇水涔天河水库扩建工程可行性研究报告审查意见的报告》。

4 月 15 日，湖南省国土资源厅向国土资源部报送《关于涔天河水库扩建工程建设项目用地预审的初步审查意见》。

5 月 23 日至 24 日，国家水利部水库移民开发局在江华瑶族自治县举办全国第二期移民干部培训班，围绕涔天河水库扩建工程移民安置工作进行专题培训。水利部移民局局长唐传利、副局长刘冬顺，湖南省移民局局长颜向阳，永州市领导袁满娥、舒平出席了培训班开班仪式。

7 月 21 日，湖南省水利厅下发《关于对 < 涔天河水库扩建工程水资源论证报告书 > 的审批同意书》。

7 月 28 日，湖南省政府下发《关于组建涔天河水库扩建工程项目法人的通知》，委托永州市政府组建工程项目法人。

8 月 25 日，水利部向省水利厅下发《关于湖南省潇水涔天河水库扩建工程水土保持方案的批复》，向环保部报送《关于报送湖南省潇水涔天河水库扩建工程环境影响报告书预审意见的函》。

9 月 23 日，湖南省涔天河水库扩建工程建设指挥部揭牌。永州市委副书记、市长龚武生代表指挥部与湖南澧水流域水利水电开发有限责任公司、湖南省水利水电勘测设计研究总院分别签订《技术合作协议》。

9 月 30 日，国家水利部对涔天河水库扩建工程枢纽可研和灌区项目建议书审查通过，向国家发改委报送《关于报送湖南省潇水涔天河水库扩建工程可行性研究报告审查意见的函》(水规计〔2011〕511 号)

和《关于报送湖南省潇水涔天河水库扩建工程灌区项目建议书审查意见的函》。

10 月 11 日，永州市委办、市政府办下发《关于成立湖南省涔天河水库扩建工程建设指挥部的通知》，成立以市委书记张硕辅为政委、市长龚武生为指挥长的指挥部。

10 月 11 日，永州市委书记张硕辅、市长龚武生率 6 名市领导赴江华开工筹备现场视察，深入库区移民乡村与移民座谈。

10 月 20 日至 23 日，国家环保部在江华组织召开湖南潇水涔天河水库扩建工程环境影响报告书技术评估会，《湖南潇水涔天河水库扩建工程环境影响报告书》通过专家评审。

10 月 28 日，湖南省政府办公厅下发《关于成立涔天河水库扩建工程联席会议制度的通知》（湘政办函〔2011〕83 号），建立联席会议制度，指导协调工程建设，徐明华副省长、陈吉芳副秘书长为召集人，省水利厅詹晓安副厅长为办公室主任。

11 月 7 日至 11 日，国家发改委委托中咨公司在湖南长沙举行湖南省涔天河水库扩建工程可行性研究报告评估会，枢纽可研通过专家评审。

11 月 15 日，湖南省涔天河水库扩建工程奠基典礼在江华隆重举行，国家水利部副部长李国英以及湖南省人大常委会副主任蔡力峰、副省长徐明华、省军区副政委魏永景，永州市委书记张硕辅、市长龚武生等领导出席典礼并为工程奠基。

11 月 23 日至 25 日，湖南省对口支援办主任谢海珍深入江华涔天河库区，调研移民安置工作。

12 月 9 日，永州市政府办下发《关于组建湖南涔天河工程建设投资有限责任公司的通知》。12 月 15 日，正式注册成立国有独资企业湖南涔天河工程建设投资有限责任公司。

12 月 11 日至 12 日，湖南省委常委、省委统战部部长李微微率省工商联、省民委、省林业厅领导到涔天河水库及库区务江村考察调研民族地区经济发展工作。永州市领导张硕辅、龚武生、唐松成、刘湘凌、蒋吉秀陪同调研。

12月26日，水利部向国家发改委发文《关于报送湖南省潇水涔天河水库扩建工程建设征地移民安置规划报告审核意见的函》。

· · ·

2012年1月19日，国家环保部下发《关于涔天河水库扩建工程环境影响报告书的批复》。

2月24日，国家水利部移民开发局、水规总院、长江委、中南院以及云南、四川、陕西、湖南20余名移民专家汇聚长沙，为涔天河水库扩建工程创新移民安置方式"把脉问诊"。

3月2日，永州市政府与水利部水利水电规划设计总院在北京签署《技术合作协议》，与水利部水库移民开发局签署《共同推进永州市水库移民工作合作备忘录》，为涔天河水库扩建工程提供坚强技术保障。

3月，永州市政府争取水利部水利水电规划设计总院、水利部水库移民开发局对工程提供技术和人才的支持，引进"外援"共同推进涔天河水库扩建工程。

5月23日，国家水利部水库移民开发局来江华举办全国移民干部培训班，特别围绕涔天河水库扩建工程移民安置工作进行专题培训，水利部移民局局长唐传利亲自授课。

6月20日，国家发改委主任办公会议正式审批通过涔天河枢纽工程可研报告。

6月27日，国家发改委正式下发《关于湖南省潇水涔天河水库扩建工程可行性研究报告的批复》。

7月12日，国家发改委农经司、水利部移民局、水规总院、国家南水北调办征地移民司对《涔天河水库扩建工程农村移民安置办法》进行咨询审查。

8月5日，涔天河水库扩建工程开工典礼在江华举行。国家水利部部长陈雷，湖南省委书记、省人大常委会主任周强，省委副书记、省长徐守盛，省委副书记梅克保，省委常委、省委秘书长易炼红，省人大常委会副主任蔡力峰，省人民政府副省长徐明华，省政协副主席武吉海，永州市委书记张硕辅、市长魏旋君等领导出席开工典礼。

· · ·

2013 年 1 月 7 日，涔天河水库扩建工程枢纽项目关键性工程交通洞安全贯通。

1 月 18 日，永州市委、市政府召开涔天河水库扩建工程移民安置工作动员大会，安排部署移民安置政策宣传和移民搬迁安置补偿协议签订工作。

2 月 26 日—27 日，湖南省副省长、永州市委书记张硕辅深入江华专题调研移民安置工作，分别在水口镇、清塘壮族乡召开移民工作队员、村组移民代表座谈会，听取移民意见。

3 月 15 日，湖南省涔天河建设投资有限责任公司、湖南省水电设计院、移民综合监理、江华县扩建办组成联合工作组，进村入户开展涔天河水库扩建工程移民人口、淹没影响房屋和土地等主要实物指标复核确认以及农村移民分、合户工作。

4 月 10 日，永州市委书记陈文浩率相关市级领导和市直部门深入江华瑶族自治县专题调研涔天河水库扩建工程移民安置工作。

4 月 17 日，永州市委副书记、代市长严志辉到涔天河水库扩建工程现场调研。

5 月 23 日，永州市政府召开常务会议，专题研究涔天河水库扩建工程移民安置工作，同意在移民安置去向上，坚持政府主导与移民意愿相结合，由移民自主选择在农村移民生产安置方式上，增加长效实物补偿安置方式。

5 月 30 日，湖南省移民局副局长杨北伟在永州市主持召开涔天河水库扩建工程农村移民安置研讨会，省移民局相关处室负责人，省水电设计院相关设计人员，江华有关领导参加会议。会议讨论分析了实行长效实物补偿安置的必要性、政策依据、利弊保失、可行性、补偿对象和标准，风险防控，报批程序等问题。

6 月 13 日—14 日，湖南省住建厅纪检组长王芳柏率省厅城市建设处、住房保障处、村镇建设处和城乡规划处负责人在江华对涔天河水库扩建工程移民安置工作进行专题调研，为编制对口支援涔天河水库扩建工程移民安置三年规划，落实对口支援具体项目做好前期准备。

6月28日，永州市委召开常委会议，同意增加长效实物补偿安置方式，并按程序报批；坚持政府主导、移民自主选择规划生产安置地；对村组规划生产安置人口人均年补偿稻谷不足183公斤的补足到183公斤。

7月1日，永州市委书记陈文浩主持召开书记办公会议，专题研究涔天河水库扩建工程建设及移民安置工作。明确在移民安置去向上，坚持政府主导与尊重移民意愿相结合，由移民在“三县一区”（江华、江永、道县、回龙圩管理区）规划的14个城镇安置点自主选择安置；在原有五种生产安置方式基础上，增加长效实物补偿安置方式供农村移民选择，建议长效实物补偿标准为500公斤/年、亩，执行省移民局批准的标准，长补资金必须由市政府承诺兜底进行保障，各相关县区必须按照“三个不变”原则承担移民安置责任，建立移民安置风险基金。移民生产生活安置用地征收执行省定标准。

7月23日，国家发改委以发改投资〔2013〕1409号文件批复涔天河水库扩建工程初步设计概算，工程总投资600068万元，其中移民和环境部分投资为432372万元。

同日，江华务江乡、花江乡部分库区移民非法到县政府门前游行、集访。

7月8日，永州市协调办、江华扩建办、湖南省水电设计院、湘怡综合监理咨询公司共同研究启动涔天河水库扩建工程库区淹没土地复核分解、公示确认工作。

8月1日，湖南省移民局对永州市政府呈报的《关于涔天河水库扩建工程农村移民安置增加长效实物补偿方式的请示》函复，同意在原有进城镇土地流转安置、后靠安置、自谋职业安置、投亲靠友安置方式的基础上，增加长效实物补偿安置方式；明确以核定的淹没影响各类土地数量为其补偿面积基数，按《湖南省人民政府关于公布湖南省征地补偿标准的通知》确定的系数折算成水田，合理确定每年每亩水田的长效补偿标准。

9月1日，永州市协调办、江华扩建办、涔天河公司、湖南省水电设计院共同研究部署移民安置规划调整报告及实施规划设计报告编制工作。

9月6日，水利部批复《湖南省潇水涔天河水库扩建工程初步设计报告》。规划明确农村移民后靠生产安置标准为0.7亩/人标准水田，外迁生产安置标准为1.03亩/人标准水田，自谋职业和投靠亲属赡（抚、扶）养安置按23296元/人标准进行安置。规划农村移民外迁集中安置点16个（江华8个、江永3个、道县4个、回龙圩管理区1个），集镇迁建点5个。

9月19日，水利部印发《关于湖南省潇水涔天河水库扩建工程初步设计报告的批复》，标志着涔天河水库扩建工程前期工作全面完成。

11月8日，永州市涔天河水库扩建工程协调领导小组召开会议，明确农村移民长效实物补偿标准为每亩标准水田每年补偿中晚籼稻500公斤。

11月20日，常驻永州市的政协湖南委员视察涔天河水库扩建工程。

11月25日，江华瑶族自治县人民政府以江政发〔2013〕17号文件公布《湖南省潇水涔天河水库扩建工程移民安置补偿标准》。

· · ·

2014年1月，永州市政府办印发修订后的《湖南省涔天河水库扩建工程农村移民安置办法》《涔天河水库扩建工程淹没集镇迁建办法》。

2月21—22日，湖南省副省长张硕辅率省直相关部门负责人深入江华视察调研涔天河水库扩建工程建设，实地考察枢纽工程施工现场和拟建的移民安置点，并在江华水口镇召开移民代表座谈会。

3月19日，永州市委书记陈文浩率市政府副市长舒平、罗双全，市政协副主席廖秋文及市直相关部门负责人，深入江华调研涔天河水库扩建工程移民安置和旅游开发工作，主持召开现场办公会议。

4 月 2 日—4 日，根据湖南省人民政府的安排，湖南省水库移民开发管理局组织永州市、江华县和综合设计单位对涔天河水库扩建工程库区移民意愿进行典型抽样调查，调查结果表明，95.65% 的移民选择集中安置，96.74% 的移民选择长效实物补偿生产安置，96.05% 的移民不同意采取临时过渡安置措施。

4 月 14 日—18 日，湖南省移民局分别在长沙和江华主持召开《湖南省潇水涔天河水库扩建工程技施设计阶段建设征地移民安置规划设计报告》审查会并出具审查意见。明确淹地不淹房的 1310 人及其实物不计入水库淹没影响范围，同意集中安置点基础设施规划建设执行《镇规划标准》，明确集中安置点占地预留返还地补偿投资和农村部分的菜地配置费及集体商业门面补助费不计入建设征地补偿投资，施工期 20 年一遇水位线以下移民不宜采取临时过渡方案。

4 月 27 日，涔天河水库扩建工程导流洞（2# 泄洪洞）顺利通水。

5 月 13 日，湖南省省长杜家毫率省直相关部门视察调研涔天河水库扩建工程，要求用改革创新思路实施好涔天河重大水利工程，力求做到移民生产生活“当前不降低，长远有保障”，建优质工程、民心工程、廉政工程；移民安置点建设要与新农村建设、县城建设和小城镇建设很好地结合起来，可以整合省里的专项支持社会事业、道路建设等项目。

5 月 27 日—28 日，国务院安委办督查组深入江华，对涔天河水库扩建工程安全生产及防洪度汛工作进行检查。

6 月 11 日，国家发改委资源节约和环境保护司委托中国国际工程咨询公司在北京组织召开《灌区项目节能评估报告表》评审会。

6 月 16 日，国家林业局批复涔天河水库扩建工程建设占用征收林地。

7 月 10 日，永州市长向曙光主持召开涔天河水库扩建工程建设调研调度会议，要求项目建设和移民工作要坚持确保工程质量、移民安置和社会大局稳定三条底线，协调处理好经济、社会、生态效益；明确建立市政府月度例会制度（市长办公会或专题会议），专题分析研究，调度安排涔天河水库扩建工程建设和移民安置工作。要求移民安置点 9 月开工建设。

7月12日，永州市长向曙光深入涔天河水库扩建工程库区调研移民工作。并在江华水口镇主持召开移民干部和移民代表座谈会，听取移民意见，要求加快推进6个移民安置点建设。

7月30日，湖南省政府批复《湖南省潇水涔天河水库扩建工程技施设计阶段建设征地移民安置实施规划设计报告》，同意移民进城镇生产安置与农村移民长效实物补偿生产安置方案，明确移民集中安置点建设可结合城镇化、新农村建设、瑶族特色进行，核定移民补偿安置静态总投资424731万元。

8月1日—2日，水利部建管司副司长骆涛，长江委、湖南省水利厅领导和专家，深入江华检查指导涔天河水库扩建工程建设及防汛工作，要求移民与工程同步进行，工程必须服从移民，在确保质量安全和移民到位的情况下加快工程进度。

8月24日，湖南省委副书记孙金龙深入江华视察涔天河水库扩建工程。

9月，湖南省政府与永州市政府签订《涔天河水库扩建工程建设任务及投资包户责任书》，明确枢纽工程与移民安置补偿投资65.78亿元，由永州市包干使用，超支不补。

9月10日，永州市长向曙光在江华召开涔天河水库扩建工程建设及移民安置工作调度会。

是日，首个移民搬迁集中安置点县城四联移民安置点开工建设仪式在江华沱江镇举行，场地平整项目开工建设。

9月28日，涔天河水库扩建工程2#泄洪（导流）洞明洞段顺利通过分部工程验收。

10月9日，永州市委书记陈文浩在江华主持召开现场办公会议，专题研究涔天河水库扩建工程导（截）流阶段移民应急搬迁安置工作。要求将思想统一到省政府的决策部署上来，统一到枢纽工程与移民安置两促进、两不误上来；要加快移民安置点建设，认真做好移民临时过渡方案；要建立调度会制度，实行每周一调度，县长、县委书记半月一调度，强化督办追责。

10 月 11 日，水利部移民局副局长黄凯深入江华视察调研涔天河水库扩建工程移民工作。

10 月 23 日，涔天河水库扩建工程水口镇新址移民安置点建设开工仪式在江华小圩镇河湾村举行，标志着涔天河规模最大的移民安置点建设拉开了序幕。

11 月 3 日，永州市长向曙光主持召开市政府专题会议，审议通过涔天河水库扩建工程导（截）流阶段移民应急搬迁安置实施方案。

11 月 13 日，湖南省委常委、常务副省长陈肇雄深入江华视察涔天河水库扩建工程建设和移民安置工作。

11 月 20 日，经省政府同意，湖南省移民局以湘移函〔2014〕216 文件批复《湖南潇水涔天河水库扩建工程导（截）流后移民应急搬迁安置实施方案》。

11 月 22 日，涔天河水库扩建工程导（截）流阶段移民安置通过验收。

11 月 26 日，涔天河水库扩建工程导（截）流阶段移民安置通过水利部移民开发局、长江委、湖南省水库移民开发管理局、湖南省水利厅验收。

12 月 3 日，江华县委召开移民搬迁安置工作誓师大会，全面安排部署涔天河水库扩建工程导（截）流后移民应急搬迁安置工作。

12 月 9 日，涔天河水库扩建工程截流阶段正式通过水利部长江水利委员会和省水利厅的联合验收，并于 12 月 12 日开始大坝下河填筑项目施工。

12 月 27 日，国土资源部以国土资函〔2014〕738 号文件批复涔天河水库扩建工程建设用地。

永州市政府与江华政府签订《涔天河水库扩建工程移民安置工作及投资包干责任书》，明确涔天河水库扩建工程移民安置总体要求、目标进度、工作职责和投资包干金额。

…

2015年1月26日，由中国水电十一局有限公司五分局承建的涔天河水库扩建工程电站厂房首仓混凝土顺利开盘浇筑，正式拉开了电站厂房混凝土浇筑序幕，同时也标志着电站厂房由土石方开挖向主体混凝土浇筑顺利转型。

2月2日，湖南省副省长张硕辅深入江华调研涔天河水库扩建工程建设及移民安置工作。

2月16日，永州市委书记陈文浩在春节前夕到江华看望慰问涔天河水库扩建工程一线施工人员。

3月18日，水利部移民局、湖南省移民局联合工作组深入江华检查指导涔天河水库扩建工程库区移民防汛度汛及移民应急搬迁安置工作。

3月18日—25日，水利部建设管理与质量安全中心和湖南省水利厅水利工程质量监督中心站联合派出巡查组专家16人及质量监督检测组5人，对涔天河水库扩建工程开展了质量监督巡查。

5月19日，湖南省移民局副局长杨北伟到江华检查涔天河水库移民应急搬迁安置工作。

5月19日—20日，江华境内普降大到暴雨，涔天河库区坝前最高水位260.8米。江华县委、县政府组织库区群众紧急转移，开展抢险救援工作。

6月20日，涔天河水库扩建工程电站厂房最后一台机组1#机尾水管二期混凝土顺利开盘浇筑。

6月29日，国家发改委稽查组深入江华调研评估涔天河水库扩建工程移民搬迁安置工作。

7月2日，国家发改委稽查组深入江华调研评估涔天河水库扩建工程安置稳定风险。

7月7日，永州市委副书记、市长提名候选人易佳良到江华视察涔天河水库扩建工程，并召开现场办公会。

7月16日，湖南省人大常委会副主任徐明华深入江华视察调研，听取涔天河水库扩建工程移民安置工作情况汇报。

8月13日，永州市委书记陈文浩、市长易佳良深入江华调研涔天河水库扩建工程移民搬迁安置工作和精准扶贫工作。

10 月 28 日，湖南省副省长戴道晋到江华检查涔天河水库扩建工程建设情况。

10 月 29 日，灌区工程开工，比国务院要求提前了两个月。其中，左总干渠一标段完成渠道清表、隧洞进口土石方开挖及部分渠下涵工程量。

11 月 11 日至 13 日，湘南地区发生的罕见冬汛，涔天河水库流域平均降雨 152.9 毫米，达到大暴雨量级。涔天河水库扩建工程业主及参建方坚守工地，开展防汛保安工作。同时，涔天河水库扩建工程充分发挥“拦洪削峰”的作用，长时间拦截 555 m^3/s 的洪水，帮助下游各县平安度汛。

11 月 28 日，大坝填筑至 EL320.3 m 高程，比初设批复的工期提前 153 天完成大坝堆石体填筑任务。

12 月，涔天河工程建设投资有限责任公司“劳模创新工作室”被湖南省总工会命名为“湖南省职工（劳模）示范创新工作室”。

12 月 1 日，水利部水库移民开发局巡视员黄凯、湖南省移民副局长杨北伟深入江华督查涔天河水库扩建工程移民安置及投资进行情况。

12 月 3 日，永州市委、市政府召开涔天河水库扩建工程建设调度会议，要求围绕 2016 年 11 月水库下闸蓄水目标任务，倒排工期，加大推进移民安置工作力度，原则通过涔天河水库扩建工程灌区建设方案。

是年，涔天河水库扩建工程被《中国水利报》评为 2015 年度全国最有影响力的十大水利工程之一。

· · ·

2016 年 1 月 8 日，永州市委书记陈文浩、市长易佳良主持召开涔天河水库扩建工程调度会，要求江华县委县政府进一步强化主体责任意识，坚持目标不动摇，突出安置点、库区道路两个核心，全面完成移民搬迁安置。

3 月 7 日，永州市长易佳良召开市政府常务会议，讨论通过《湖南省涔天河水库扩建工程库区农村移民长效实物补偿实施管理办法》。

3月15日，湖南省移民局局长李连新、副局长杨北伟深入江华调研涔天河水库扩建工程移民安置工作。

4月11日，永州市长易佳良在江华主持召开涔天河水库扩建工程建设及移民安置工作调度会。

4月19日，大坝一期面板全面完成，比批复工期提前11天。

6月18日，涔天河水库扩建工程下闸蓄水方案讨论会在江华召开，建议水库采取一次性下闸蓄水、分时段控制水位。

6月27日，永州市委常委、副市长蒋善生主持召开涔天河水库扩建工程建设及移民安置工作调度会，要求坚定目标任务不动摇，确保水库2016年11月按期下闸蓄水。

7月6日，永州市委常委、副市长蒋善生带领市移民局、涔天河公司、江华县委、县政府有关责任人前往常德，向国家水利部移民局黄凯巡视员汇报涔天河水库扩建工程，请求水利部移民局在涔天河水库控制性水位分期蓄水验收方案争取上给予协调支持。

8月23日—28日，湖南省移民局稽查组深入江华对涔天河水库扩建工程移民安置、项目建设和资金使用管理情况进行全面稽查。

9月8日，永州市委书记陈文浩、市长易佳良在江华主持召开涔天河水库扩建工程推进会，要求坚持目标不动摇，全面完成移民搬迁安置。

同日，灌区右总干渠二标段开工，施工、监理、设计单位已进场。

9月19日，湖南省涔天河水库扩建工程协调领导小组办公室督察组深入江华督查涔天河水库扩建工程下闸蓄水阶段移民安置及验收准备工作。

12月16日，涔天河水库扩建工程导流洞下闸蓄水通过水利部长江水利委员会验收。

12月30日，涔天河水库扩建工程下闸蓄水。湖南省副省长戴道晋、水利部长江水利委员会建管局局长徐勤勤，永州市委书记、市人大常委会主任李晖，市委副书记、市长易佳良，省政府副秘书长曹英华、省水利厅副厅长王跃生以及省发改委、省财政厅、省国土厅、省环保厅、省林业厅、省移民局等相关单位及水利厅相关处室负责同志出席下闸蓄水仪式。市领导高建华、唐定、蒋善生、唐能武、罗建华、李俊湘以及市直有关单位主要负责人，业主单位湖南涔天河投资建设有限公司董事长李祥红和来自江华水口、涔天河、码市等主要移民乡镇的移民代表和水库承建方代表共 800 多人参加仪式。

是年，涔天河水库扩建工程被《中国水利报》评选为“2016 全国最具影响力十大水利工程”之一。

· · ·

2017 年 4 月 10 日至 12 日，国家水利部移民局、长江水利委员会、湖南省移民局、湖南省水利厅、湖南省发改委等组成的验收组，对涔天河水库扩建工程正常蓄水位 313 米高程以下移民安置进行验收。

4 月 20 日，涔天河灌区渠首电站成功向老灌区供水。

7 月 1 日，涔天河水库扩建工程电站首台机组顺利启动，平稳运转。9 月 24 日，首台机组成功并网发电。

9 月 9 日，湖南省委副书记、省长许达哲到涔天河水库扩建工程调研指导工作。副省长隋忠诚，省政府秘书长王群，永州市委书记、市人大常委会主任李晖，市委副书记、市长易佳良参加调研。省政府副秘书长、研究室主任邓立佳，省发改委主任胡伟林，市领导唐湘林、罗建华、贺辉等参加调研。

是年，涔天河水库扩建工程被《中国水利报》评选为“2017 全国最具影响力十大水利工程”之一。

附表一：

湖南省涔天河水库扩建工程协调领导小组（2009.6–2011.7　2014.9–　）

职　务	姓　名	任职时间	备　注
组　长	于来山	2009.6–2011.7	省政府常务副省长
	张硕辅	2014.9–2015.2	省政府副省长
	戴道晋	2015.5–2017.5	省政府副省长
副组长	徐明华	2009.6–2011.7	省政府副省长
办公室主任	詹晓安	2009.6–2011.7	省水利厅副厅长、厅长
	王跃生	2014.9–	省水利厅副厅长
成　员	陈吉芳、曹英华、永州市委、永州市人民政府、省水利厅、省发改委、省财政厅、省国土资源厅、省林业厅、省环保局（厅）、省人力资源社会保障厅、省民委、省水库移民开发局、省重点办、省电力公司		

附表二：

湖南省涔天河水库扩建工程联席会议（2011.7–2014.9）

职　务	姓　名	任职时间	备　注
联席会议召集人	徐明华	2011.7–2014.9	省政府副省长
	陈吉芳	2011.7–2014.9	省政府副秘书长
办公室主任	詹晓安	2011.7–2014.9	省水利厅副厅长；厅长
成　员	永州市委、永州市人民政府、省水利厅、省发改委、省财政厅、省国土资源厅、省林业厅、省环保厅、省水库移民开发局、省重点办、省电力公司		

附表三：

永州市涔天河水库扩建工程建设指挥部（2011.10.11–2012.2.14）

职　务	姓　名	任职时间	备　注
政　委	张硕辅	2011.10–2012.2	市委书记
指挥长	龚武生	2011.10–2012.2	市委副书记、市长
副指挥长	周德睿	2011.10–2012.2	市委常委、常务副市长
	朱映红	2011.10–2012.2	市委常委、副市长
	舒　平	2011.10–2012.2	副市长
	袁满娥	2011.10–2012.2	市人大常委会副主任
	廖秋文	2011.10–2012.2	市政协副主席
	荣燕明	2011.10–2012.2	市政府正厅级干部
成员单位	市委办、市政府办、市发展和改革委员会、市农办、市财政局、市公安局、市民族宗教事务委员会、市监察局、市民政局、市人力资源和社会保障局、市国土资源局、市住房和城乡规划建设局、市交通运输局、市水利局、市林业局、市审计局、市环境保护局、市法制办、市国资委、市广电局、市移民开发局、市公路局、市房产局、永州电业局、市电信公司、市涔天河水电管理局、江华瑶族自治县县委、江华瑶族自治县人民政府、江永县人民政府、道县人民政府、宁远县人民政府、回龙圩管理区		
指挥部下设总工室、办公室、枢纽工程部、移民安置部、灌区工程部、土地开垦部、资金财务部、设计监察室。张如强为总工程师，黎世民为办公室召集人，黄智勇为枢纽工程部第一召集人、左全裕为第二召集人，杨社顺为移民安置部召集人，黄海淞为土地开垦部第一召集人、秦春林为第二召集人，刘亚屏为资金财务部召集人，罗光辉为审计监察室召集人。			

附表四：

永州市涔天河水库扩建工程协调领导小组（2012.2–　）

职　务	姓　名	任职时间	备　注
组　长	张硕辅	2012.2–2013.7	市委书记
	陈文浩	2013.7–2017.2	市委书记
	李　晖	2017.2–	市委书记
第一副组长	龚武生	2012.2–2013.7	市委副书记、市长
	严志辉	2013.7–2015.10	市委副书记、市长
	易佳良	2015.10–2017.12	市委副书记、市长
	赵应云	2017.12–	市委副书记、市长
副组长	周德睿	2012.2–2013.7	市委常委、常务副市长
	朱映红	2012.2–2013.7	市委常委、副市长
执行副组长	舒　平	2012.2–2016.5	副市长、市委常委
副组长	袁满娥	2012.2–2013.7	市人大常委会副主任
	廖秋文	2012.2–2015.12	市政协副主席
	荣燕明	2012.2–2013.7	市政府正厅级干部
	易佳良	2013.7–2015.10	市委常委、常务副市长
	李俊湘	2013.7–2017.2	市人大常委会副主任
	张　严	2015.10–2017.11	市委副书记
	唐湘林	2015.10–	市委常委、常务副市长；市委副书记
	蒋善生	2015.10–2017.1	市委常委、副市长
	刘新良	2015.10–2017.2	副市长、市公安局长

续表

职　务	姓　名	任职时间	备　注
副组长	罗建华	2017.2–	市委常委、江华县委书记
	周益志	2017.2–	市人大常委会副主任
	贺　辉	2017.2–	副市长
	宋可福	2017.2–	市政协副主席
成员单位	市委办、市政府办、市发展和改革委员会、市农办、市财政局、市公安局、市民族宗教事务委员会、市监察局、市民政局、市人力资源和社会保障局、市国土资源局、市住房和城乡规划建设局、市交通运输局、市水利局、市农业委、市林业局、市审计局、市环境保护局、市法制办、市国资委、市广电局、市移民开发局、市公路局、市房产局、永州电业局（国网永州供电公司）、市电信公司、市移动公司、市联通公司、市涔天河水电管理局、湖南涔天河工程建设投资有限责任公司、江华瑶族自治县县委、江华瑶族自治县人民政府、江永县人民政府、道县人民政府、宁远县人民政府、回龙圩管理区		
办公室主任	黎世民	2012.2–2013.7	市涔天河管理局党委书记
	李祥红	2013.7–2014.7	市委副秘书长
	周进荣	2014.7–2014.10	市委副秘书长
	黎世民	2015.10–	市政府副秘书长、 涔天河管理局党委书记
副主任	伍少平	2013.10–	市移民局副局长
	李四君	2013.10–2016.2	市纪委预防腐败局副局长
	刘亚屏	2013.10–	市财政局副局长
	首才雄	2013.10–	市林业局副局长

续表

职　务	姓　名	任职时间	备　注
副主任	唐　纯	2013.10–2016.2	市国土局总经济师
	刘新峰	2014.11–2015.10	市农业委副主任
	石　琪	2014.11–2015.6	市水利局副调研员
	莫国平	2015.10–	市福田茶场副场长、五级职员
	杨建林	2016.2–	市国土资源局副局长
	金锦云	2016.2–	涔天河公司副总经理

附表五：

（一）江华瑶族自治县涔天河水库扩建工程领导小组（2009.7–2012.7）

职　务	姓　名	任职时间	备　注
组　长	周小驹	2009.7–	县委书记
组　长	李祥红	2009.7–	县委副书记、县长
副组长	周智亮	2009.7–	县委副书记
	周生来	2009.7–	县人大常委会主任
	李家登	2009.7–	县政协主席
	何春明	2009.7–	县委常委、县委办主任
	刘玲军	2009.7–	县委常委、常务副县长
	何长生	2009.7–	县委常委、组织部长
	黄志坚	2009.7–	县委常委、政法委书记
	伍少平	2009.7–	县委常委、统战部长
	蔡昌德	2009.7–	县委常委、纪委书记

续表

职　务	姓　名	任职时间	备　注
副组长	朱云飞	2009.7–	县委常委
	龙飞凤	2009.7–	县委常委、副县长
	吴恢才	2009.7–	县委常委、宣传部长
	杨　宇	2009.7–	县委常委、武装部长
	刘维刚	2009.7–	县人大常委会副主任
	屈晓玲	2009.7–	县人大常委会副主任
	黄启发	2009.7–	县人大常委会副主任
	刘江明	2009.7–	县人大常委会副主任
	何月姣	2009.7–	副县长
	赵德明	2009.7–	副县长
	徐明华	2009.7–	副县长
	陈槐权	2009.7–	副县长
	张新民	2009.7–	县政协副主席
	赵民军	2009.7–	县政协副主席
	杨树林	2009.7–	县政协副主席
	李勇东	2009.7–	县政协副主席
	黎志凌	2009.7–	县政协副主席
	文声禄	2009.7–	县长助理、公安局局长
	唐小辉	2009.7–	县人民法院院长
	蒋大文	2009.7–	县人民检察院检察长

（二）江华瑶族自治县涔天河水库扩建工程指挥部（2012.8-　）

职　务	姓　名	任职时间	备　注
政　委	罗建华	2012.8-	县委书记
指挥长	李祥红	2012.8-	县委副书记、县长
常务副指挥长	黄志坚	2012.8-	县委副书记
副指挥长	龙飞凤	2012.8-	县委副书记
	徐之青	2012.8-	县委副书记
	周生来	2012.8-	县人大常委会主任
	李家登	2012.8-	县政协主席
	何长生	2012.8-	县委常委、组织部长
	蔡昌德	2012.8-	县委常委、纪委书记
	吴恢才	2012.8-	县委常委、宣传部长
	何　勇	2012.8-	县委常委、政法委书记
	秦山成	2012.8-	县委常委、常务副县长
	龙国庆	2012.8-	县委常委、副县长、统战部长
	陈槐权	2012.8-	县委正处级干部、县人大党组第一副书记
	刘维刚	2012.8-	县人大常委会副主任
	黎省林	2012.8-	县人大常委会副主任
	易恢节	2012.8-	副县长
	刘世奇	2012.8-	副县长
	何月姣	2012.8-	副县长
	赵德明	2012.8-	副县长
	李勇东	2012.8-	县政协副主席

（三）江华瑶族自治县涔天河水库扩建工程指挥部（2013.7－　）

职　务	姓　名	任职时间	备　注
政　委	罗建华	2013.7–	县委书记
指挥长	龙飞凤	2013.7–	县委副书记、县长
常务副指挥长	黄志坚	2013.7–	县委副书记
副指挥长	秦山成	2013.7–	县委副书记
	陈槐权	2013.7–	县人大常委会主任
	李家登	2013.7–	县政协主席
	李勇东	2013.7–	副县长
成　员	何春明	2013.7–	县委常委、县委办主任
	何长生	2013.7–	县委常委、组织部长
	蔡昌德	2013.7–	县委常委、纪委书记
	吴恢才	2013.7–	县委常委、常务副县长
	何　勇	2013.7–	县委常委、政法委书记
	龙国庆	2013.7–	县委常委、统战部长、副县长
	龙赋云	2013.7–	县委常委、宣传部长
	王常效	2013.7–	县委常委、武装部长
	刘江明	2013.7–	县人大常委会副主任
	黎省林	2013.7–	县人大常委会副主任
	廖家益	2013.7–	县人大常委会副主任
	杨　敏	2013.7–	县人大常委会副主任
	贝小义	2013.7–	县人大常委会副主任

续表

职　务	姓　名	任职时间	备　注
成　员	易恢节	2013.7–	副县长
	刘世奇	2013.7–	副县长
	陈志标	2013.7–	副县长、公安局长
	伍继承	2013.7–	副县长
	黎　氢	2013.7–	副县长
	龙玉国	2013.7–	副县长
	黄世才	2013.7–	县政协副主席
	蔡曜晔	2013.7–	县政协副主席
	罗　梅	2013.7–	县政协副主席
	李坤胜	2013.7–	县政协副主席

后　记

《梦圆大瑶山》一书终于完成，即将付印。这部关于湖南水利“一号工程”——涔天河水库扩建工程的长篇报告，是对这一跨世纪重大水利工程的记录，也是献给为这一工程实施、建设做出巨大贡献的各级领导、广大移民、移民工作者和建设者的礼赞！

2017 年 5 月，市协调办牵头策划了这本书的编写和出版，得到了永州市委、市政府领导的肯定和支持，并对此书的编写、出版提出了具体要求。在落实过程中，我们通过认真研究，约请田人、陈茂智、凌鹰、蔡爱军等四位在永州文学界有一定成果和影响力的作家参与本书的写作。他们接受任务后，拟写了创作提纲，并深入工程建设一线和移民乡镇进行实地采访。后因身体原因，蔡爱军、凌鹰二人先后退出，由陈茂智、田人负责编撰完成。陈茂智是江华本土人士，2012 年开始加入所在单位的移民工作队，亲身经历了涔天河水库扩建移民搬迁的全过程，并以此为背景创作出版了长篇小说《金窝窝，银窝窝》。因此，他所掌握的资料相对而言较为全面，也为本书的编写提供了较为便捷的条件和基础。

本书在采写过程中，得到了永州市委、市政府领导的关心和支持，得到了永州市协调办、永州市移民局、湖南涔天河工程建设投资有限责任公司以及江华涔天河水库扩建工程建设指挥部、江华移民局和水口镇、涔天河镇党委政府的大力协助，得到了参与工程建设的中国水利水电十一工程局有限公司、中国水利水电八工程局有限公司、湖南水总水电建设集团总公司、湖南华宇水利水电建设公司等单位的积极配合。本书在写作过程中，还得到了永州市协调办莫国平、卢兆盛、蔡胜军、罗会义、刘昌荣，江华县扩建办余波、蒋庆波、刘兴枝，江华县委组织部唐建国、江华县委宣传部杨丁香、李光平，涔天河公司左全裕、唐国珍、谭虹以及江华县委办王少军、蒋文等人的帮助，他们为本书提供了很多素材、采访线索和照片，并提出了具体的修改意见；青年作家、《永州日报》记者张华兵为本书部分章节作了精心修改、润色和补充；青年作家刘朝善对本书作了认真校对。在此，对各位领导的关心、关怀，对各部门、各单位以及各位同志的帮助、支持，表示诚挚的敬意和由衷的感谢！

由于时间仓促，加之我们在组织、领导上缺乏经验，以及编写者实地采访不够深入导致部分受访者因工作调动未能及时采访到位等等原因，本书难免存在很多遗漏和缺失的地方，很多鲜活、感人的事例未能详尽记录，很多对工程建设和移民工作作出了贡献的领导和参与者未能在本书中出现，他们跟万千移民一样成了无名英雄。在此，我们表示深深的歉意，并诚恳地接受大家和广大读者的批评！

编委会

2018 年 4 月 28 日